QUALIDADE EM EDUCAÇÃO INFANTIL

Z12q   Zabalza, Miguel A.
         Qualidade em educação infantil / Miguel A. Zabalza ; tradução Beatriz
       Affonso Neves. — Porto Alegre : Artmed, 1998.
         288 p. : il. ; 25 cm.

         ISBN 978-85-7307-462-8

         1. Educação infantil — Qualidade. I. Título

         CDU 372.3:371.315.7

Catalogação na publicação: Mônica Ballejo Canto — CRB 10/1023

QUALIDADE EM EDUCAÇÃO INFANTIL

MIGUEL A. ZABALZA

Catedrático de Didáctica en la
Universidad de Santiago de Compostela

Tradução:
BEATRIZ AFFONSO NEVES

Consultoria, supervisão e revisão técnica desta edição:
MARIA DA GRAÇA SOUZA HORN
Pedagoga. Mestre em Educação.

Reimpressão 2007

1998

Obra originalmente publicada sob o título
Calidad en la educación infantil
© Narcea, S.A. de Ediciones — Madrid, Espanha, 1996
ISBN 84-277-1182-4

Capa:
MÁRIO RÖHNELT

Preparação do original:
ELISÂNGELA ROSA DOS SANTOS
FABIANA SCHWARSTZHAUPT

Supervisão editorial:
LETÍCIA BISPO DE LIMA

Editoração eletrônica e filmes:
GRAFLINE ASSESSORIA GRÁFICA E EDITORIAL LTDA.

Reservados todos os direitos de publicação, em língua portuguesa, à
ARTMED® EDITORA S.A.
Av. Jerônimo de Ornelas, 670 - Santana
90040-340 Porto Alegre RS
Fone (51) 3027-7000 Fax (51) 3027-7070

É proibida a duplicação ou reprodução deste volume, no todo ou em parte,
sob quaisquer formas ou por quaisquer meios (eletrônico, mecânico, gravação,
fotocópia, distribuição na Web e outros), sem permissão expressa da Editora.

SÃO PAULO
Av. Angélica, 1091 - Higienópolis
01227-100 São Paulo SP
Fone (11) 3665-1100 Fax (11) 3667-1333

SAC 0800 703-3444

IMPRESSO NO BRASIL
PRINTED IN BRAZIL
Impresso sob demanda na Meta Brasil a pedido de Grupo A Educação.

Sumário

INTRODUÇÃO	9
1. OS DESAFIOS QUE A EDUCAÇÃO INFANTIL DEVE ENFRENTAR NOS PRÓXIMOS ANOS, por Miguel A. Zabalza	11
Desafios comuns a todo o sistema educativo	12
Desafios específicos da escola infantil	16
A escola infantil como estrutura institucional. — Conceito de criança. — Currículo. — Continuidade. — Os professores(as).	
2. O DESAFIO DA QUALIDADE, por Miguel A. Zabalza	31
Três dimensões básicas e quatro vetores da qualidade na educação	31
Eixos organizacionais vinculados à qualidade (projeto, produto, processo, desenvolvimento organizacional)	
Características das escolas de qualidade	36
A qualidade nas escolas infantis	38
Valores e crenças. — Qualidade do projeto. — Qualidade dos processos ou funções. — Qualidade dos resultados. — Desenvolvimento organizacional.	
3. OS DEZ ASPECTOS-CHAVE DE UMA EDUCAÇÃO INFANTIL DE QUALIDADE, por Miguel A. Zabalza	49
Organização dos espaços	50
Equilíbrio entre iniciativa infantil e trabalho dirigido no momento de planejar e desenvolver as atividades	50
Atenção privilegiada aos aspectos emocionais	51
Utilização de uma linguagem enriquecida	51
Diferenciação de atividades para abordar todas as dimensões do desenvolvimento e todas as capacidades	52
Rotinas estáveis	52
Materiais diversificados e polivalentes	53

Atenção individualizada a cada criança 53
Sistemas de avaliação, anotações, etc., que permitam o
    acompanhamento global do grupo e de cada uma das crianças 53
Trabalho com os pais e as mães e com o meio ambiente (escola aberta) 54
Algumas idéias que melhorariam a qualidade de nossas escolas:
    participação individual, trabalho em grupos, propósito estável,
    coleta sistemática de dados e pesquisa de processos,
    investimento em formação, combinação entre prazer e trabalho,
    boas relações com o ambiente, "experiências significativas" de
    aprendizagem 55

4. **A ESCOLA INFANTIL ENTRE A CULTURA DA INFÂNCIA E A CIÊNCIA PEDAGÓGICA E DIDÁTICA, por Franco Frabboni** 63
    A Pedagogia: a infância e a sua escola 63
        A idéia de infância: da criança desaparecida à infância como
        sujeito de direitos. — A idéia de escola: das creches para os
        primeiros cuidados da escola da infância.
    A Didática: fazer escola na segunda infância 74
        As opções metodológicas. — As estratégias educativas.

5. **AS ESCOLAS INFANTIS MUNICIPAIS DE MÓDENA I: O MODELO, por Bautista Quintino Borghi** 93
    Trinta anos de escolas infantis em Módena: a importância de fazer
        uma auto-reflexão 93
    As escolas infantis como serviço de qualidade 97
        Três finalidades básicas: uma escola para a criança, uma escola
        das experiências e dos conhecimentos, uma escola baseada na
        participação e integrada com a cidade. — Uma alusão às origens.
        — Projetos.

6. **AS ESCOLAS INFANTIS MUNICIPAIS DE MÓDENA II: AS PRÁTICAS EDUCATIVAS, por Nives Garuti** 119
    Educação gráfico-pictórica 119
        Uma experiência com crianças de três anos
    A educação científica na escola infantil 129
        O que significa "fazer ciência" na escola infantil? — Metodologia.
        — Programação. — Uma experiência de educação ambiental.
        — Experiência: "O bosque". — "Vamos fazer almôndegas".
        — Uma representação coletiva. — Como vocês imaginam um
        animal que vive embaixo da terra?

7. **CONTEXTUALIZAÇÃO DO MODELO CURRICULAR *HIGH/SCOPE* NO ÂMBITO DO "PROJETO INFÂNCIA", por Julia Oliveira-Formosinho** 141
   Apresentação do "Projeto Infância" como estrutura de contextualização do modelo curricular *High/Scope* 142
   Objetivos, vertentes e equipe. — Pontos de partida.
   O currículo *High/Scope* para a Educação Infantil 144
   História e evolução (1ª fase: educação compensatória; 2ª fase: tarefas piagetianas/tarefas de aceleração; 3ª fase: experiências-chave; 4ª fase: a criança, motor da aprendizagem através do diálogo).
   Fundamentação teórica do currículo (o paradigma do desenvolvimento; três formas de utilizar a teoria de Piaget na educação: da utilização literal à utilização livre; a autonomia da criança como preocupação central). — A procura da autonomia na estrutura curricular (a estrutura curricular *High/Scope*. Análise dos diversos componentes; ambiente físico; o espaço: organização do espaço e dos materiais de trabalho; o tempo: a organização do dia de trabalho e a rotina diária; a interação adulto-criança). — A autonomia moral (estudos do impacto do currículo *High/Scope*; importância da estrutura curricular *High/Scope* no desenvolvimento moral e o clima moral da classe)
   A procura da inserção cultural no "Projeto Infância" 166
   Conclusão 169
   Referências bibliográficas 170

8. **O CURRÍCULO *HIGH/SCOPE* PARA CRIANÇAS ENTRE DOIS E TRÊS ANOS, por Helena Jácome Vasconcellos** 171
   Organização do espaço e dos materiais 174
   Área da casa. — Área de expressão plástica. — Área dos blocos. — Área das construções. — Área de atividades de repouso. — Área de música. — Área de recreio ao ar livre.
   Rotina diária 177
   Planejamento. — Revisão. — Tempo de organizar. — Tempo de pequeno grupo
   Experiências-chave 180
   Referências bibliográficas 183

9. **A ROTINA DIÁRIA NAS EXPERIÊNCIAS-CHAVE DO MODELO *HIGH/SCOPE*, por Dalila Brito Lino** 185
   Introdução 185
   Estruturação da rotina diária 185
   Exemplo: Momento de *acolhida*; tempo de *planejamento*, de *trabalho*, de *organizar*, de *revisão*, de *lanche*, de *recreio ao ar livre*, de *trabalho em pequenos grupos*, de *roda*.

— Considerações sobre as rotinas.
As experiências-chave 195
   Como estão organizadas (desenvolvimento sócio-emocional;
   linguagem e representação; classificação; seriação;
   número; espaço; tempo; movimento e desenvolvimento físico;
   conclusão).
Referências bibliográficas 204
Anexo 205

10. UMA EXPERIÊNCIA DE FORMAÇÃO DOS PROFESSORES(AS) DE EDUCAÇÃO INFANTIL, por Cristina Parente 207
Introdução: A observação através do C.O.R. 207
Características do instrumento de observação 210
Descrição do processo 212
Conclusão 219
Referências bibliográficas 220
Anexo 221

11. A ORGANIZAÇÃO DOS ESPAÇOS NA EDUCAÇÃO INFANTIL, por Lina Iglesias Forneiro 229
Introdução 229
Abordagem do conceito de espaço: o espaço escolar 230
   O espaço escolar como *ambiente* de aprendizagem. — O espaço
   como elemento curricular (mobiliário, materiais didáticos,
   decoração).
Organização do espaço 241
   Elementos que a condicionam (contextuais: o ambiente, a escola,
   a sala de aula; modelos pedagógicos: modelo
   educativo implícito, modelo educativo "oficial"; elementos
   pessoais: as crianças, os professores(as); modelo didático).
   — Critérios para uma adequada organização dos espaços.
   — O papel dos professores(as) na organização do espaço.
   — Modelos de organização do espaço da sala de aula.
Referências bibliográficas 280

ÍNDICE ONOMÁSTICO 283

ÍNDICE REMISSIVO 285

Introdução

O conjunto do sistema de ensino espanhol está, atualmente, passando por um período de reestruturação. Outros países europeus encontram-se também em um momento de reajuste dos sistemas e das práticas escolares. Trata-se de um complexo processo de mudança que afeta tanto aspectos estruturais da educação (nova denominação das etapas do ensino, ampliação da escolaridade, estabelecimento de novos tipos de instituições, introdução de novos enfoques curriculares, etc.) como aspectos mais dinâmicos e qualitativos (novas demandas referentes à formação e à atuação dos professores(as), novas orientações metodológicas, etc.).

Acredito que este é, então, um bom momento para fazermos uma reflexão sobre os desafios que a educação em geral deve enfrentar e, mais concretamente, a Educação Infantil neste dinâmico final de século. O muito que avançamos nos últimos anos não deve exercer em nós o efeito de um bálsamo autocomplacente que leve à perda de uma visão crítica sobre a situação. Tampouco as muitas necessidades e deficiências materiais devem levar-nos a um estado depressivo e desprovido de estímulo, como se qualquer iniciativa de aperfeiçoamento fosse um desejo impossível ou uma mera utopia. É justamente o reconhecimento de que se tem avançado de uma maneira espetacular durante os últimos anos, mas que ainda há muito a fazer e melhorar, que nos coloca diante do verdadeiro desafio da Educação Infantil no final do século: **o desafio da qualidade.** Parece, hoje mais do que nunca, não haver dúvida alguma sobre a importância que os aspectos qualitativos adquirem no âmbito da educação. E, mais ainda, quando se trata de dar atendimento a crianças pequenas.

Sendo o tema da qualidade uma questão tão dúctil e polissêmica, merece uma atenção mais pormenorizada nesta análise. É óbvio que os posicionamentos em torno desta questão são muito diversos. Em alguns casos, a visão das coisas e/ou dos princípios (inclusive das próprias coisas e/ou dos próprios princípios) chega a ser claramente oposta. Mas não pretendemos oferecer aqui um esquema das diferentes posturas em torno do tema da qualidade. Minha intenção é mais modesta: gostaria de indicar aqueles que considero os eixos básicos sobre os quais se articula e desenvolve a qualidade no ensino e como esses eixos projetam-se sobre a Educação Infantil.

Como ponto de partida para tal reflexão, escolhi uma série de perguntas a que os autores dos diferentes capítulos procurarão responder ao longo deste livro:

1. Qual o caminho que a escola infantil deveria seguir nos próximos anos? Sobre que eixos podemos apoiar o seu crescimento?
2. O que significa qualidade? O que é qualidade na educação? Por que o tema da qualidade está tão na moda? Sobre o que estamos falando quando falamos de escolas de qualidade?
3. Como se projeta o discurso pedagógico sobre a qualidade nos serviços para a infância e nas escolas infantis?
4. Quais os traços que deve possuir uma "educação infantil de qualidade"? O que pode ser feito para melhorar as escolas infantis?

CAPÍTULO 1

Os Desafios que a Educação Infantil Deve Enfrentar nos Próximos Anos

Esta idéia geral será subdividida, por sua vez, em duas partes claramente diferenciadas: desafios comuns a todas as etapas e desafios específicos da etapa de Educação Infantil.

a) Os desafios comuns a todo o sistema educativo espanhol e que, portanto, afetarão também a Educação Infantil.

Neste item procuramos apontar alguns dos compromissos sobre os quais se estrutura o desenvolvimento do sistema educativo. O estabelecimento de uma nova estrutura legislativa e o aparecimento de novas linhas doutrinárias e metodológicas no âmbito do currículo escolar representou um forte impulso modernizador para todas as etapas educativas.

Nos seus conteúdos básicos, os grandes eixos sobre os quais se articula a modernização dos sistemas educativos, são comuns à maioria dos países atualmente envolvidos em processos de reformas e inovações da oferta educativa.

Farei referência, especificamente, a três grandes desafios deste processo de melhoria da escola em seu conjunto:

1. A integração progressiva das propostas curriculares até chegar a constituir um autêntico **projeto formativo integrado.**
2. A progressiva conquista da **autonomia institucional** pelas escolas.
3. O avanço em direção ao **desenvolvimento profissional e dos professores(as)** com uma maior insistência no seu compromisso como educadores(as) e profissionais do currículo.

b) *Os desafios específicos que a escola infantil precisa enfrentar.*

Na minha opinião, os desafios apontados para o conjunto do sistema educativo adquirem algumas conotações específicas, quando são projetados sobre o âmbito da Educação Infantil. Tais desafios têm como base os seguintes grandes itens:

1. **O desenvolvimento institucional** da escola infantil.
2. A fundamentação de um **novo conceito de criança pequena** como "sujeito" da educação.
3. A organização do **currículo da Educação Infantil** a partir dos dois pontos anteriores.
4. A **revitalização profissional** dos professores(as) de Educação Infantil.

DESAFIOS COMUNS A TODO O SISTEMA EDUCATIVO

A Reforma do Sistema Educativo espanhol a partir das últimas leis educativas gerais (LODE e LOGSE*) e dos documentos elaborados em torno dos novos projetos curriculares, introduzem mudanças bastante significativas, pelo menos, em três níveis:

a) O nível da *estrutura* do sistema educativo: mudanças nas idades da escolaridade obrigatória, nova estrutura das etapas formativas (com variações substantivas principalmente no Ensino Médio), novas estruturas curriculares (definidas como abertas e flexíveis), novas especializações profissionais, etc.

b) O nível do *funcionamento das Escolas*: novos órgãos de gestão das Escolas, sistemas eletivos para a constituição da direção, surgimento de novos documentos nos quais é definida a identidade formativa e organizacional de cada Escola, previsão de melhores equipamentos pessoais e técnicos para realizar tarefas de orientação e supervisão, etc.

c) O nível da *ação quotidiana nas salas de aula:* com novas argumentações em torno das bases psicológicas e metodológicas que guiarão o trabalho dos professores(as), novos conteúdos e novas diretrizes para organizá-los e para incluir eixos formativos transversais; novos

---

* N. de R.T. LODE: Lei Orgânica de Direito da Organização, a que regia o Sistema de Ensino na Espanha antes da Reforma do Ensino. LOGSE: Lei Orgânica de Ordenação Geral do Sistema de Ensino, lei que atualmente rege o Sistema de Ensino Espanhol.

critérios para a elaboração e utilização instrutiva dos materiais didáticos e também dos recursos do ambiente, etc.

É bem verdade que estas três dimensões possuem diferente peso no processo de mudança. As primeiras (mudanças estruturais) apresentam um melhor prognóstico, já que se trata de mudanças formais que se disseminam desde a Administração por meio do caminho da imposição normativa. Mais vulneráveis e incertos e menos relevantes, devido à cultura "formalista" da mudança em que atuamos, são as mudanças institucionais (a não ser no que possa referir-se novamente a mudanças puramente formais) e, logicamente, as mudanças qualitativas na atuação normal das aulas. No entanto, é destes últimos níveis que dependerá, em última análise, que sejam produzidas mudanças reais no ensino.

Colocados nesse nível de análise — a "mudança real das atuações educativas" — e se tentássemos sintetizar em poucas linhas quais serão os desafios fundamentais de nosso sistema educativo nos próximos anos, acredito que poderíamos estabelecer três pontos cruciais. São os seguintes:

1. Fazer com que o **currículo** acabe sendo concebido como o **projeto formativo integrado** que se desenvolve durante toda a escolaridade.

2. Fazer com que cada **Escola** acabe se organizando e agindo como uma **unidade institucional formativa com identidade própria.**

3. Alcançar uma nova cultura dos **professores(as)** ampliando o seu espaço de conhecimento e intervenção além daquilo que é a sua disciplina ou área de especialidade e a sua aula, para passarem a ser **profissionais do currículo** (ou seja, membros da equipe docente que, em cada Escola, desenvolve um projeto formativo integrado).

Este não é o momento para se fazer uma análise profunda de cada um destes três desafios. Simplesmente gostaria de destacar aqui os seus aspectos mais importantes.

A idéia do **currículo como projeto formativo integrado** é subjacente a toda a estruturação da Reforma. Todo currículo procura dar sentido e coerência ao itinerário formativo que os sujeitos percorrem ao longo de sua escolaridade. Trata-se de superar uma situação como a atual na qual a experiência escolar é dada por momentos educativos simplesmente justapostos, quando não opostos entre si. Diante de um modelo curricular baseado em uma seqüência frágil entre diferentes áreas ou disciplinas autônomas é postulado um processo no qual sejam reforçadas as estruturas de integração (fortalecendo a concatenação e a continuidade entre os diversos níveis de desenvolvimento curricular, os princípios de atuação comuns às diversas concretizações, os projetos curriculares capazes de integrar as atuações de professores(as) de diversas áreas, etc.)

A idéia da **identidade formativa da Escola** é outra contribuição nova da Reforma para a estrutura curricular espanhola anterior.[1] Falar de identidade formativa das Escolas significa situá-las dentro de um contexto de funcionamento autônomo, como estabelece a LOGSE (art. 2) identificando-o como um dos princípios de atuação do Sistema Educativo espanhol. Esta idéia está em oposição, entretanto, a uma visão padronizada e homogeneizadora das práticas educativas (em que todas as Escolas precisam fazer as mesmas coisas e praticamente da mesma maneira).

O terceiro dos eixos ou idéias de fundamentação do currículo da Reforma, refere-se ao novo papel do **professor(a) como profissional ativo na construção do currículo.**

É conveniente destacar diversos aspectos nesta idéia para que não fiquemos presos a um mero *leitmotiv* progressista, mas vazio de conteúdo:

— o professor(a) *como profissional do currículo* significa estar além do que poderia significar uma referência a ele na acepção mais habitual de "profissional do ensino". O professor(a) não só ensina a sua matéria ou atende à sua turma (o que reduz o seu trabalho a alguns conteúdos específicos, uma sala de aula e um grupo de alunos(as)), mas desenvolve um currículo (ou seja, integra o seu trabalho em um projeto formativo global do qual ele mesmo também faz parte);

— esta nova visão do professor(a) como profissional do currículo exige um **novo repertório de competências profissionais** que vão além de uma simples atitude positiva em relação à mudança e ao trabalho coletivo.

É óbvio que todo bom professor(a) deve ser um bom conhecedor da matéria que ensina. Isso já está totalmente assumido pelos atuais modelos de formação inicial e permanente dos professores(as). Mas os conhecimentos disciplinares não bastam para um correto exercício profissional. Em síntese, eu faria uma distinção entre três grandes espaços de competência que,

---

1. Essa é também uma das idéias-chave do modelo curricular que se desenvolveu em *Diseño y Desarrollo Curricular* (Narcea, 1993, 5ª ed.). Por isso a grande importância dada ao conceito de programação como "adaptação das previsões curriculares, o Programa, às características próprias de cada situação". O *Projeto Educativo de Centro* e a sua projeção no *Projeto Curricular*, desempenham justamente esse papel: dotar de identidade formadora os Centros de ensino (uma identidade que se constrói sobre a base dos aspectos comuns da proposta curricular oficial mais as adaptações precisas para responder melhor às circunstâncias positivas ou negativas, aos recursos e às limitações da cada território).

complementados pelo bom domínio da disciplina ou área, definiriam o perfil profissional do professor(a):

1. **A programação.** Com tudo o que esta função envolve de domínio de conceitos e técnicas para:

   a) conhecer em profundidade os **Programas oficiais;**
   b) realizar a **análise da situação***;
   c) estabelecer **as prioridades***;
   d) elaborar um **projeto formativo***;
   e) projetar a **própria atuação** coerentemente com o estabelecido no Programa (1.a), as previsões adotadas no trabalho coletivo (1.b; 1.c; 1.d) e seu próprio estilo pessoal de entender o ensino.

2. A **orientação e guia** da aprendizagem dos alunos(as).

Entender o trabalho do professor(a) como "dar aula" é totalmente insuficiente. O seu trabalho básico é o de "guiar a aprendizagem dos alunos(as)".

Nesta tarefa básica irão intervir a sua capacidade para "apresentar a informação" de maneira que faça sentido para eles; "supervisionar a decodificação" que os alunos(as) realizam dessa informação e a forma como a integram nos seus esquemas prévios; "oferecer atividades e experiências" (mais ou menos guiadas segundo o momento da aprendizagem no qual estiverem situadas) que cubram todo o espectro dos propósitos formativos planejados; "utilizar recursos de avaliação e auto-avaliação" de maneira que os alunos(as) possam conhecer a sua situação; "estabelecer processos de recuperação" quando forem necessários, etc.

De qualquer forma, trata-se de competências que, ao fazerem parte da cultura profissional ligada ao manejo da própria disciplina e do trabalho em sala de aula, têm recebido um tratamento mais sistemático nos programas de formação dos professores(as).

Portanto, a insistência que a Reforma faz em relação a uma resposta constante à diversidade dos alunos(as), exige um reforço deste âmbito de competências dos professores(as).

3. **A avaliação de processos.**

Os conhecimentos sobre avaliação têm sido referidos, quase sempre, à avaliação dos alunos(as). No entanto, este aspecto da avaliação é fundamental, já que dá ao trabalho profissional a possibilidade de introduzir reajustes na atuação.

---

* São tarefas coletivas, não de cada professor(a) individual. É importante insistir nelas porque trata-se de conhecimentos e habilidades incomuns no desempenho profissional dos professores(as).

Freqüentemente são geradas, tanto em nível individual como coletivo, iniciativas de alto valor formativo, mas pouco sistematizadas e, principalmente, sem mecanismos de auto-revisão. Nos momentos em que se procura "ir aprendendo" a partir da prática (na hora de colocar em ação Projetos da Escola, de desenvolver materiais próprios, de aderir a programas inovadores, de dar resposta a necessidades individuais e do contexto, etc.) a necessidade de saber como avaliar uma inovação, um projeto curricular, um processo instrutivo ou a si próprio é fundamental.

A capacidade de avaliar processos capacita, além disso, o professor(a) de mecanismos necessários para ser realmente construtor do seu trabalho e sentir-se protagonista do mesmo e do seu aperfeiçoamento: sabendo como avaliar o trabalho que faz ele terá em suas mãos os dados necessários para saber quais são os pontos fortes e os pontos fracos do mesmo. A sua própria responsabilidade profissional o levará a iniciar os passos necessários para melhorá-lo.

Na minha opinião, toda a literatura atual sobre o professor(a) como "**profissional reflexivo**" deve ser entendida neste sentido: não se trata somente de falar sobre o que fazemos, mas de falar tendo os dados à mão (ou seja, dominar as técnicas adequadas para conhecer como funcionam os processos nos quais estamos envolvidos).

DESAFIOS ESPECÍFICOS DA ESCOLA INFANTIL

Além do horizonte de mudanças apontadas no ponto anterior, a escola infantil deverá abordar durante os próximos anos, pelo menos na Espanha, toda uma série de transformações que a tornem capaz de enfrentar com boas possibilidades de sucesso, o novo contexto de trabalho no qual se situa a nova legislação espanhola:

— a nova sensibilidade internacional em relação à melhora da qualidade de vida da infância.
— a incorporação generalizada à escola de crianças de três anos de idade.
— a efetiva adoção do novo modelo curricular
— a resposta às necessidades de formação e desenvolvimento profissional dos professores(as) especialistas em Educação Infantil.

Seguindo o quadro inicial no qual era esquematizado o conteúdo deste capítulo, considero que poderíamos apontar quatro grandes eixos de crescimento futuro para a escola infantil em nosso país: a própria estrutura institucional da **escola infantil,** o conceito ou idéia de **criança pequena** que serve como base para a intervenção educativa escolar, o **currículo** que deve ser desenvolvido, o perfil do **professor(a)** de escola infantil e as necessidades de formação inicial e permanente derivadas do mesmo.

Não é preciso dizer que a situação em relação a tais eixos de desenvolvimento varia amplamente de algumas áreas a outras dentro do nosso país. Mas, de qualquer forma, esses quatro eixos de desenvolvimento constituem horizontes comuns de crescimento em cuja direção vale a pena progredir.

Permitam-me adiantar a seguir alguns dos pontos que considero relevantes em relação a cada um desses eixos.

A escola infantil como estrutura institucional

A **escola infantil** como estrutura institucional global deve ir progredindo em um duplo processo que é, em si mesmo, dialético e, às vezes, contraditório:

— reforçar a sua própria identidade e autonomia formativa (que a libere dos subsídios desenvolvidos em relação aos níveis posteriores da escolaridade) e, paralelamente,
— reforçar os laços de conexão entre a escola infantil e o meio ambiente e entre a escola infantil e o Ensino Fundamental.

O primeiro ponto é fundamental para poder desenvolver uma correta leitura das previsões curriculares que a Reforma estabelece.

Tradicionalmente, a escola infantil tem enfrentado o debate entre um duplo caminho. Por um lado, o de transformar-se em uma estrutura assistencial comprometida somente com a "guarda e custódia" de crianças pequenas. Por outro lado, o de se transformar em um período escolar mimético, em enfoques e exigências de aprendizagens, da etapa seguinte (um adiantamento do Ensino Fundamental). Em ambos os casos, o deslocamento em um sentido ou no outro tem significado sempre um correlativo esvaziamento de sentido formativo próprio.

A situação tem variado muito nos últimos anos, mas a identidade formativa plena da etapa foi alcançada, em níveis aceitáveis, somente nas escolas de maior qualidade. No resto das escolas infantis permanece como um desafio fundamental para os próximos anos.

Laços de conexão

A segunda parte do compromisso institucional tem relação com o fortalecimentos dos laços de relação e as conexões entre a escola infantil e outras instâncias. Isto poderia parecer contraditório com a recuperação da "identidade e autonomia" da escola infantil mas, pelo menos na minha opinião, não é. Sobre esta idéia foi sendo elaborado o discurso da **continuidade curricular.** Uma continuidade que se constrói sobre uma dupla vertente: continuidade horizontal (conectando a escola ao território) e continuidade vertical (conectando a escola infantil com a do Ensino Fundamental).

Nos últimos anos, grande parte dos discursos pedagógicos e sociais sobre a infância têm enfatizado a melhora da "qualidade de vida" das crianças. Os riscos da sociedade atual (basicamente urbana, com condições e ritmos de vida muito pouco adaptados às necessidades infantis) acabam afetando as condições de vida das crianças e tornando-as vulneráveis a suas principais patologias (solidão, monotonia, dependência do consumismo, empobrecimento de experiências diretas, etc.)

A escola não possui recursos para enfrentar sozinha o desafio de construir um "novo mundo" para as crianças, mas constitui um recurso social básico que fará parte de uma rede mais ampla capaz de ir avançando na direção de melhorar as condições de vida infantis.

É nesse contexto que surgiu o lema das "cidades educadoras". Consistiria em começar a pensar em cidades construídas na medida dos cidadãos, "cidades amigas".[2] Nesse modelo, a escola infantil desenvolve um trabalho formativo vinculado ao trabalho que é realizado por outros agentes de formação (família, município, instituições culturais, etc.). Entre todos eles desenvolver-se-á uma rede de recursos polivalentes capaz de responder às necessidades e aos interesses infantis e de enriquecer a sua experiência quotidiana de vida.

O outro âmbito de conexão da escola infantil deve ser estabelecido em relação ao Ensino Fundamental. Postular a "identidade e autonomia" da escola infantil não significa, absolutamente, considerá-la como um espaço separado no processo da escolarização. Uma das finalidades que o modelo curricular atribui à escola infantil é o de "dotar as crianças das competências, aptidões, hábitos e atitudes que possam facilitar a sua posterior adaptação ao Ensino Fundamental".

É importante conceber a escolaridade como um processo global e contínuo, ao longo do qual os indivíduos vão crescendo e sendo educados com um sentido unitário (com um currículo que seja um "projeto formativo integrado" tal como coloquei em um ponto anterior). Existem inúmeras experiências projetadas para estabelecer e fortalecer esses vínculos entre escola infantil e Ensino Fundamental:

---

2. Franco Frabboni fez há pouco uma bela conferência sobre este tema no recente Congresso sobre Educação Infantil realizado em Córdoba. Pode-se ver o texto completo de sua intervenção nas Atas do Congresso.

- estabelecimento de experiências formativas conjuntas no último semestre da escola infantil e o primeiro do Ensino Fundamental;
- intercâmbio e/ou trabalho conjunto dos professores(as) do último ano da escola infantil e o primeiro do Ensino Fundamental;
- elaboração de projetos e materiais curriculares baseados em linhas de ação constantes que vão desde a escola infantil até os níveis superiores da escolaridade;
- trabalho coordenado, com reuniões periódicas entre professores(as) e pais de Educação Infantil e primeiras séries do Ensino Fundamental.

Conceito de criança

O conceito de **criança** sobre o qual são assentados os postulados curriculares da Reforma educativa espanhola constitui um interessante eixo de projeção de novas expectativas sobre o que significa trabalhar com crianças pequenas na escola.

Em relação a este ponto poderiam ser citadas duas idéias básicas, mas que não representam nenhuma novidade: a criança como sujeito de direitos e a criança competente.

A criança como sujeito de direitos

Muitas vezes foi colocado que, em geral, a história da infância tem sido sempre a história da marginalização (social, cultural, econômica, inclusive educativa). As crianças precisaram viver sempre em um mundo que não era o seu, que não estava feito na sua medida. "Integrar-se no mundo" era algo somente alcançado na pós-infância e sempre que fossem cumpridas certas condições.

Ao longo dos anos o tratamento da infância tem evoluído (na verdade esse tratamento da infância pode ser adotado como um dos indicadores do desenvolvimento cultural, de civilização, dos povos). No entanto, o que foi dado à infância sempre foi "dado" como fruto derivado da maior ou menor sensibilidade dos adultos. Não como algo que lhes fosse devido como um "direito". Existem os direitos daqueles que não são capazes de conquistá-los, de exigi-los?

Atualmente, encontramo-nos neste contexto. Mesmo que se trabalhe com um conceito ainda difuso e paternalista de "direito", o importante é que começa a ser configurado um mapa de direitos da infância cada vez mais preciso e comprometedor. A última Convenção Internacional sobre os Direitos da Infância (1989) reuniu 54 artigos nos quais são descritos os diferentes compromissos que a sociedade atual deveria assumir em relação à infância. Entre outras coisas, aparece ali o direito a ser educado em condições que permitam alcançar o pleno desenvolvimento pessoal.

A criança competente

O sentido geral desta consideração é que o trabalho na escola infantil, assim como nos outros níveis de escolaridade deve basear-se nas competências já assumidas pelo sujeito para reforçá-las e ampliá-las (enriquecê-las).

A idéia básica, a qual farei referência mais adiante, do funcionamento didático da escola infantil não é a de "construir novas aprendizagens", mas a de "enriquecer os âmbitos de experiência" das crianças que assistem a ela. Trata-se de tirar proveito do vasto repertório de recursos (lingüísticos, comportamentais, vivenciais, etc.) com os quais os indivíduos têm acesso ao ensino e utilizá-los para completar o leque de experiências desejáveis para essa idade.

A criança pequena é "competente" no duplo sentido de "situação de entrada" e de "propósitos de saída": ao entrar na escola já traz consigo vivências e destrezas (competências de diversos tipos e com diferentes níveis de evolução) que a escola aproveitará como alicerces do seu desenvolvimento. Ao deixar a Educação Infantil deve possuir um repertório de experiências e destrezas mais amplo, rico e eficaz, que expresse o trabalho educativo realizado durante os primeiros anos de escolaridade. Não se trata apenas de que a criança seja feliz e esteja sendo cuidada durante esses anos. Trata-se de fazer justiça ao seu potencial de desenvolvimento durante anos que são cruciais. Ou seja, de colocar em andamento os seus recursos para enriquecê-los, de percorrer com ele um ciclo de desenvolvimento de capacidades e construção de recursos operacionais que não teria ocorrido (pelo menos nesse nível de perfeição) sem a atenção especializada que é oferecida pela escola infantil.

Anteriormente afirmei que estas idéias não são, de forma alguma, novidade no conjunto do pensamento pedagógico referente à Educação Infantil. Mas continuam sendo novidade no que se refere às práticas quotidianas. O **desafio** básico neste item consistirá em ir consolidando um trabalho pedagógico que assuma a experiência extra-escola dos sujeitos como ponto de partida e como referencial constante na hora de planejar processos formativos destinados a enriquecer e completar essa experiência extra-escola. Isto leva-nos, novamente, à importância da programação, ou seja, à concepção do ensino como algo que é feito em situações concretas e para pessoas concretas que deverão se adaptar às previsões gerais do currículo.

Currículo

O terceiro eixo de desenvolvimento da Educação Infantil poderia estar articulado em torno da idéia de **currículo**.

No primeiro item do capítulo mencionei os desafios gerais que o eixo curricular, da forma como foi estabelecido nos documentos da Reforma, coloca o conjunto do sistema educativo. Gostaria de citar aqui alguns pontos que se referem mais concretamente aos **desafios do currículo** para a escola infantil.

Há três aspectos principais que poderiam ser mencionados aqui, embora de forma muito sucinta:

— o desafio do *planejamento;*
— o desafio da *multidimensionalidade formativa;*
— o desafio da *continuidade* (conceber a intervenção a médio-longo prazo).

Planejamento

Na minha opinião, o fato de ter fortalecido a estrutura curricular da Educação Infantil (assinalando alguns propósitos formativos, algumas áreas de experiência, algumas orientações metodológicas, alguns conteúdos mínimos, etc.) significa uma clara decantação por uma Educação Infantil baseada no **planejamento** dos processos. A antiga idéia (embora revestida em muitas oportunidades de um certo "progressismo") de que na escola infantil o importante era que as crianças tivessem momentos agradáveis, nos quais o que os professores(as) precisavam fazer era tornar interessantes os estímulos de cada situação (ser espontâneo e criativo) da passagem, definitivamente, a uma doutrina diferente: a do trabalho planejado, pensado com um sentido de continuidade. Isso não precisa significar uma "previsão rígida" e "monótona". Trata-se, pois, de articular uma espécie de "fundo" curricular (intenções claras, seqüência progressiva de propósitos e conteúdos formativos, previsão de recursos, etc.) que permita dar sentido tanto às diferentes linhas de ação planejadas de antemão como àquelas outras que vão surgindo no dia-a-dia.

Multidimensionalidade

O segundo grande desafio curricular é o da **multiplicidade** e/ou **polivalência** das áreas formativas. Na minha opinião, e certamente aceitarei que existem muitas opiniões divergentes neste ponto, há algo de confuso na idéia, permanentemente mantida em relação à Educação Infantil, de que a criança pequena é *um todo global* e que o trabalho formativo a realizar com ela deve ser sempre globalizado.

Como já afirmaram a esse respeito outros especialistas, a personalidade e as capacidades infantis constituem, como as dos adultos, espaços claramente diferenciados nas suas estruturas de base e no seu ritmo de desenvolvimento. Gardner (1983)[3] falava em inteligência múltipla e Pontecorvo (1989)[4], aplicando esse conceito ao currículo da Educação Infantil especifica que:

> "Existem sistemas simbólicos muito diversos, nos quais se articula o desenvolvimento de um sujeito em nossa cultura, que produzem inteligências diversas: não existe somente uma inteligência lingüística ou verbal e lógico-científica (às quais tanto os testes clássicos como a psicologia de Piaget têm dedicado a máxima atenção), mas existem também a inteligência espacial, a musical, a gráfico-pictórica, a interpessoal ou social" (p. 8).

O currículo da Educação Infantil assume esta diferenciação interna de capacidades e postula intervenções específicas dirigidas à consolidação e ao desenvolvimento de cada uma delas. Nesse sentido, o currículo, além de oferecer-nos um *mapa de espaços formativos* aos quais é preciso atender, constitui uma espécie de "chamada de atenção" para não agir mimeticamente demais em relação à cultura do meio ambiente. O desenvolvimento e a riqueza das diversas capacidades dos sujeitos é muito condicionado pela influência exercida pelo seu ambiente cultural e pelos meios e oportunidades que estiveram disponíveis para praticá-las e fortalecê-las. O papel complementar da escola infantil neste ponto é fundamental: as experiências musicais, gráfico-pictóricas, expressivas, lógico-científicas, etc. devem receber tanto mais atenção na escola infantil quanto mais deficitários em possibilidades de exercitá-las forem os contextos de origem das crianças.

Em resumo, a idéia é que existem fortes variações (interpessoais e também intrapessoais) no ritmo em que os indivíduos desenvolvem as diversas áreas de competência, as diversas inteligências. É por isso que tal diferenciação de áreas de experiência e de conteúdos formativos do currículo da Educação Infantil é fundamental para enfrentar um desenvolvimento equilibrado e pleno das crianças.

---

3. Gardner, H. (1983): *Frames of mind: the theory of multiple intelligences*. N. York: Basic Books. Ver (1993): *La mente no escolarizada: cómo piensan los niños y cómo deberían enseñar las escuelas*. Barcelona: Paidós. (Publicados em língua portuguesa pela Editora Artes Médicas, em 1994, sob os títulos *Estruturas da mente: a teoria das inteligências múltiplas* e *A criança pré-escolar: como pensa e como a escola pode ensiná-la*.
4. Pontecorvo, C. (1989) (org.): *Un curricolo per la continuità educativa dai quattro agli otto anni*. La Nuova Italia. Firenze.

Continuidade

O terceiro grande desafio curricular é o da continuidade. Juntamente com os aspectos já mencionados sobre a continuidade como condição curricular geral para o desenvolvimento da Reforma deveriam ser feitas algumas considerações mais específicas no que se refere à Educação Infantil.

Há ainda dois aspectos básicos que precisamos alcançar nos próximos anos:

A conexão do trabalho na escola infantil com os recursos e as experiências do meio ambiente (a simbiose entre o intra-escola e o extra-escola)

É provável que se trate de um processo longo e não isento de incertezas. Não temos, a não ser por algumas exceções, muita experiência a esse respeito. A cultura institucional da escola espanhola teve, quase sempre a tendência de manter a escola como uma instituição fechada, auto-suficiente e auto-referida. No que se refere à escola infantil esta conexão com o ambiente apresenta duas prioridades claras:

— a incorporação progressiva dos pais e mães ao trabalho escolar (com uma presença ativa e cooperadora que permita ir construindo um tipo de cultura formativa comum e complementar entre escola e famílias);
— a incorporação paulatina dos recursos do meio (pessoais, institucionais, culturais, etc.) como recursos formativos destinados a enriquecer as experiências vivenciais das crianças e a facilitar a sua reconstrução por meio de processos intelectuais cada vez mais sofisticados (transformar em discurso verbal, em expressão gráfica ou corporal o que havia sido um contato casual ou uma experiência quotidiana).

A concepção da Educação Infantil em função da sua projeção aos momentos e às etapas posteriores da escolaridade

A possibilidade de construir um projeto educativo contínuo é estabelecido sobre a base de ampliar as perspectivas que atuam como horizonte de cada momento ou fase parcial. Se trabalharmos sobre a unidade "curso" sem uma clara perspectiva de que haverá algo além disso, o único projeto possível será aquele que se referir a esse curso. Se quisermos um projeto formativo que abranja toda a etapa infantil, será preciso situar o horizonte no final da etapa e construir o projeto baseado na idéia formativa que se desejar desenvolver durante toda essa etapa.

Mas, se quisermos desenvolver um projeto formativo que abranja toda a escolaridade, desde a escola infantil até o Ensino Médio, será preciso ampliar as perspectivas de tal maneira que o modelo de referência seja todo o período escolar.

A questão básica a ser colocada é: qual o tipo de formação que se pretende oferecer aos alunos(as)? Qual será o elo de união, a idéia formativa que estabeleça esse fio condutor desde que as crianças ingressam na escola aos três anos até que a deixam aos 16? É esse o propósito fundamental dos **Projetos de Escola** que constituem uma das contribuições básicas da Reforma.

No que se refere à Educação Infantil, esta colocação exige ultrapassar os conteúdos formativos da própria etapa para perguntar-se qual é a contribuição da Educação Infantil para o projeto formativo global. De qualquer forma, transcender não significa esquecer nem esfumaçar a identidade formativa da etapa, mas ser capaz de ligar o seu sentido formativo às fases subseqüentes do processo. Esta conexão não significa, tampouco, uma antecipação dos conteúdos instrucionais (pelo contrário, quando trabalhamos com perspectivas mais amplas sentimo-nos menos pressionados pelos objetivos de curto prazo), mas uma capacitação para vincular as aprendizagens como se vinculam as diversas fases de construção de um edifício ou do desenvolvimento de um projeto.

Tal conexão entre os ciclos e as etapas da escolaridade é difícil de estabelecer se consideramos a continuidade a partir dos conteúdos instrucionais. É mais fácil resolver se os eixos de conexão se estabelecem a partir das capacidades a serem desenvolvidas (e entre elas, as estabelecidas pela LOGSE e pelas estruturas curriculares) por aquelas que são mais genéricas, ou seja, mais capazes de integrar no seu desenvolvimento as contribuições das diferentes áreas de experiência e das diferentes áreas do conhecimento.

> Por exemplo, é possível pensar como linha de continuidade o desenvolvimento da capacidade de compreensão e expressão lingüística, mas afinal, essa é uma capacidade e uma competência mais intimamente vinculada à área de Língua. No entanto, se adotarmos como linha de união o desenvolvimento da capacidade de pesquisa ou o conhecimento e a ação sobre o meio ambiente, etc. nesse caso estamos tomando como elo de ligação componentes que são comuns a muitas áreas e a cujo desenvolvimento pode-se incorporar grande parte dos conteúdos específicos das diversas áreas de conhecimento e de experiência.

Essa conexão interetapas pode ser estabelecida, também, procurando uma conexão entre a missão formativa que desenvolve cada uma das etapas educativas.

Pessoalmente, gosto de estabelecer a seguinte progressão formativa entre as diversas etapas:

a) Educação Infantil: *enriquecimento da experiência e reconstrução dos espaços da vida* (em poucas palavras, trata-se de ampliar o espectro de experiências com que as crianças têm acesso à escola e a buscar uma racionalização, uma reconstrução em outros códigos, do que constitui a sua experiência quotidiana).

b) Ensino Fundamental: *início do estudo sistemático dos espaços de vida* (em poucas palavras, trata-se de realizar uma abordagem pré-disciplinar e integrada ao conhecimento do meio físico, social e cultural, incorporando a aquisição das habilidades necessárias para isso).

c) Ensino Médio: *aprofundamento disciplinar nos diferentes espaços culturais e técnicos estabelecidos no currículo* (em poucas palavras, todo o conjunto de conhecimentos e habilidades adquiridos nas etapas anteriores servem agora como plataforma para analisar em profundidade aquilo que cada disciplina traz de linguagem e metodologia própria para o estudo da realidade).

De qualquer forma, a continuidade constitui, sem dúvida, um grande desafio curricular para os próximos anos. E, nesse desafio, o papel a ser desempenhado pela Educação Infantil é essencial. Em nenhum caso, poderá ser planejado um projeto de ensino viável que não conte com o estabelecimento de alicerces firmes na etapa infantil. Na maioria dos casos, qualquer tentativa de iniciar processos a longo prazo além da etapa terá que enfrentar problemas de "tempestividade", de que as estruturas básicas já estão formadas, para o bem ou para o mal.

A continuidade representa, também, um desafio de reconceituação do sentido e do trabalho a realizar na escola infantil. Passamos tantos anos requerendo um estatuto diferente e autônomo para a Educação Infantil que agora corremos o risco de conceber a nossa etapa como um oásis isolado e separado, de fato, do mundo escolar convencional. Na minha opinião, essa separação foi interessante durante todo o processo que durou o reconhecimento da própria identidade. Após ser obtida essa identidade, após reconhecer institucionalmente que fazer Educação Infantil é algo diferente que fazer Educação Fundamental e que constitui uma etapa específica de escolaridade, uma vez que temos o nosso próprio espaço curricular, chegou o momento de pensar em como podem ser reconstruídos os elos de ligação entre a etapa infantil e o resto da escolaridade obrigatória.

Os professores(as)

O quarto eixo de desenvolvimento da Educação Infantil nos próximos anos pode ser estabelecido em torno da figura e da função a ser desenvolvida pelos **professores(as)**.

É possível que os professores(as) de Educação Infantil constituam um dos segmentos mais dinâmicos e melhor formados para o seu trabalho em relação aos professores(as) em geral. Isso representou que a etapa infantil sempre tenha sido uma espécie de oásis criativo e de regeneração das práticas de ensino escolares. O que não impede que continuem existindo, da mesma forma que nas outras etapas educativas, fortes necessidades de formação para responder às novas demandas estabelecidas pela Reforma e pelos avanços ocorridos nos últimos anos em relação às possibilidades de trabalho educativo com crianças pequenas.

No primeiro item apontei alguns componentes gerais das novas demandas que são feitas aos professores(as). Se tivesse que concretizar tais demandas naquelas mais especificamente referentes aos professores(as) de Educação Infantil, gostaria de centralizar a discussão nos aspectos a seguir.

Crianças de três anos

A incorporação de crianças de três anos revolucionou, de certa forma, a organização das aulas e do trabalho em inúmeras escolas. E como este processo foi ocorrendo, em muitos casos, sem uma dotação especial (de espaços físicos e recursos didáticos), a conseqüência tem sido a exposição dos professores(as) encarregados dessas aulas em um certo marasmo conceitual e operacional.

Certamente, trata-se de crianças ainda muito pouco socializadas, vivas e dinâmicas, que custam muito a concentrar a sua atenção nas suas atividades, prestar atenção às instruções, manter-se dentro de processos minimamente prolongados, aceitar as regras básicas da convivência. Todos esses aspectos se transformam em conteúdos da aprendizagem do seu primeiro ano de contato com a escola.

O instrumento fundamental de que o professor(a) dispõe é a sua própria presença (a "pedagogia da presença" como linha fundamental de ação) e a disposição de um espaço físico especialmente enriquecido e estimulante. O planejamento das atividades, o desejo de separar por áreas as intervenções para abordar diretamente o desenvolvimento dos âmbitos de experiência, etc. torna-se muito mais difícil.

Profissionalismo docente

A idéia do profissionalismo docente e das suas exigências é aplicável, da mesma maneira, aos professores(as) de Educação Infantil do que aos dos outros níveis do sistema de ensino. Mas no caso da Educação Infantil, as competências que definem esse profissionalismo possuem perfis próprios.

O peso do componente das relações é muito forte. A **relação** constitui, provavelmente, o recurso fundamental na hora de trabalhar com crianças pequenas. Qualquer possibilidade de educação passa pelo estabelecimento de vínculos de relação (não necessariamente na antiga concepção de "laços afetivos" ou de "vínculos quase materno-filiais") positivos. E da mesma maneira, a maior parte dos problemas que tem início nesta etapa (e que mostrará os seus efeitos mais desestabilizadores em etapas posteriores) são concomitantes com relações criança-adulto mal estabelecidas.

Por isso, as *características pessoais* do professor(a) de Educação Infantil continuam a ter um forte peso na definição do seu perfil profissional. Principalmente, aquelas que são básicas para estabelecer essas conexões adulto-criança:

— cordialidade, proximidade e "calor" (em oposição à frieza e ao estabelecimento de distâncias);
— originalidade, capacidade de quebra da formalidade.

E também um manejo seguro: ser capaz de se impor, de estabelecer limites, de manter a estabilidade dos contatos, etc.

O fato, antes mencionado, da incorporação generalizada de crianças de três anos às aulas infantis torna ainda mais peremptório este aspecto do profissionalismo dos professores(as) de Educação Infantil.

Qualidade de vida dos professores(as)

Este é outro aspecto que possui relevância em qualquer uma das etapas do sistema educativo, mas que adquire conotações próprias quando é aplicado aos professores(as) de sala de aula. Caberia aqui introduzir três aspectos básicos neste ponto da qualidade de vida.

a) A diminuição da pressão psicológica. Parece claro que a intensidade do trabalho, a saturação de componentes emocionais, os imperativos de envolvimento pessoal, etc. são muito maiores ao trabalhar com crianças pequenas do que ao fazê-lo com crianças maiores. Não são poucos os professores(as) que sucumbem a esta demanda constante de envolvimento pessoal e de forte autocontrole. A situação espanhola na qual um único professor(a) é responsável por uma aula (com um número, às vezes, muito grande de crianças) agrava esta situação de pressão.

Em outros países, tem-se procurado uma maior diversificação do envolvimento. Na Itália, por exemplo, a Reforma estabeleceu que cada duas aulas tenham três professores(as). Isso significa não apenas que o trabalho é distribuído e que são acrescentados "por necessidade" processos de planejamento conjunto, mas também que cada professor(a) já não sente mais como uma carga pessoal e própria o funcionamento da aula e das crianças que atende. A pressão pessoal diminui: as crianças da sala já não dependem somente de uma pessoa; agora têm vários professores(as) que lhes darão atenção e com os quais têm a possibilidade de estabelecer relações pessoais mais diversificadas.

b) A disponibilidade e a dotação dos espaços. Como em nenhum outro nível educativo, a qualidade de vida e de trabalho dos professores(as) depende da qualidade dos espaços. Estes transformam-se nos grandes protagonistas da Educação Infantil. E afetam, por igual, a satisfação das crianças que vivem a sua escola por meio deles, como a dos professores(as) que os usarão como recurso básico do seu discurso pedagógico (além de que passarão ali, cercados de crianças pequenas, grande parte de sua vida).

Em uma pesquisa recente sobre "indicadores da qualidade de vida na escola infantil" realizada na Universidade de Bologna (Bertolini e Cardarello, 1989)[5], quando se pergunta aos professores(as) de educação Infantil como vivenciam os espaços escolares, faz-se alusão (tanto para fazer referência aos aspectos positivos como aos negativos dos espaços) a três dimensões:

1. uma dimensão vinculada aos aspectos estéticos: que seja acolhedor, belo, proporcional, etc;
2. uma dimensão vinculada aos aspectos funcionais: adequação dos locais e recursos disponíveis para as finalidades educacionais a serem cumpridas;
3. uma dimensão vinculada aos aspectos ambientais: o frio, o calor, o ruído, a luminosidade, etc.

c) A carreira docente. É outro componente básico da satisfação profissional porque abre perspectivas de desenvolvimento profissional.

No caso específico espanhol, a carreira docente dos professores(as) de Educação Infantil problematizou-se nos últimos anos. A própria especificidade

---

5. Bertolini, P.; Cardarello, R. (eds.) (1989): *Da casa a scuola: gli indicatori soggettivi della qualità della vita infantile.*

com que se estabelece a formação desses profissionais faz com que se fechem as portas de acesso à docência em outros níveis do sistema educativo.

O único caminho de progressão e mudança de atividade passa por abandonar a docência para ocupar cargos dentro dos diferentes sistemas de apoio ou supervisão (CPERs, Equipes Psicopedagógicas, Inspeção, etc.).

Esclarecer as possibilidades de fazer carreira docente dentro do próprio nível (e poder abandoná-lo se assim a pessoa o desejar) constitui outro desafio importante para os próximos anos. Será preciso depender das conseqüências que se produzirem neste campo a partir dos esforços que as diferentes Administrações estão realizando (sexênios, licenças para estudos, etc.). De qualquer forma, novas iniciativas deveriam surgir: participação em equipes de pesquisa, criação de materiais, aumento dos intercâmbios com colegas espanhóis e de outros países, etc. Ou seja, ir gerando, juntamente com as condições que permitam melhores salários com base nos próprios méritos e dedicação profissional, novas oportunidades de aperfeiçoamento profissional e de reconhecimento público do trabalho realizado.

Outro desafio básico dos próximos anos, no que se refere aos professores(as) de Educação Infantil será a configuração dos novos planos de estudo nas Escolas de Magistério. Estamos, neste momento, em uma fase especialmente no que se refere ao estabelecimento desse perfil formativo do "novo professor(a) de Educação Infantil" que a Reforma requer.

Não é preciso dizer que se trata de uma questão-chave, que, no entanto, está passando desapercebida. Certamente, devido à enorme separação entre o mundo profissional e o universitário. Nem os sindicatos (tão sensíveis no momento de abordar outro tipo de necessidades formativas dos docentes) tampouco as associações profissionais têm-se manifestado, nem pedem para participar no atual processo de projeto da formação inicial dos professores(as) do futuro.

A separação se estende, inclusive, aos diversos níveis da Administração educativa que dará atenção a ambas as frentes.

No final, pode acontecer que o processo de elaboração dos novos títulos acabe sendo um caminho que não leve a lugar algum e os novos títulos não sejam mais do que uma imitação dos anteriores. Ou seja, que prevaleçam os interesses e as rotinas institucionais dos centros de formação (recolocar todos os professores(as) que havia antes com as mesmas matérias e os mesmos estilos docentes anteriores; contar, novamente, com os mesmos recursos e a mesma organização anterior) sobre qualquer outro tipo de consideração referente ao tipo de formação que será exigida em um futuro próximo, para exercer com eficácia a tarefa de professor(a) na sala de aula da escola infantil.

CAPÍTULO 2

O Desafio da Qualidade

TRÊS DIMENSÕES BÁSICAS E QUATRO VETORES DA QUALIDADE NA EDUCAÇÃO

Nos trabalhos sobre a qualidade é possível identificar uma série de "eixos semânticos" que nos permitem organizar o conteúdo do conceito de qualidade e aplicá-lo à análise de diferentes realidades da vida social. Entre outras visões freqüentes vale a pena destacar, pelos menos, as três seguintes:

a) *A qualidade vinculada aos valores.* Atribui-se qualidade àquilo que representa algum dos valores vigentes. Para muitos autores este é o componente básico da "qualidade": que contenha elementos valiosos. Ou seja, poderíamos dizer de alguma coisa que possui qualidade se reagir adequadamente aos valores que se esperam dessa instituição, dessa pessoa, dessa situação, etc. Parece óbvio que no campo da educação este seja um dos componentes mais importantes da qualidade.

b) *A qualidade vinculada à efetividade.* Esta perspectiva atribui qualidade àquele tipo de instituição ou processo que alcança bons resultados.

c) *A qualidade vinculada à satisfação dos participantes no processo e dos usuários do mesmo.* Uma colocação deste tipo não costuma ser freqüente (e menos ainda quando separada de outras), mas está sendo dada cada vez maior importância a esta dimensão da qualidade. Faz parte daquilo que se entende como "qualidade de vida". Inclusive, nos âmbitos estritamente empresariais a "satisfação dos empregados" desempenha um papel cada vez mais preponderante como base e condição para que se possa obter a efetividade (nos círculos de qualidade japoneses, por exemplo).

Quando pretendemos aplicar o conceito de qualidade à educação, essas três concepções da qualidade se complementam: podemos dizer que estamos diante de uma escola de qualidade ou diante de um programa educativo de qualidade ou diante de professores(as) de qualidade ou diante de um material educativo de qualidade quando podemos reconhecer neles os três componentes citados:

— *Uma identificação com valores-chave formativos.* Que esteja comprometido com os valores educativos que fazem parte do que a educação (da forma como a concebemos neste final de século) pretende oferecer para o desenvolvimento integral das crianças e da sociedade em seu conjunto.

— *Alguns resultados de alto nível*: pareceria absurdo pensar que algo poderia ser valorizado como de qualidade se os resultados obtidos fossem pequenos ou pobres. O tema dos padrões de qualidade fazem parte do debate atual sobre a Educação Infantil no mundo inteiro.

— *Um clima de trabalho satisfatório para todos aqueles que participam na situação ou no processo avaliado.* Como veremos em um ponto posterior, somente a satisfação de agentes e usuários garante que as atuações que se desenvolvem e os resultados obtidos sejam do mais alto nível.
Afinal de contas, a qualidade deve-se referir tanto às pessoas que participam nos processos educativos como àquelas que se beneficiam dos mesmos (pais, comunidade, sociedade).

Mais do que qualquer outro, a educação é um assunto que envolve pessoas. A dimensão pessoal do processo educativo é básica. Por isso, os aspectos mais ligados ao pessoal (satisfação, motivação, sentimento de sucesso, nível de expectativas, auto-estima, etc.) sejam fundamentais enquanto que variáveis condicionadoras da qualidade dos processos e seus resultados.

Mas além dessas três dimensões da qualidade seria conveniente levar em consideração um outro aspecto que é muito importante para dar uma dimensão dinâmica à idéia de qualidade:

— a qualidade, pelo menos no que se refere às escolas, não é tanto um repertório de **traços que se possuem**, mas sim **algo que vai sendo alcançado**. A qualidade é algo dinâmico (por isso faz-se mais alusão às condições culturais das escolas do que aos seus elementos estruturais), algo que se constrói dia-a-dia e de maneira permanente.

Eixos organizacionais vinculados à qualidade

Além da consideração anterior sobre os conteúdos da qualidade educativa (valores, resultados, satisfação) é preciso fazer uma consideração mais estrutural do tema da qualidade para apontar aqui as condições organizacionais que a tornam possível.[1] Neste sentido, considero especialmente interessante vincular o tema da qualidade aos aspectos funcionais de escolas e serviços destinados à infância. Tanto a pesquisa como a experiência parecem confirmar que as variáveis que mais afetam o aperfeiçoamento dos mesmos têm muito a ver com aspectos organizacionais e de funcionamento.

No Quadro 2.1 é apresentado um esquema sobre como podemos abordar o tema da qualidade com a finalidade de estabelecer as pautas de aperfeiçoamento das escolas e serviços.

QUADRO 2.1

a) A função **de projeto.**
b) A dimensão **produto ou resultados.**
c) A dimensão **processo ou função** por meio da qual se desenvolvem esses resultados.
d) A função do próprio **desenvolvimento organizacional** como processo diferenciado.

Farei breves comentários sobre cada um desses vetores da qualidade.

a) *A função de **projeto**.* Existe um tipo de qualidade especificamente vinculada ao projeto. É diferente construir uma casa financiada por programas habitacionais ou uma mansão faraônica. Não é a mesma coisa projetar e fabricar um carro de luxo que um popular. Quando alguém projeta um processo ou um produto já está incorporando uma certa idéia de qualidade. Dependendo da qualidade que se pretenda no processo ou produto que se projeta será preciso tomar algumas decisões ou outras. A qualidade do projeto está intimamente ligada ao custo e às condições materiais (tipo de material empregado, custo do equipamento, etc.) e funcionais (pessoal, sistemas de controle, etc.).

No meio industrial, a qualidade de projeto não depende dos empregados, mas das gerências. Não é possível exigir produtos de alta qualidade se o

---

1. Sato, K. (1992): *La calidad en la buena administración*. Montevideo: Ministerio de Industria, Energía y Minería de Uruguay.

processo de projeto foi orientado por considerações de baixa qualidade (baixo investimento, pouco controle, baixo nível de pessoal, etc.)

Este aspecto é muito importante e, às vezes, é pouco considerado no meio educacional. Será difícil alcançar elevados níveis de qualidade em processos que possuem uma baixa qualidade de projeto. Somente se a educação tiver sido projetada para alcançar altos níveis de qualidade e se tiverem sido adotadas as decisões apropriadas para isso (no que se refere a investimentos, recursos, condições de trabalho, etc.) será possível exigir depois que a qualidade dos produtos seja alta. Mas é incorreto pensar que processos educativos projetados com baixos níveis (investimento mínimo, pouca preparação do pessoal, pouco controle de qualidade, recursos mínimos, etc.) possam obter resultados altos.

b) A dimensão **produto ou resultados.** O segundo grande âmbito da qualidade refere-se aos resultados ou produtos do processo. Tais resultados não se referem somente aos resultados concretos no final de um processo, mas sim à obtenção efetiva dos objetivos propostos e à sua permanência. Um produto de qualidade não é aquele que "parece" funcionar bem, mas que logo apresenta defeitos. A qualidade do produto "garante" a permanência dos bons resultados. Na educação, esta condição da permanência tem um sentido substantivo que está relacionado ao que significa realmente obter alguns "resultados" de qualidade: não se trata apenas de efeitos imediatos, mas de efeitos que se produzem e se tornam visíveis a "longo prazo" e que, se forem realmente bons se mantêm com o passar do tempo.

De qualquer forma, nenhum processo de intervenção pode ser pensado independentemente dos seus resultados. Por muito que se quiser relativizar o sentido da qualidade ou a dificuldade para estimar quando algo tem ou não qualidade, não faz sentido pensar que a qualidade possa ser estabelecida independentemente dos resultados obtidos.

É conveniente de toda forma levar em consideração que a qualidade do produto ou os resultados é uma função subsidiária dos outros âmbitos da qualidade. Enquanto a qualidade do projeto ou a qualidade de funcionamento ou de desenvolvimento organizacional podem funcionar independentemente, a qualidade do produto ou resultado ocorre como conseqüência dos outros eixos.

c) A dimensão **processo ou função** por meio da qual se desenvolvem esses resultados. O terceiro âmbito da qualidade refere-se ao processo e aos procedimentos por meio dos quais se desenvolve a intervenção. Nos produtos empresariais, esta dimensão é correspondente ao processo de fabricação. Nos processos de intervenção social, como a educação, esta dimensão é correspondente ao que normalmente denominamos metodologia (incluindo na mesma o planejamento das situações de aprendizagem, os recursos usados, os sistemas de controle incorporados ao processo, etc.).

Tal dimensão está fortemente relacionada à fase dos produtos ou aos resultados da qual recebe um constante *feedback*. Se os resultados forem positivos e de alto nível de qualidade, essas mesmas características se projetarão no processo. Se os resultados forem de baixo nível de qualidade, deve-se estabelecer dois tipos de considerações:

— Se a causa dos erros for devido à não-realização do procedimento estabelecido na fase de projeto e no próprio planejamento da metodologia a seguir, será preciso retificar o procedimento de maneira a adequá-lo melhor às previsões estabelecidas.
— Se apesar de ter seguido o procedimento previsto, os resultados tiverem sido negativos é preciso alterar o procedimento. Se mesmo assim o nível de qualidade dos resultados não melhorar, será necessária uma reelaboração de todo o processo, incluindo a fase de projeto.

d) *A função do próprio* **desenvolvimento organizacional** *como processo diferenciado*. Esta função refere-se a intervenções que tenham como finalidade o aperfeiçoamento das condições das próprias instituições e equipes. A qualidade dos resultados e dos procedimentos é aperfeiçoada indiretamente.

Pertencem a este tipo de desenvolvimento da qualidade os programas de formação de pessoal, os planos de transformação institucional (novas estruturas organizacionais), os programas de equipamento, a incorporação de novas tecnologias, etc.

Cada uma destas dimensões estabelecem, por sua vez, diferentes conteúdos. Obviamente os conteúdos de cada uma dessas dimensões da qualidade variam dependendo do processo de intervenção ao qual se referem. No Quadro 2.2 são apresentados alguns desses conteúdos no que se refere à educação.

QUADRO 2.2

CARACTERÍSTICAS DAS ESCOLAS DE QUALIDADE

Muito já foi escrito e discutido nas duas últimas décadas sobre a qualidade das escolas e sobre as características que diferenciam as boas escolas das escolas medíocres.[2]

Purkey e Smith (1983)[3] fizeram uma revisão de grande parte desses trabalhos sobre as características das "escolas eficazes". Fullan (1985) também procurou fazer uma síntese dos indicadores de qualidade que apareciam na literatura referente a este tema. Analisando ambos os trabalhos poderíamos identificar uma série de características que são mencionadas na quase totalidade dos estudos sobre qualidade das escolas. Poderíamos concluir que existe uma série de variáveis (algumas referentes aos conteúdos da educação, outras às condições organizacionais, outras a qualidades do pessoal, etc.) vinculadas à qualidade. No Quadro 2.3 são especificados esses pontos comuns das escolas de qualidade.

QUADRO 2.3
Características das organizações eficazes

Organização eficaz: Aquela que é capaz de fazer com que seus alunos(as) obtenham, independentemente da sua origem sociocultural e econômica, níveis elevados de rendimento acadêmico.

Características: 1. Liderança muito orientada para a qualidade do ensino. — **2.** Forte ênfase (em toda a escola) dada aos problemas da organização curricular. — **3.** Boas relações com a comunidade e apoio, desta, às atividades das escolas. — **4.** Definição clara dos objetivos educativos e didáticos da escola e expectativas elevadas em relação ao rendimento de cada um dos alunos(as). — **5.** Sistema eficaz de supervisão e de avaliação do processo seguido pelos alunos(as) e do seu progresso. — **6.** Procedimentos internos de funcionamento e atitudes pela equipe de direção que representem apoio às iniciativas de inovação e experimentação. — **7.** Um planejamento adequado e sistemático da formação em serviço. — **8.** Relações próximas com as famílias e envolvimento das mesmas nas atividades da escola (Purkey e Smith, 1983; Fullan, 1985).

(continua)

2. Harber, C. (1992): Effective and ineffective schools: an international perspective on the role of research. *Educational Management and Administration*, v. 20, n. 3, p. 161-169.
 Gray, J. (1990): The quality of schooling: frameworks for judgement. *British Journal of Educational Studies*, v. 38, n. 3, p. 204-223.
 Murgatroyd, S. (1992): A new frame for management schools: total quality management (TQM). *School Organization*, v. 12, n. 2, p. 175-200.
3. Purkey, S.; Smith, M. (1983): Effective schools: a review. *The Elementary School Journal*, v. 83, n. 4, p. 426-452.

QUADRO 2.3
Características das organizações eficazes (continuação)

Como podemos observar no quadro, a qualidade das escolas surge como fruto do aparecimento concomitante de diferentes condições. Fazendo uma leitura livre e sintetizadora das conclusões dos trabalhos citados cabe concluir que as condições apontadas têm relação basicamente com quatro componentes da estrutura das instituições escolares:

1. A **liderança** (a forma como agem as equipes de direção). Neste caso, a condição consiste em um estilo de liderança orientada para a melhora progressiva da atuação institucional. Trata-se de um estilo de direção muito diferente daqueles nos quais não existe uma liderança clara que confira dinamismo à instituição ou na qual as equipes de direção se dediquem quase exclusivamente a tarefas burocráticas.

2. A organização e o desenvolvimento efetivo do **currículo** destacando-se, principalmente, três aspectos fundamentais: a riqueza e a atualidade dos objetivos e dos conteúdos formativos da instituição, uma boa coordenação do currículo tanto no sentido horizontal como vertical e a existência de mecanismos adequados de avaliação e supervisão das atividades que se realizam.

3. Relações com a **comunidade** que incluem dois aspectos fundamentais: a participação das famílias na dinâmica formativa das escolas e o reconhecimento e o apoio da comunidade à ação escolar.

4. Finalmente, atuações específicas de desenvolvimento institucional para que sejam adotadas iniciativas e programas dirigidos especificamente à melhora do funcionamento e dos resultados da escola. Tais iniciativas de desenvolvimento institucional devem cobrir, pelo menos, dois aspectos básicos: programas de formação de professores(as) e do pessoal das escolas para enfrentar aquelas necessidades que forem detectadas como sendo relevantes e também programas de equipamento e transformação a médio prazo.

Outros autores e organizações têm feito contribuições similares. As características identificadas pelos mesmos, com pequenas diferenças, se repetem.

Também o Ministério de Educação espanhol[4] apresentou um esquema geral dos critérios de qualidade que devem presidir o funcionamento das escolas (ver Quadro 2.4).

4. MEC (1993): Centros educativos y calidad de la enseñanza: propuesta de actuación. *Rev. Comunidad Escolar.*

QUADRO 2.4
Há diversos aspectos que merecem destaque nesta abordagem do Ministério de Educação sobre o tema da qualidade: 1. Em primeiro lugar que, embora de uma forma muito geral, são estabelecidas as três grandes dimensões indicadas anteriormente como referenciais básicos da qualidade: valores, resultados e satisfação. 2. Em segundo lugar evidencia-se o risco da simplificação produtivista no que se refere aos resultados. Falar de resultados em educação é sempre algo complexo e multidimensional. O MEC menciona três aspectos como "conteúdo" dos resultados de qualidade na educação: o rendimento, a adequação às demandas sociais (principalmente no que se refere à preparação para o emprego) e a diminuição do índice de fracassos. Podemos ver que fica claramente superada a visão simplista de que a qualidade é medida pelas notas. Como mostra o quadro, existem outros aspectos mais importantes no momento de considerar o que é uma escola de qualidade e o que devemos esperar da mesma. 3. Em terceiro lugar é conveniente destacar a forte carga axiológica e social do quarto indicador. Principalmente quando se fala em "escola pública" a qualidade não está vinculada de maneira linear a bons resultados. Também está vinculada à forma em que a escola é capaz de enfrentar o desafio da "educação para todos". Não é excessivamente complexo alcançar resultados de alto nível. Para isso bastaria passar para um sistema seletivo muito elitista ou a eliminar todos os alunos(as) com problemas ou com capacidades limitadas. Teríamos, então, uma escola dos melhores, dos mais aptos. Uma garantia de bons resultados. Mas, obviamente, não se trata disso. 4. Finalmente, são estabelecidas também as outras duas condições básicas da qualidade de uma escola pública: a participação da comunidade e a satisfação das pessoas que trabalham na mesma.

A QUALIDADE NAS ESCOLAS INFANTIS

A explicação anterior dos conteúdos e das condições fundamentais do ensino de qualidade permite-nos fazer uma fácil transferência das idéias aplicáveis à educação em geral ao que constitui as características específicas da Educação Infantil.

Por sua vez, a Educação Infantil precisa enfrentar desafios de procura da qualidade que lhe são próprios. Boa parte desses desafios são apresentados na forma de dilemas com alternativas de solução diferentes, cada uma das quais tem seus prós e contras.

Seguindo o esquema apresentado em pontos anteriores, vejamos quais são alguns dos desafios que a qualidade estabelece para a Educação Infantil.

Valores e crenças

Falar em valores, tanto em Educação Infantil como em qualquer outra etapa do processo educativo, é sempre algo complicado. Os valores não estão apenas nas declarações oficiais ou nos pronunciamentos das leis. Os valores agem, quase sempre, como estruturas condensadas que condicionam todo o desenvolvimento das políticas educativas e dos programas concretos de ação.

Por outro lado, os valores educativos nunca aparecem como estruturas abstratas às quais seria simples atribuir o mérito da sua "melhor" natureza diante das posições encontradas. Os valores não enfrentam os seus opostos já que nessa guerra as respostas seriam simples: não existe algo que seja o oposto a um valor, não existe, pelo menos, como opção selecionável em um programa educativo (a questão não está em se um processo educativo forma para a autonomia ou para a dependência: saberíamos, imediatamente, que somente o primeiro é um valor e que a segunda opção não faz sentido do ponto de vista educativo). Pelo contrário, os próprios valores, quando associados a práticas concretas de ensino, oferecem alternativas válidas que se projetam em diferentes direções, algumas delas com as suas vantagens e seus inconvenientes. Seja qual for a decisão adotada, estará apoiada por considerações axiológicas (de valor), mas terá, por sua vez, pontos fracos (será suscetível a críticas).

Estando o valor fundamental reconhecido por todas as posições (a Educação Infantil constitui um recurso valioso para o desenvolvimento pessoal e social das crianças) as respostas práticas de concretização desse valor são diferentes. Todas elas tendo pontos fortes e pontos fracos. Alguns dos dilemas enfrentados pela Educação Infantil na atualidade são analisados neste item:

Dilemas principais:

... o dilema entre cuidados (*care*) e educação (*education*).
... o dilema entre o público e o privado na distribuição de compromissos.
... a conexão entre atenção à infância e igualdade de oportunidades entre os sexos.
... a conexão entre direito ao trabalho dos pais e mães e atenção às crianças pequenas.
... a difícil ruptura dos parâmetros objetivos para alcançar estimativas mais qualitativas.

Em alguns países europeus a temática da Educação Infantil é estabelecida mais na direção do *care* (um tipo de serviço assistencial às famílias para que os pais e as mães possam trabalhar sem precisar ficar preocupados com seus filhos que recebem assistência de pessoal especializado) do que da *education* (orientado a intervenções especificamente dirigidas à procura do desenvolvimento global das crianças).

Especialmente nos países do norte da Europa a Educação Infantil é vista com um sentido mais compensatório do que substantivo. Ou seja, se as crianças pudessem permanecer nas suas casas até os cinco ou seis anos seria melhor, mas como não pode ser assim (porque seus pais e mães trabalham, porque moram em áreas carentes ou problemáticas, porque é importante oferecer igualdade de oportunidades às mulheres, etc.) os governos precisam criar dispositivos para atendê-los (*care*) da melhor maneira possível. Por esse motivo não há uma especial preocupação com o "currículo" dessa etapa educativa: procura-se fazer com que a escola possibilite uma boa socialização, que crie um clima rico para o desenvolvimento, mas nada além disso.

Essa posição tem um caráter mais assistencial e protetor, enquanto a abordagem educativa tem uma orientação mais substantiva (não depende do fato dos pais e mães trabalharem ou não, não está dirigida a crianças de classes operárias, etc.) e baseia-se na idéia de que a Educação Infantil é fundamental para todas as crianças, independentemente da sua situação familiar, social ou geográfica.

Pessoalmente, considero que a Educação Infantil é uma etapa eminentemente educativa e, portanto, destinada a tornar possíveis progressos pessoais que não seriam alcançados se a escola não existisse. Por isso, todas as crianças, inclusive aquelas em melhor situação social e econômica se beneficiarão de freqüentar a escola.

Por isso, também, devemos destacar o sentido **profissional** do trabalho dos professores(as). Não são mães/pais substitutos para atender às crianças enquanto os seus trabalham. São profissionais que sabem fazer aquilo que é próprio da sua profissão: profissão vinculada a potencializar, reforçar e multiplicar o desenvolvimento equilibrado de cada criança.

Isso não impede que, certamente, devam ser levados em consideração outros aspectos relativos às "políticas de infância" necessariamente vinculadas à atenção às mães (igualdade de oportunidades de trabalho e desenvolvimento pessoal entre os sexos); às famílias (para possibilitar que os pais e mães com crianças pequenas possam trabalhar) e aos grupos marginalizados (para enriquecer as possibilidades de fornecer um cuidado adequado aos pequenos). Mas todas estas dimensões da atenção à infância não podem nos fazer esquecer que estamos falando do direito das crianças a "receber uma educação de qualidade desde os seus primeiros anos". Uma educação que, talvez indiretamente, possa melhorar as suas condições sociais ou familiares, mas que está destinada, no fundamental, a potencializar o seu desenvolvimento global.

Outro dos dilemas apontados relaciona-se ao **compromisso** na atenção à infância. O grande debate em alguns países é se o Estado deve assumir esse compromisso ou se é algo que a própria sociedade deve assumir, ou seja, os indivíduos através de iniciativas privadas (e, logicamente, caras). Nos países do sul da Europa e, em geral, em todos os que têm um nível de desenvolvimento médio, isso criaria um grande desequilíbrio social com oportunidades de educação de alto nível para as classes privilegiadas e apenas respostas marginais ou de pouca qualidade para a ampla faixa da população (que são, por sua vez, os que mais precisam de uma Educação Infantil de qualidade). Do meu ponto de vista, a presença do Estado na Educação Infantil é fundamental, inclusive naqueles países nos quais esta etapa escolar não é obrigatória.

Se pensarmos que a etapa infantil e a contribuição da escola durante esses anos é fundamental para o desenvolvimento escolar posterior das crianças (principalmente das classes médias e baixas) torna-se imprescindível um compromisso claro dos governos nessa direção. Inclusive, um compromisso que represente uma discriminação positiva para todas aquelas famílias e grupos sociais em piores situações econômicas.

Finalmente, gostaria de destacar outro ponto que é essencial no momento de fazer uma análise da atual situação no que se refere à **qualidade e à efetividade dos atuais serviços de Educação Infantil.** Freqüentemente, os relatórios oficiais fazem referência aos dados objetivos: número de crianças atendidas, número de vagas escolares, número de crianças por cada professor(a), etc. Mas parece claro que, mesmo tais dados sendo importantes, não são suficientes para o conjunto de dimensões e possibilidades que a Educação Infantil oferece. Embora eu entenda que é "melhor qualquer Educação Infantil do que nenhuma" já que a própria existência dessa etapa educativa já é, por si só um valor social, não podemos nos satisfazer com isso. Precisamos ultrapassar os dados objetivos para entrar em considerações mais qualitativas sobre os programas que estão em andamento.

Acredito que, pelo menos na Espanha, estamos em uma situação na qual foi possível atender satisfatoriamente às condições objetivas da Educação Infantil: quase a totalidade das nossas crianças podem ter acesso e, de fato, o fazem, a escolas infantis. A questão agora é iniciar o processo em direção à qualidade dos serviços oferecidos por essas escolas, principalmente, os educativos. E as análises que forem sendo oferecidas deverão basear-se ou, pelo menos, dar a relevância merecida às questões relacionadas à qualidade. Isso nos obrigará a refletir mais sobre quais são os indicadores de qualidade na Educação infantil. Uma pequena contribuição nesse sentido pode ser encontrada no último item deste capítulo, no qual são abordados os 10 traços básicos de uma Educação Infantil de qualidade.

Qualidade do projeto

Em relação a esta segunda dimensão da qualidade, se lembrarmos dos seus componentes (item anterior) podemos aplicar à Educação Infantil as seguintes condições de qualidade no que se refere ao projeto:

> Projeto geral do serviço ou programa (regulamentação)
> Políticas *versus* experiências pontuais
> Recursos disponíveis: pessoais; materiais (internos e externos)
> Modelos de financiamento

Os principais problemas relacionados à qualidade do projeto têm relação, pela própria natureza desta dimensão da qualidade, com as condições de financiamento e dotação destinadas ao desenvolvimento dos programas de Educação Infantil.

Modelos reconhecidos mundialmente pela sua qualidade como, por exemplo, as Escolas Infantis de Reggio Emilia na Itália, reconhecem um gasto anual por criança superior a um milhão de pesetas. Sem alcançar esses níveis de "qualidade de projeto"; é preciso reconhecer que não podem ser esperados grandes milagres de iniciativas baseadas na "boa vontade" e no "esforço" das pessoas encarregadas de implementá-los, mas sem que elas recebam os meios suficientes para desenvolvê-los dignamente. Às vezes, os discursos políticos ou o *marketing* comercial não correspondem aos fatos reais no nível de financiamento e de dotação de recursos. E essa é a primeira condição, embora logicamente insuficiente, da qualidade.

Basta entrar em algumas salas de aula de Educação Infantil e ver o que elas possuem para dizer, quase automaticamente: "Que grandes coisas poderiam ser feitas aqui!". Em outros casos, pelo contrário, quando olhamos para o prédio, as salas de trabalho e os recursos disponíveis, pensamos logo: "Parece um milagre que os professores(as) consigam alcançar aqui esses resultados!"

Em alguns casos tais recursos são materiais (edifício, salas, materiais didáticos, equipamento, etc.). Em outros casos, são recursos de pessoal: professores(as), auxiliares, etc.

Chama muito a atenção, neste aspecto, que países muito menos desenvolvidos que o nosso reconheçam a necessidade de ter mais de um adulto presente nas aulas de Educação Infantil, ou dois educadores(as), ou um educador(a) e um auxiliar, etc. No nosso meio, esta questão tão importante para a qualidade do projeto não tem sido levada em consideração.

Há outros dois aspectos que são decisivos no que se refere à qualidade do projeto:

— *À medida que se trabalha sobre a base de processos planejados e não sobre experiências concretas.* O próprio planejamento representa um valor em si mesmo (na minha opinião, principalmente nas estruturas pedagógicas mais desenvolvidas) porque permite sistematizar os processos, alcançar maiores níveis de coordenação e, finalmente, otimizar a utilização dos recursos disponíveis: pessoais, materiais e organizacionais.

— *À medida que se mantém um equilíbrio entre a pressão do currículo oficial e a possibilidade de organizar, de maneira autônoma, as experiências formativas.*
Pela sua própria natureza, a Educação Infantil é muito vulnerável às aventuras didáticas, a opinião pessoal de alguns pode chegar a provocar atividades que, na pior das situações, podem ser prejudiciais para as crianças e, em casos menos graves, provocam sempre alguma distorção e diminuição das possibilidades formativas desta etapa. A existência de um currículo oficial em nosso país representa uma vantagem importante para os profissionais porque estabelece uma orientação que não é restritiva da própria autonomia mas, ao mesmo tempo, identifica-se e compromete-se com algumas linhas formativas que devem conduzir a nossa ação como profissionais.

Qualidade dos processos ou funções

A outra dimensão relevante da qualidade refere-se à qualidade dos processos ou funções. No caso da educação este componente da qualidade desempenha um importante papel por dois motivos:

— porque é justamente nos processos em que ocorrem os dois subprocessos fundamentais da educação: o ensino e a aprendizagem;
— porque é justamente a dimensão que depende de maneira mais clara e direta da ação dos professores(as). Portanto é esse o aspecto que mais nos interessa pois é o que temos condições de otimizar.

Os aspectos da qualidade de processos que caberia destacar no caso da Educação Infantil são os seguintes:

> — Modelo educativo: idéias matrizes sobre as quais está montado.
> — Qualidade da relação.
> — Qualidade, riqueza e diversidade das experiências oferecidas.
> — Conteúdos curriculares: experiências-chave em cada um dos domínios do desenvolvimento. A continuidade como propósito básico.
> — O círculo da qualidade: plano, prática, avaliação, revisão.
> — Participação da comunidade.

Procurei destacar três aspectos principais neste item do processo. Eles refletem, de alguma forma, a minha própria perspectiva em relação à Educação Infantil. São eles:

1. A existência de um **modelo explícito** e consciente de Educação Infantil na medida em que dá coerência às atividades educativas desenvolvidas em seu seio, melhora muito a qualidade dos processos. Falar de modelos em relação à Educação Infantil não significa, absolutamente, apostar em estruturas rígidas de ação nem propor uma simples cópia do trabalho realizado em outros contextos muito diferentes do nosso. Não se trata de uma ação mimética e sim de uma ação coerente e bem fundamentada. O modelo pode ser tão flexível quanto quisermos, o importante é que ele nos ofereça uma idéia global de quais são os fundamentos (pedagógicos, psicológicos, sociais, etc.) que estão na base da nossa proposta formativa e que confira coerência às diferentes atividades e experiências que coloquemos em andamento.

A idéia do modelo é oposta à idéia de uma ação excessivamente conjuntural dependente do dia-a-dia, daquilo que vai acontecendo conosco ou dependente dos materiais didáticos de alguma editora.

Na Espanha temos um currículo oficial e isso restringe, em parte, a adoção plena daqueles modelos que apresentem estruturas diferentes do nosso projeto curricular básico (DCB) da Educação Infantil. De qualquer forma, o DCB é tão aberto que não existe, que eu saiba, incompatibilidade alguma entre os modelos mais conhecidos de Educação Infantil e a proposta curricular oficial.

2. O segundo aspecto relevante da qualidade dos processos refere-se, justamente, à qualidade das **experiências formativas** colocadas em andamento e das condições nas quais elas se realizam. A qualidade dessas experiências reside na riqueza de estímulos que elas ofereçam e no poder estimulador das diferentes funções intelectuais, afetivas e sociais das crianças.

Também a relação interpessoal entre professor(a) (ou, melhor, adultos em geral) e crianças é outro fator fundamental.

E temos que falar também sobre a avaliação (não das crianças, mas do processo como um todo) como elemento capaz de atuar como termostato do processo: oferece-nos a informação necessária para poder introduzir aqueles reajustes que pareçam necessários para que exista uma evolução da situação. O círculo da qualidade é explícito em relação a quais são as fases fundamentais de todo o processo orientado para o seu próprio aperfeiçoamento: a) planejar, b) executar o que foi planejado; c) avaliar o realizado; d) fazer as propostas de melhora que sejam pertinentes.

3. O terceiro aspecto a abordar neste item transcende a atuação da escola como tal. Trata-se da incorporação da própria **comunidade** como um dos agentes formativos necessários para que a ação educativa seja ampliada e capaz de chegar a afetar todas as facetas da vida das crianças. Muitos desses aspectos (fundamentais para o desenvolvimento pleno dessas crianças) transcendem as possibilidades de atuação da escola (saúde, alimentação, reforço da própria auto-estima, necessidades educativas especiais, etc.) e tornam recomendável uma ação conjunta daqueles que possam melhorar a qualidade de vida e de evolução das crianças: famílias, grupos do meio ambiente, autoridades locais, serviços de apoio técnico, etc.

Algumas das contribuições dos colegas italianos neste livro destacam a importância que este ponto adquire no seu modelo e a maneira como eles o operacionalizaram.

Qualidade dos resultados

A qualidade dos resultados é outro dos fatores relacionados à qualidade dos processos educativos. Também neste caso, as condições de qualidade analisadas possuem a estrutura de dilemas. Isso significa que se trata de possibilidades de atividade com aspectos de luz e de sombra (ou porque estão presentes na realidade das coisas que são tratadas ou porque as pessoas tendem a vivê-las dessa maneira ambivalente).

Dilemas básicos:
— necessidades *versus* resultados objetivos;
— respostas para os mais necessitados;
— atenção ao multiculturalismo;
— indicadores quantitativos *versus* qualitativos.

A satisfação de crianças e pais como resultado.

Entre os dilemas destacam-se aqueles que estabelecem a alternativa entre buscar o maior rendimento às custas das crianças menos desenvolvidas ou buscar uma ação mais equilibrada que procure dar a melhor atenção possível a todas as crianças.

Uma atenção especial para aquelas crianças com necessidades educativas diferentes, ou aos grupos marginalizados ou de piores condições sócio-econômicas, etc., constitui um valor educativo em si mesmo e é um indicador da qualidade ainda mais valioso do que um resultado quantitativo deslumbrante.

Por isso devemos denunciar qualquer tentativa burocrática ou "comercial" de reduzir a qualidade da Educação Infantil aos resultados obtidos. A escalada dos resultados sempre ocorre às custas dos mais fracos. E embora este seja um argumento e uma condição que pode ser reconhecida como válida e aceitável "socialmente", não o é a partir da perspectiva educativa.

Algumas escolas inglesas têm apresentado esta questão dramaticamente diante da postura governamental de classificar as instituições educativas conforme os resultados obtidos em provas padronizadas. O seu ultimato era colocado mais ou menos nos termos seguintes: "ou deixamos de ser classificados somente em função dos resultados ou a partir do próximo ano letivo esta escola não implementará programas de integração e de multiculturalismo".

Certamente não é possível jogar dois jogos diferentes: por um lado, defender o valor das experiências que procuram proteger os mais fracos e integrá-los no processo educativo "normal" e, por outro, ser valorizados somente em função dos resultados acadêmicos.

Tão importante quanto isso é que os processos educativos ofereçam não apenas bons resultados, mas que tenham também um alto grau de aceitação das pessoas que deles participam. A satisfação não é mérito suficiente, mas é algo fundamental, principalmente porque cria um contexto de trabalho (um clima institucional) que faz com que as condições nas quais ocorre a Educação Infantil sejam muito mais interessantes e produtivas. É difícil contar com a disponibilidade e o compromisso das famílias e da comunidade se não estiverem satisfeitas com a Educação Infantil que estivermos realizando.

Desenvolvimento organizacional

Finalmente, a qualidade também está relacionada ao próprio funcionamento das instituições e dos agentes que fazem parte das mesmas. É fundamental inserir a ação institucional em um processo de melhora da própria instituição e dos serviços que a mesma oferece. Um processo de aperfeiçoamento planejado com metas a curto e a médio prazo.

Tais planos de aperfeiçoamento deveriam ocorrer nos três níveis de atuação que têm lugar nas escolas infantis: a própria escola, os professores(as) e as famílias.

Da *instituição:* planos a médio prazo; aperfeiçoamento dos programas; aperfeiçoamento dos equipamentos; convênios de colaboração.

Dos *professores(as):* desenvolvimento profissional pessoal, aperfeiçoamento das competências vinculadas à instituição.

Das *famílias:* programas de reforço da participação, desenvolvimento de uma cultura compartilhada sobre a infância e a educação.

CAPÍTULO 3

Os Dez Aspectos-Chave de uma Educação Infantil de Qualidade

Gostaria de abordar, neste item, um tipo de proposta de decálogo em relação à Educação Infantil de qualidade. São 10 pontos que, na minha opinião, constituem aspectos fundamentais de qualquer proposta ou modelo de Educação Infantil. Procurei concretizar aqui as idéias que foram aparecendo nos itens anteriores para que tudo não ficasse como uma simples reflexão, mas servisse como base para um mecanismo de avaliação da ação educativa no seu conjunto.

Sei, logicamente, que não existem verdades absolutas e que tudo pode e deve ser discutido. Mas com a mesma convicção teríamos que afirmar que nem tudo o que se faz ou fazemos em Educação Infantil é bem-feito. Que devemos, portanto, continuar insistindo em que há certos aspectos que precisamos destacar, enfatizando a sua importância, já que constituem condições básicas para uma Educação Infantil de qualidade.

A idéia é, então, procurar estabelecer 10 aspectos básicos da Educação Infantil que sejam aplicáveis a qualquer modelo ou abordagem na qual quisermos situarmo-nos. Nem é preciso dizer que tenho consciência das dificuldades da tentativa e das insuficiências da minha proposta. Como não pretendo chegar a nenhum ponto definitivo, ficarei satisfeito se, pelo menos, conseguir provocar uma reflexão coletiva, mesmo que seja discordante da proposta (tanto por não concordar com os aspectos marcados ou porque se sente falta de outros mais importantes que os mencionados) sobre o que é considerado importante na Educação Infantil.

Não pretendo tampouco mostrar novidades. Não tenho a menor dúvida de que a maioria dos aspectos que destacarei a seguir estão nas mentes e na prática da maioria dos professores(as) de Educação Infantil. É justamente essa segurança na qualidade do próprio trabalho o que nos leva a atrevermo-nos a repensar a nossa ação educativa.

A ordem não é importante. Não tenho procurado elaborar uma taxionomia hierárquica de questões relevantes. A importância de cada um dos aspectos mencionados deriva do seu conteúdo, não da sua posição na lista.

Tendo em mente todas essas observações poderia afirmar que, na minha opinião, os 10 aspectos-chave de uma Educação Infantil de qualidade são os seguintes:

1. ORGANIZAÇÃO DOS ESPAÇOS

A Educação Infantil possui características muito particulares no que se refere à organização dos espaços: precisa de espaços amplos, bem diferenciados, de fácil acesso e especializados (facilmente identificáveis pelas crianças tanto do ponto de vista da sua função como das atividades que se realizam nos mesmos).

Também é importante que exista um espaço onde possam ser realizadas tarefas conjuntas de todo o grupo: assembléias, dramatizações, atividades rítmicas, etc.

O espaço acaba tornando-se uma condição básica para poder levar adiante muitos dos outros aspectos-chave. As aulas convencionais com espaços indiferenciados são cenários empobrecidos e tornam impossível (ou dificultam seriamente) uma dinâmica de trabalho baseada na autonomia e na atenção individual de cada criança.

2. EQUILÍBRIO ENTRE INICIATIVA INFANTIL E TRABALHO DIRIGIDO NO MOMENTO DE PLANEJAR E DESENVOLVER AS ATIVIDADES

Diferentes modelos de Educação infantil insistem muito na necessidade de deixar espaços e momentos ao longo do dia nos quais cada criança vai decidir o que fazer. Autonomia que é combinada com os períodos de trabalho dirigido destinados a abordar as "tarefas-chave" do currículo.

Em contextos com um currículo oficial, como é o caso espanhol, a necessidade de garantir tal equilíbrio é ainda mais evidente. A pressão do currículo não pode substituir, em nenhuma situação, o valor educativo da autonomia e da iniciativa própria das crianças. Mas, ao mesmo tempo, os professores(as) também precisam planejar momentos nos quais o trabalho esteja orientado para o desenvolvimento daquelas competências específicas que constam na proposta curricular.

3. ATENÇÃO PRIVILEGIADA AOS ASPECTOS EMOCIONAIS

Não apenas porque nesta etapa do desenvolvimento os aspectos emocionais desempenham um papel fundamental, mas porque, além disso, constituem a base ou a condição necessária para qualquer progresso nos diferentes âmbitos do desenvolvimento infantil. Tudo na Educação Infantil é influenciado pelos aspectos emocionais: desde o desenvolvimento psicomotor, até o intelectual, o social e o cultural.

A emoção age, principalmente, no nível de *segurança* das crianças, que é a plataforma sobre a qual se constroem todos os desenvolvimentos. Ligado à segurança está o *prazer*, o *sentir-se bem*, o ser capaz de assumir *riscos* e enfrentar o desafio da *autonomia*, poder assumir gradativamente o *princípio de realidade*, aceitar as *relações sociais*, etc.

Já a insegurança provoca medo, aumenta a tendência a condutas defensivas, dificulta a disposição de assumir os riscos inerentes a qualquer tipo de iniciativa pessoal, leva a padrões de relacionamentos dependentes, etc.

Do ponto de vista prático, a atenção à dimensão emocional implica a ruptura de formalismos excessivos e exige uma grande flexibilidade nas estruturas de funcionamento. Requer também que sejam criadas oportunidades de expressão emotiva (de maneira que as crianças, mediante os diversos mecanismos expressivos, vão reconhecendo cada vez mais as suas emoções e sendo capazes de controlá-las gradativamente).

4. UTILIZAÇÃO DE UMA LINGUAGEM ENRIQUECIDA

Todos somos conscientes de que a linguagem é uma das peças-chave da Educação Infantil. É sobre a linguagem que vai sendo construído o pensamento e a capacidade de decodificar a realidade e a própria experiência, ou seja, a capacidade de aprender.

É preciso, então, criar um ambiente no qual a linguagem seja a grande protagonista: tornar possível e estimular todas as crianças a falarem; criar oportunidades para falas cada vez mais ricas através de uma interação educador(a) – criança que a faça colocar em jogo todo o seu repertório e superar constantemente as estruturas prévias.

Explicar o que vai ser feito, contar o que foi feito, descrever os processos que a levaram ao resultado final (como e para que), estabelecer hipóteses (por que), construir fantasias, relatar experiências, etc. Qualquer oportunidade é boa para exercitar a linguagem. Mas exercitá-la não é o suficiente; a idéia fundamental é aperfeiçoá-la, buscar novas possibilidades de expressão (vocabulário mais preciso, construções sintáticas mais complexas, dispositivos expressivos e referências cada vez mais amplas, etc.). Neste sentido, a interação com os educadores(as) é fundamental.

5. DIFERENCIAÇÃO DE ATIVIDADES PARA ABORDAR TODAS AS DIMENSÕES DO DESENVOLVIMENTO E TODAS AS CAPACIDADES

Embora o crescimento infantil seja um processo global e interligado, não se produz nem de maneira homogênea nem automática. Cada área do desenvolvimento exige intervenções que o reforcem e vão estabelecendo as bases de um progresso equilibrado do conjunto.

A dimensão estética é diferente da psicomotora, embora estejam relacionadas. O desenvolvimento da linguagem avança por caminhos diferentes dos da sensibilidade musical. A aprendizagem de normas requer processos diferentes dos necessários para a aprendizagem de movimentos psicomotores finos. Sem dúvida, todas essas capacidades estão vinculadas (neurológica, intelectual, emocionalmente), mas pertencem a âmbitos diferentes e requerem, portanto, processos (atividades, materiais, orientações, etc.) bem diferenciados de ação didática. Isso, obviamente, não impede que diversas dessas atividades especializadas estejam reunidas em uma atividade mais global e integradora: em um jogo podemos incorporar atividades de diversos tipos; uma unidade didática ou um projeto reunirá muitas atividades diferenciadas, etc.

6. ROTINAS ESTÁVEIS

As rotinas desempenham, de uma maneira bastante similar aos espaços, um papel importante no momento de definir o contexto no qual as crianças se movimentam e agem. As rotinas atuam como as organizadoras estruturais das experiências quotidianas, pois esclarecem a estrutura e possibilitam o domínio do processo a ser seguido e, ainda, substituem a incerteza do futuro (principalmente em relação às crianças com dificuldade para construir um esquema temporal de médio prazo) por um esquema fácil de assumir. O quotidiano passa, então, a ser algo previsível, o que tem importantes efeitos sobre a segurança e a autonomia.

Contudo, além desse aspecto sintático das rotinas (a organização das atividades), elas possuem também outras dimensões que precisam ser destacadas. É muito importante analisar o conteúdo das rotinas. No fundo, elas costumam ser um fiel reflexo dos valores que regem a ação educativa nesse contexto; se reforçarmos rotinas baseadas na ordem ou no cumprimento dos compromissos, ou na revisão–avaliação do que foi realizado em cada fase, ou no estilo de relação criança–adulto, etc., estaremos reforçando, no fundo, esses aspectos sobre os quais as rotinas são projetadas. Isso nos permite "ler" qual é a mensagem formativa de nosso trabalho.

7. MATERIAIS DIVERSIFICADOS E POLIVALENTES

Uma sala de aula de Educação Infantil deve ser, antes de mais nada, um cenário muito estimulante, capaz de facilitar e sugerir múltiplas possibilidades de ação. Deve conter materiais de todos os tipos e condições, comerciais e construídos, alguns mais formais e relacionados com atividades acadêmicas e outros provenientes da vida real, de alta qualidade ou descartáveis, de todas as formas e tamanhos, etc.

Costuma-se dizer que uma das tarefas fundamentais de um professor(a) de Educação Infantil é saber organizar um ambiente estimulante e possibilitar às crianças que assistem a essa aula terem inúmeras possibilidades de ação, ampliando, assim, as suas vivências de descobrimento e consolidação de experiências (de aprendizagem, afinal).

Os materiais constituem uma condição básica para que os aspectos expostos nos itens 3, 4 e 5 sejam possíveis.

8. ATENÇÃO INDIVIDUALIZADA A CADA CRIANÇA

Pensar que é possível dar atenção a cada criança de maneira separada durante todo o tempo é uma fantasia. Ainda mais em contextos como o espanhol, no qual uma única professora atende a um grupo de 15-20 alunos(as) por sala de aula.

No entanto, mesmo que não seja possível desenvolver uma atenção individual permanente, é preciso manter, mesmo que seja parcialmente ou de tempos em tempos, contatos individuais com cada criança. É o momento da linguagem pessoal, de reconstruir com ela os procedimentos de ação, de orientar o seu trabalho e dar-lhe pistas novas, de apoiá-la na aquisição de habilidades ou condutas muito específicas, etc.

Embora seja mais cômodo, do ponto de vista organizacional, trabalhar com todo o grupo de uma vez só (todos fazendo a mesma coisa), tal modalidade é contraditória a este princípio.

A atenção individualizada está na base da cultura da diversidade. É justamente com um estilo de trabalho que atenda individualmente às crianças que poderão ser realizadas experiências de integração.

9. SISTEMAS DE AVALIAÇÃO, ANOTAÇÕES, ETC., QUE PERMITAM O ACOMPANHAMENTO GLOBAL DO GRUPO E DE CADA UMA DAS CRIANÇAS

Uma condição importante para o desenvolvimento de um programa "profissional" de Educação Infantil é a sistematização do processo em seu conjunto. É preciso ter uma orientação suficientemente clara e avaliar a cada passo se está havendo um avanço em direção aos propósitos estabelecidos. Não se trata de coisificar as intenções educativas, nem tampouco de formalizar o processo. Trata-se, sim, de saber o que se quer (idéia geral) e quais são as grandes linhas do processo estabelecido para alcançá-lo.

Trata-se, além disso, de superar a idéia de que não basta ter boa vontade, um pouco de intuição e capacidade para improvisar experiências e jogos. Todas essas coisas são competências inestimáveis de todo bom educador(a) infantil. Mas será preciso também ter a capacidade de planejar e avaliar os processos e a forma como cada uma das crianças vai progredindo no seu desenvolvimento global.

Os diferentes modelos de Educação Infantil costumam ser acompanhados por seus próprios instrumentos de acompanhamento, destinados a registrar processos e resultados visando a que sua análise posterior permita incorporar os reajustes que forem necessários, tanto no que se refere à atenção a alunos(as) concretos como no que se refere à modificação de algumas das atividades do grupo.

Há, no mínimo, dois tipos de análise que devem ser realizadas:

— a análise do funcionamento do grupo em seu conjunto. Esta consideração tem relação com o desenvolvimento do programa ou projeto educativo, com o funcionamento dos dispositivos montados (espaços, materiais, experiências) e com a atuação do próprio docente;
— a análise do progresso individual de cada criança. Apesar das limitações impostas pelo tempo disponível e pela quantidade de crianças que devem ser atendidas parece fundamental fazer um acompanhamento individualizado de cada aluno(a) (mesmo que seja através de constatações periódicas).

10. TRABALHO COM OS PAIS E AS MÃES E COM O MEIO AMBIENTE (ESCOLA ABERTA)

A participação dos pais e das mães na escola infantil espanhola é muito desigual: não temos uma cultura, institucionalmente assimilada, de abertura da escola ao ambiente, embora existam muitas experiências, pontuais, mas bastante interessantes (quase sempre mais ligadas à sensibilidade particular dos professores(as) do que a projetos desenvolvidos pela instituição como um todo),

A questão é que e escola, por si mesma, possui capacidade de ação limitada (pelo espaço, pelo tempo e pelas próprias dimensões suscetíveis de serem afetadas pelo trabalho dos professores(as)).

Refiro-me, logicamente, a questões curriculares importantes: dentro da sala de aula ou como continuação em casa de atividades iniciadas dentro da sala de aula.

Esse tipo de participação enriquece o trabalho educativo que é desenvolvido na escola (a presença de outras pessoas adultas permite organizar atividades mais ricas e desenvolver uma atenção mais personalizada com as crianças), enriquece os próprios pais e mães (vão sendo conhecidos aspectos do desenvolvimento infantil, descobrindo características formativas em materiais e experiências, inclusive o jogo, conhecendo melhor os filhos, aprendendo questões relacionadas com a forma de educar) e enriquece a própria ação educativa que as famílias desenvolvem depois em suas casas. Também os professores(as) aprendem muito com a presença dos pais e das mães, ao ver como eles enfrentam os dilemas básicos da relação com crianças pequenas.

Haveria muito mais a dizer em relação à abertura ao *ambiente*, pois o meio social, natural, cultural, etc., é um imenso salão de recursos formativos. Alguns desses recursos são especializados (museus, monumentos, bibliotecas, etc.) e incorporam-se como "material" ampliado para as experiências formativas. Outros constituem elementos comuns da vida das crianças; ao incorporá-los ao trabalho formativo o que fazemos é facilitar o cumprimento de um dos objetivos básicos da Educação Infantil: que as crianças conheçam cada vez melhor o seu meio de vida e tornem-se donas do mesmo para ir crescendo com autonomia.

ALGUMAS IDÉIAS QUE MELHORARIAM A QUALIDADE DE NOSSAS ESCOLAS

É conveniente repetir, mais uma vez, que a "qualidade" tem muitas leituras e pode ser analisada de pontos de vista muito diferentes. O fato de aceitar que se trata de um tema de grande relevância não nos deve fazer esquecer como é difícil ter uma idéia completa o suficiente de qualidade para que seja aplicada ao âmbito educativo. É conveniente, portanto, sermos prudentes na hora de propor estratégias de melhoria da qualidade das escolas.

Gostaria de concluir este trabalho sugerindo alguns princípios que podem agir como idéias matrizes capazes de dar origem a processos de aperfeiçoamento da qualidade nas escolas. Todas elas correspondem a processos bem documentados. Não são pautas especialmente dirigidas às escolas infantis, mas podem ser aplicadas às mesmas com total adequação.

Em alguns casos, trata-se de fórmulas bem-experimentadas tanto em contextos industriais como nos serviços oferecidos aos cidadãos, como é o caso da Educação.

Os pontos reunidos pela literatura especializada nesse sentido são os seguintes:

> a) A possibilidade de participar individualmente no aperfeiçoamento das Escolas, apresentando iniciativas e propostas a serem levadas em consideração.
> b) O trabalho em grupos.
> c) A existência de um propósito estável.
> d) A coleta sistemática de dados e a pesquisa dos processos.
> e) O investimento em formação.
> f) A combinação entre prazer e trabalho.
> g) As boas relações com o entorno.
> h) A possibilidade de resolver se é necessário dedicar espaço e tempo ao desenvolvimento de "experiências fortes" no âmbito das aprendizagens.

Parece estar comprovado que cada uma dessas possibilidades (e melhor ainda se ocorrerem várias em conjunto) melhoram substancialmente o nível de qualidade daquilo que está sendo feito.

Continuando, farei um breve comentário de cada uma delas:

a) *A possibilidade de participar individualmente do aperfeiçoamento das Escolas, apresentando iniciativas e propostas de melhoria para que sejam levadas em consideração*

Schmoker e Wilson[1] são dois supervisores educacionais americanos que têm procurado aplicar o modelo da "Qualidade Total" à educação. No seu trabalho de 1993 apresentam um relatório comparativo sobre a utilização desse modelo a diversas escolas do Estado de Kentucky. Um dos pontos que destacam com mais insistência é a importância do envolvimento pessoal no andamento da instituição. É um envolvimento pessoal que se concretiza na apresentação de iniciativas individuais de aperfeiçoamento das atividades ou processos nos quais cada um participa dentro da instituição.

No seu artigo, relatam que esse é também um dos princípios básicos da "Qualidade Total" aplicada a empresas de produção. Contam como na fábrica Toyota de Lexington mais de 90% dos funcionários propunham, pelo menos, uma iniciativa de aperfeiçoamento por ano (em japonês é chamada de *kaizen* que significa "melhora pequena, mas significativa"). Contudo, o importante não era somente que os funcionários apresentassem as suas iniciativas, mas que mais de 90% dessas iniciativas eram levadas em consideração pela empresa e aplicadas efetivamente.

---

1. Schmoker, M.; Wilson, R.B. (1993): "Transforming Schools through Total Quality Education". *Phi. Delta, Kapan,* janeiro, 1993, p. 389-395.

Se aplicarmos essas IDÉIAS ao muno do ensino e da atividade didática na Educação Infantil, os resultados podem ser tão positivos quanto os observados em áreas muito mais rígidas e regulamentadas que a área de ensino.

Tal possibilidade é proposta tanto em termos organizacionais e de estrutura (estar previsto que os professores(as) possam fazer sugestões de melhoria e existir um certo compromisso de atendê-las) como de cultura (compreender que esse é um dos compromissos que assumimos como profissionais da educação e como membros de uma instituição que desenvolve um projeto de ensino).

É surpreendente o fato de que quando, durante reuniões, cursos, etc., é colocada a questão: *quais os principais problemas que enfrentamos nas nossas escolas?* a quase totalidade das respostas obtidas (em geral, muitas) fazem referência a questões ou assuntos problemáticos cuja resolução não depende de nós. São os outros que têm em suas mãos a solução dos nossos problemas. Isso significa que a maioria desses problemas ficarão como insolúveis (devido à pouca sensibilidade dos outros, da administração, da supervisão, do governo, da sociedade como um todo, com relação aos nossos problemas). A questão é que não surgem problemas que estejam na nossa área de ação, que possamos resolver ou, pelo menos, diminuir com nossas próprias forças.

b) *O trabalho em grupos*

Parece comprovado que há um maior envolvimento dos indivíduos em objetivos coletivos do que nos individuais.

Entretanto, para que o trabalho em grupo chegue realmente a ter efeitos organizacionais precisa estar integrado no organograma. Assim, precisamos promover a eliminação de barreiras entre as divisões ou os departamentos existentes e abrir espaços e tempos que permitam o trabalho coletivo (que existam oportunidades para interagir).

Grande parte das idéias de trabalho expostas neste livro envolvem trabalho em equipe, a combinação do trabalho entre seção–intersecção da qual fala Frabboni; o trabalho com o meio ambiente, com as famílias e com os outros agentes educativos do território ao qual faz referência Borghi; as experiências de desenvolvimento de projetos conjuntos com uma duração que supera o ano letivo e que transcende o espaço da própria sala de aula ao qual se refere Nives Garuti; as estratégias de observação e organização das experiências formativas do *Modelo High Scope* às quais fazem alusão Julia Formosinho, Helena Vasconcellos, Dalila Brito e Cristina Parente. Todas elas partem do pressuposto de que a Educação Infantil é uma ação complexa e polivalente que melhora muito quando possui uma continuidade e é realizada em equipe (com os outros colegas de etapa e com os professores(as) que darão assistência às crianças no 1º Grau).

c) *A existência de um propósito estável*

Há duas condições de funcionamento integradas nesta proposta: que realmente existam propósitos institucionais definidos (de maneira a tornar explícito o compromisso coletivo em relação à instituição) e que esses propósitos se mantenham no tempo (não se trata de inventar novas iniciativas a cada ano e ir modificando as orientações de trabalho nas Escolas).

Dessa maneira, consegue-se uma certa tranqüilidade nas atividades institucionais. Os processos de aperfeiçoamento iniciados devem ser consolidados, dando a oportunidade de constatar se realmente haverá um melhor aproveitamento das modificações, de configurar um certo estilo institucional, etc.

É preciso destacar, por outro lado, que qualquer processo de aperfeiçoamento não é nada além de um processo de aprendizagem e que isso requer tempo e prática até chegar realmente a consolidar-se como um ganho definitivo. Nunca menos de três a cinco anos para mudanças relevantes.

d) *A coleta sistemática de dados e a pesquisa dos processos*

Esta coleta de dados deve ser feita, preferencialmente, pelos próprios professores(as) (o que não impede que o processo de avaliação interna sistemática seja reforçado ou complementado com outros processos de pesquisa externa). Em si mesma, ela faz parte do envolvimento pessoal no andamento da instituição.

Uma das características básicas das experiências de desenvolvimento da qualidade em Escolas é que elas se atêm ao princípio de que qualquer decisão deve basear-se sempre em dados coletados que lhe dêem o seu aval. Por isso, agem usando lemas muito claros: "*taking stock*" (fazer um balanço) "*data, data, data*" (dados, dados, dados), "*please, give me evidence*" (por favor, mostre-me as evidências).

A própria lógica da coleta de dados exige que os problemas sejam detalhados e isolados adequadamente. Isso facilita a sua concretização e compreensão assim como a possibilidade de apresentar propostas de solução para os mesmos.

No item anterior, insisti neste aspecto apontando-o como um dos 10 indicadores de uma Educação Infantil de qualidade o desenvolvimento de um sistema para coletar e sistematizar os dados de tal maneira que nos permitam ter uma visão documentada da situação e aplicar, a partir da mesma, os procedimentos de reajuste e melhoria que sejam necessários.

e) O investimento em formação

Outro dos lemas clássicos nos programas de aperfeiçoamento das escolas (e das empresas) e o de "*training, retraining and education*" (treinamento, retreinamento e educação).

Trata-se de dar uma grande importância à formação do pessoal e, além disso, priorizar nos programas de formação permanente aquele tipo de competências referentes aos processos mais relevantes para a instituição como um todo.

Os interesses pessoais dos membros da comunidade educativa podem também ser atendidos, mas sempre subsidiariamente.

> Este ponto adquire um destaque especial no âmbito do funcionamento das escolas. Com freqüência, os programas de formação dos professores(as) e do pessoal em geral, quando existem, costumam estar orientados para a solução de necessidades ou interesses particulares (cursos de formação na própria especialidade, realização de estudos para ser promovido a categorias profissionais superiores, aperfeiçoamento de certas competências especializadas, etc.).
>
> Devemos supor que se trata de um investimento formativo que será rentável no nível individual. Mas a melhoria que esses programas de formação possam representar para a escola como um todo é imprevisível e, na maioria dos casos, irrelevante.
>
> Mas se, pelo contrário, a formação for baseada nas necessidades institucionais será mais provável que sejam produzidos benefícios em nível geral: por exemplo, se quiséssemos melhorar as técnicas de estudo de nossos alunos(as) e um grupo de professores(as) resolvesse preparar-se nessa área; ou se se organizasse um programa de atualização em novas tecnologias visando a incorporá-las ao equipamento didático da Escola. Nestes casos, o resultado da formação refletirá diretamente na qualidade do funcionamento da escola como um todo.

f) A combinação entre prazer e trabalho

Csikszentmihalyi (1990)[2] destacou que uma das condições para o bom trabalho é que sejamos capazes de sentir-nos bem nele. O trabalho como pressão ou como castigo não produz apenas efeitos destrutivos sobre o próprio trabalhador, mas afeta de forma muito negativa a sua produtividade e a qualidade do seu trabalho.

Esse ponto tem ligação com uma das dimensões da qualidade em educação à qual fiz alusão em um item anterior: a *satisfação* dos professores(as).

Conheci professoras de Educação Infantil que viviam o seu trabalho como algo trágico, estando constantemente angustiadas, desesperadas pela sua própria insegurança, sobrecarregadas pelo dia-a-dia da condução da aula e

---

2. Csikszentmihalyi, M. (1990): *Flow: The Psychology of Optimal Experience*. Harper and Row. N. York.

pelas dificuldades que algumas crianças apresentavam e às quais sentiam-se incapazes de responder adequadamente. É bem verdade que a situação em que os professores(as) dessa etapa desenvolvem o seu trabalho na Espanha é bastante precária: a solidão que representa trabalhar a sós com muitas crianças (ainda mais agora com crianças de três anos de idade), o trabalho duplamente solitário que representam as escolas unitárias*, a falta de cultura no trabalho conjunto entre professores(as) de diversos grupos e níveis, etc.

Por isso, é tão importante buscar condições de trabalho que diminuam a forte tensão na qual tem lugar a ação educativa nas salas de aula infantis de forma tal que os profissionais desta etapa possam desfrutar do seu trabalho e sentir-se satisfeitos com a sua própria contribuição pessoal. Sem essa condição de partida é difícil que possamos falar de uma "Educação Infantil de qualidade" ou que possamos pretender uma melhoria da qualidade daquilo que fazemos.

g) Boas relações com o ambiente

De maneira a estar em condições de aproveitar os recursos oferecidos pelo ambiente.

Essa comunicação aberta com o ambiente permite evitar o isolamento e abre as escolas às influências dinamizadoras do modelo sociocultural no qual estão inseridas (teoria da contingência institucional).

Já coloquei em pontos anteriores que a escola infantil deve enfrentar o seguinte desafio como um dos principais: ser capaz de abrir as suas portas de maneira a poder, como num novo mito do rei Midas, transformar em educativo tudo o que toca e ser capaz, ao mesmo tempo, de transformar em colaboradores do projeto educativo tudo aquilo que faz parte do ambiente (a natureza, as pessoas, a cultura, etc.).

h) A possibilidade de dispor, se necessário, de espaços e tempo para o desenvolvimento de "experiências significativas" no âmbito das aprendizagens

Com freqüência, o que deixa marcas permanentes é uma experiência concreta, uma oportunidade para fazer algo diferente, mas muito envolvente, capaz de captar todos os sentidos do estudante e do professor(a).

---

* N. de R.T. Escolas onde existe uma só classe e um só professor(a) para todas as séries. No Brasil, são comuns no meio rural.

Geralmente, são eventos capazes de integrar o mundo dos conhecimentos e das emoções provocando um forte choque pessoal, cuja marca permanece durante muito tempo.

Qualquer um de nós é capaz de lembrar que as recordações guardadas da escola são fatos concretos: uma visita a um personagem, um filme, um professor(a) com características muito especiais, uma experiência bem-sucedida, um período de práticas, etc. Às vezes, são oportunidades que chegam a influenciar de maneira significativa o tipo de aprendizagem de que gostamos, podendo, inclusive, pré-determinar a orientação que seguiremos nos estudos ou na vida profissional.

É provável que efeitos desse tipo sejam mais próprios de etapas posteriores da escolaridade (Ensino Médio e Superior) mas, apesar disso, as crianças pequenas também podem sentir-se plenamente envolvidas em uma experiência e totalmente influenciados por ela. Esse tipo de coisas, necessariamente ocasionais, acabam afetando as próprias estruturas do conhecimento e da sensibilidade. Por isso, são tão ricas do ponto de vista educativo.

CAPÍTULO 4

A Escola Infantil entre a Cultura da Infância e a Ciência Pedagógica e Didática

Franco Frabboni
Facultad de Magisterio
Universidad de Bolonia
Italia

A PEDAGOGIA: A INFÂNCIA E A SUA ESCOLA

I. A idéia de infância: da criança desaparecida à infância como sujeito de direitos

1. *Façamos um percurso pelas etapas da infância*

Esta segunda metade do século XX passará aos arquivos pedagógicos como a etapa histórica que legitimou (a partir de alguns *estados-líderes* europeus quanto à sua política da infância: Espanha, França, Itália, Países Baixos, República Federal da Alemanha) o *direito da criança ao conhecimento e à criatividade*.

Trata-se de um duplo e sagrado "direito" que precisa de uma ampla e qualificada rede de *escolas maternais*[1] (e de creches ou sistemas semelhantes).

Este fato, ou seja, a progressiva constituição e disseminação nos citados países europeus de escolas maternais públicas, gratuitas, democratica-

---

1. É conveniente recordar que as escolas maternais italianas atendem crianças de 3 a 6 anos. A etapa de 0-3 é desenvolvida através das creches. Por isso, parece preferível respeitar a denominação do autor e não traduzir escola maternal por escola infantil, pois aquela não cobre toda a etapa infantil.

mente administradas pelas comunidades locais, combina, segundo o nosso ponto de vista, com o último episódio da longa e trabalhada *história da infância*. Estamos falando de uma criança cujas primeiras páginas do *álbum de família* estão manchadas com certas características de *"identidade negativa"*, a saber: a identidade da *criança-adulto* e a identidade da *criança-filho- aluno(a)*. Somente nas páginas do álbum correspondentes ao século XX reconhece-se à infância a identidade de *sujeito social, sujeito de direitos*.

É a partir desta primeira reflexão que podemos retornar ao planeta infância, como num *flashback* esclarecedor, para fazer uma breve revisão dos fatos fundamentais da história da criança e das suas relações com o universo adulto. O *objetivo* é claro: recuperar histórica e conceitualmente a *parábola-itinerário* percorrida pela infância para libertar-se dos laços da proteção institucional do adulto. O que não é nada além do que a conquista, pela criança, da sua própria *identidade existencial e cultural*, individual e social. Uma identidade que tem sido freqüentemente negada. Ou que, pelo contrário, tem sido imposta e obrigada a ser aceita por adultos *muito pouco* ou *excessivamente interessados* em rebuscar, imiscuir-se e ter sob o seu controle os ingênuos e indefesos jardins de infância.

Passemos, então, às fontes do mundo das crianças para desembaraçar juntos um novelo de história infantil que, durante muito tempo, foi mantido em segredo, sob sete chaves no porão da educação.

Philippe Ariés[2] localiza na *Idade Moderna* um nítido ponto de inflexão no que se refere à infância. O "mapa de fronteiras" que o historiador francês estabelece situa esse ponto no início da industrialização e do florescimento inicial de seus efeitos secundários: emigração, urbanismo, divisão do trabalho, isolamento doméstico e outros.

Abre-se, escreve o autor, um período que comemorará uma grande conquista para a infância: a recuperação e a divulgação de uma *preocupação educativa* já abandonada e arquivada desde a etapa da *paidéia* grega.

Assim, então, o tortuoso e árduo caminho que leva à liberação-emancipação da infância (à conquista da sua *identidade social*) será reconhecido oficialmente como *caminho de educação* (tendo direito a nome e sobrenome) somente a partir do momento da máxima expansão da revolução industrial.

2. Primeira identidade: a "criança-adulto" ou a infância negada

A Idade Média e o início da Idade Moderna não parecem mostrar, em situação alguma, uma idéia intencional de educação, não parecem conhecer uma fervente tensão pedagógica.

Ser criança naquela sociocultura (os setores elitistas, a "infância dourada" das classes acomodadas não devem ser consideradas se quisermos

---

2. Ariés, Ph. (1976): *Padri e figli nell'Europa medioevale e moderna*. Laterza. Bari 1976. 2 vol.

retratar a criança quotidiana-real-autêntica) significou sempre tornar-se, desde o momento em que era desmamado, o *companheiro natural do adulto*. E ainda mais: aos sete anos já recebia a carteira de identidade "jurídica" de adulto. É o momento em que a criança é reconhecida como capaz de entender e de querer (e, portanto, suscetível de ser incriminada penalmente) até o ponto de ser precocemente catapultada para fora de sua casa para ganhar o pão na "grande comunidade dos homens (...); o movimento da vida coletiva, afirma Ariés, arrasta na mesma corrente idade e condições, sem dar tempo a ninguém para a *solidão* e a *intimidade*. Naquela existência densa demais, coletiva demais, não havia lugar para um *setor privado*".[3]

Sob esses padrões de vida social acaba desaparecendo o *sentimento da infância*, em parte também porque a sociedade adulta preferiu cercar a infância como um terreno ao mesmo tempo *inviolável* e *impossível de cuidar*.

Surgia assim, por um lado, a idéia da *criança-mistério*, alimentada pela crença fetichista de que nela escondia-se uma natureza sagrada que o homem não podia profanar. Durante muito tempo, o homem absteve-se de indagar a vida íntima da criança por temor de desvendar um produto divino. Por outro lado, a imagem da criança como *humanidade na lista de espera*, como planta imperfeita cuja metamorfose para adulto poderia ser realizada somente jogando-a e abandonando-a precocemente (sem "mediações", sem filtros educativos artificiais) na *sociedade dos adultos* para esperar ali o seu futuro como homem. Moral da história: no momento em que a criança era capaz de ficar sozinha nos seu próprios pés, no momento em que já não parecia precisar dos cuidados maternos era oficialmente patenteada como "pertencente à sociedade dos adultos e já não se diferenciava mais dos mesmos".[4]

3. *Segunda identidade: a criança filho-aluno(a) ou a infância institucionalizada*

Após a chegada da fase avançada da Idade Moderna, a infância mudou a página. Inicia-se um novo episódio existencial.

Qual é esta nova "*identikit*"? Saraceno escreve que a infância sofre "um processo radical de redefinição social e cultural que não é apenas uma mudança de imagem desta etapa da vida, mas que afeta os próprios conteúdos da experiência. Ser criança hoje é, logicamente, uma experiência muito diferente de ser criança na sociedade pré-capitalista e pré-industrial".[5]

Paralelamente ao surgimento da família moderna, a infância torna-se o epicentro do interesse educativo dos adultos.

---

3. Ariés, Ph.: *op. cit.*, vol. I., p. 483.
4. Ariés, Ph.: *op. cit.*, vol. I., p. 145.
5. Saraceno, C. (1976): *Anatomia della famiglia*. De Donato. Bari. p. 139.

O retrato da criança modifica-se. Descobre-se o outro lado da moeda: a infância da "periferia" irrompe com o seu ímpeto as áreas "centrais" do interesse do mundo adulto.

Na origem dessa nova identidade da infância está a revolução industrial e a conseqüente "mudança da posição da família na sociedade, o diferente equilíbrio e separação entre âmbitos produtivos e âmbitos e papéis reprodutivos (...). A criança torna-se o *objeto* e, ao mesmo tempo, o testemunho e instrumento desta família, o símbolo das necessidades que precisam ser atendidas e devido às quais a própria família constitui-se como tal: afetividade, cuidados, reconhecimento, continuidade (inclusive como continuidade do capital na família burguesa), auto-afirmação (incluindo a possibilidade de obter, através dos filhos, se não a amortização de uma dívida, pelo menos um ressarcimento social nas famílias e nas classes subalternas)".[6]

Por isso a *metamorfose*. A criança transforma-se na personagem "essencial" do processo de transformação da família. Se a família patriarcal, "ampliada", é um ponto de cruzamento das relações sociais e tem, por isso, uma importância fundamental em uma microssociedade articulada e hierarquizada, a família nuclear, "biológica", opõe ao *social*, o tandem *pais-filhos*, uma rede familiar baseada essencialmente na consangüinidade em primeiro grau. Esta nova cenografia doméstica destaca e confere relevância a novos valores existenciais: principalmente ao sentido da *intimidade* e da *identidade*, transformando-se os filhos, de fato, em um elo determinante para ligar entre si as necessidades, os consumos e as expectativas de todo o núcleo doméstico.

De uma simples instituição de "direito privado" destinada a transmitir o *patrimônio* e o *nome*, a família vai assumindo aos poucos uma *consciência pedagógica*, uma "função moral e espiritual(...). Os pais já não se satisfazem em pôr filhos no mundo, em deixar a vida organizada somente de alguns (os primogênitos), desinteressando-se pelos outros. A nova moral impõe dar aos filhos uma preparação para a vida".[7]

E, assim, a família começa a valer-se da escola como uma agência unida a ela e que a complementa.

A *escola* passa a substituir o sistema de aprendiz tradicional e introduz uma função mais específica dirigida à *inculturação* e à *socialização*. A *família*, por sua vez, reivindica para si o compromisso básico da educação *afetiva* e *ético-comportamental*.

Resultado: família e escola da era industrial colocam em andamento um fulminante tandem e invadem de maneira permanente o sagrado reino infantil. Seqüestram a criança da sociedade dos adultos e a legalizam com uma dupla patente de identidade: a da *criança-filho* e a da *criança-aluno(a)*.

6. *Ibid*, p. 139-141.
7. Ariés, Ph.: *op. cit.*, vol. II, p. 485.

"Reconhece-se já que a criança não está madura para a vida, que antes de deixá-la fazer parte do mundo dos adultos é preciso submetê-la a uma regime 'especial', a uma espécie de *quarentena*".[8] Manter a infância em uma espécie de *prisão* domiciliar e escolar representa riscos importantes, mas também tem vantagens que é preciso reconhecer. A situação tem um lado positivo, além do negativo. *Ou seja*: não podemos desconhecer que se trata de um período de quarentena "dourada", que é realizada em ambientes construídos na medida de uma infância *objeto* (às vezes, obsessivo) de atenções, cuidados, proteções e medidas de estabilidade e segurança afetiva. Um ambiente cheio de algodões e superprotegido pelo qual a criança pagará, no entanto, um alto preço: o da *privatização* e da *institucionalização* do seu mundo de coisas e valores, constrangido cada vez mais a sofrer pesadas hipotecas de "individualidade", "segregação", "isolamento" e outras.

Conclusões: não deixa de ser bem alto o preço que a criança paga pela sua conquista desta *segunda identidade* de "filho-aluno(a)". Ou seja, a fatura da "instituição" é bem elevada.

Em resumo, o direito de *ser criança* (de ter atenções-gratificações-espaços-jogos) é legitimado somente sob a condição de pertencer a *este* tipo de família e a *este* tipo de escola.

Não existem alternativas. Pode-se ser criança somente como filho-aluno(a): portanto, somente na estrutura de relações de *propriedade* e de *poder*. A criança existe somente como minha, *tua*, *nossa*, *sua* criança, ou seja, dentro de uma estreita privatização de relações e de definições.

Neste processo, é negada à infância a possibilidade de situar-se "autonomamente" diante da realidade, e ao social de encontrar-se encravado entre duas dimensões, uma *ultraparticular* (a criança de uma família concreta, o aluno(a) de uma escola concreta) e outra *ultra-abstrata* (a criança padronizada, que segue clichês, homogeneizada, que aparece nas mensagens publicitárias e na pedagogia das revistas especializadas).

4. *Terceira identidade: a criança "sujeito social" ou a* infância reencontrada

Se no clima medieval a infância perdia-se no bosque de uma sociedade de "gente grande", tornando-se rapidamente prisioneira e vassala, na *civilização industrial* a criança encontra abrigo em "reservas" douradas que soltam apenas levemente as "correntes" da detenção imposta. É verdade que agora goza de maiores margens de "autodeterminação" e de "liberdade"; pode viver plenamente a sua infância (em termos biológicos, psicológicos, lúdicos). Mas sempre com uma condição: que tudo isso se desenvolva e tenha efeito *dentro* da instituição.

---

8. Ariés, Ph.: *op. cit.*, vol II, p. 485.

Se esta é a carteira de identidade exibida pela educação infantil do século passado, podemos *hoje* afirmar que a infância conseguiu, finalmente, desembarcar na praia da liberação-emancipação, que despiu a pesada armadura da privatização familiar (o fato de *ser filho*) e o isolamento escolar (o fato de *ser aluno(a)*)? Parece que podemos afirmar que a terra "prometida" (à infância) está próxima. A etapa histórica que estamos vivendo, fortemente marcada pela "transformação" tecnológico-científica e pela mudança ético-social, cumpre todos os requisitos para tornar efetiva a conquista do último salto na educação da criança, legitimando-a finalmente *como figura social*, como sujeito de direitos enquanto sujeito social.

Esta metamorfose é possível, por outro lado, na medida em que a família e a escola forem capazes de se *desinstitucionalizarem* efetivamente (rompendo os elos da própria privacidade e isolamento). Como? Começando pela *abertura* para o social, incorporando ao social — pela sua mão — uma criança/*sujeito* de socialização, de conhecimento, de criatividade.

Tudo isto significa, em termos pedagógicos, garantir à infância três experiências educativas fundamentais:

— A *primeira* identifica-se com a incorporação-participação da criança nos âmbitos do seu *território de vida*, no povoado-bairro-região, custódias do mundo de coisas e valores dos quais ela mesma, como criança, é um testemunho.
— A *segunda* identifica-se com a satisfação daquelas *necessidades* que a atual sociedade de consumo tende a subtrair e a negar à infância (fazemos referência à "comunicação", à "fantasia", à exploração", à "construção", "ao movimento", ao "agir por conta própria").
— A *terceira* tem lugar através de uma experiência de *socialização* que seja, ao mesmo tempo, um processo de "assimilação" e "interiorização" (e, portanto, de *conscientização*, para dizê-lo usando as palavras de Freire*) da escala de normas e valores estabelecidos e sancionados pela sociedade adulta.

O chamamento pedagógico que é ouvido hoje com maior insistência é aquele que solicita que seja jogado um bote salva-vidas para a infância. Especificamente, pede-se à família e à escola que projetem uma *nova imagem* da criança. O *reaparecimento em cena da infância*, dito em outras palavras, com a *roupagem da razão*. Uma infância que venha, logicamente, equipada com fantasia, sentimento, intuição, mas também com "corporeidade", com "linguagens", "lógica", "cultura antropológica"; com *sangue social*, com vontade de conhecer o próprio território de vida e a própria região histórica. Trata-se, é

---

*   N. de R.T. Para saber mais sobre este conceito, consultar: Freire, Paulo. *Conscientização*. São Paulo: Monaes, 1980.

verdade, de uma criança bem dotada para voar através dos circuitos da fantasia; mas *não* para adotar a face de um ser metafísico, sem rosto, inexistente, e sim para dilatar e enriquecer os diferentes planos "contingentes" da sua identidade histórica e social. Assim, então, juntamente com as asas para voar possui também as pernas para caminhar com a *palavra-pensamento-corporeidade-socialidade* através do território de seu próprio quotidiano.

Desse modo, a criança da razão transforma-se em *criança homérica* (um pequeno Ulisses) a partir do momento em que é colocada na garupa da "fantasia" para ir em busca das colunas de Herculano que marcam os limites existenciais da infância: o *conhecimento* e a *criatividade*. É uma criança séria, concentrada, empenhada em ampliar — por si mesma — seus próprios horizontes de conhecimento (através de uma constante atividade exploradora e interrogativa). É uma criança que possui grande voracidade "cognitiva", que saboreia uma descoberta após a outra e que escolhe sozinha seus próprios itinerários formativos, suas próprias trilhas culturais, livre dos elos que impediam o seu crescimento. É uma criança que sabe observar o mundo que a cerca e que sabe perscrutar e sonhar com horizontes longínquos. É uma criança que sai do mito e da fábula porque sabe olhar e sabe pensar com a sua própria cabeça. Estamos diante da *infância recuperada*.

Uma criança que já não tem nada de *ptolomaico* (já não é o "centro" do preconceito e das superstições dos adultos), mas transformou-se na criança *copernicana:* a laicidade da razão e a liberdade da fantasia.

II. A idéia de escola: das creches para os primeiros cuidados da escola da infância*

1. A escola materna em busca de uma identidade pedagógica

Comecemos com uma pergunta: A história da escola da infância concorda com tudo o que foi dito no capítulo primeiro, ou seja, com a existência de *dois períodos* na escolarização de crianças: o da *institucionalização* (a criança como filho-aluno(a)) e o da *liberação* (a criança como sujeito social)?

Em ambos os casos a resposta é *sim.* A pedagogia, quando vem iluminada pela teoria e por práticas fundamentadas cientificamente, encontra-se na mesma onda que o discurso sobre uma criança sujeito do direito à educação. Da mesma maneira, no que foi dito anteriormente, podemos distinguir um *antes* e um *depois* na escola da infância. *Antes* um período pedagogica-

---

*   N. de R.T. Na Itália, o sistema de ensino relativo à Educação Infantil subdivide-se em *asilo nido* (0 a 3 anos) e *escola da infância* (anteriormente denominada Escola Materna — de 3 a 6 anos). Neste livro, *asilo nido* será traduzido por *creche* e *escola da infância* será mantida com tradução literal. No Brasil, a etapa dos 3 aos 6 anos denomina-se *pré-escola.*

mente escuro na memória dos oitocentos (os asilos, as salas de custódia); e *depois* o período da alternativa na qual é totalmente derrubada a lógica custodial-assistencial e construída a idéia do direito de *toda a infância* à educação através dos serviços pré-escolares públicos e gratuitos.

Antes dissemos o seguinte: a reflexão pedagógica mais relevante situa-se sempre na *última etapa* da emancipação infantil (denominada de criança sujeito social). Em outras palavras, os modelos pedagógicos teorizados pelas "pioneiras" da Educação Infantil *voam sempre alto*, nos claros horizontes de uma infância *sujeito do direito* para uma maturação livre e autônoma da própria personalidade.

A situação altera-se muito (baixando notavelmente de "cota") quando analisamos a história das *instituições de pré-escola*, já que os seus capítulos nem sempre aparecem escritos no nome e no endereço da liberação e da autenticação da infância.

Para dizê-lo de forma mais clara, os capítulos principais dessa história, o das *creches* (do tipo "assistencial") e o da *pré-escola infantil* (do tipo "pedagógico"), parecem combinar de uma maneira plena com as etapas históricas da *institucionalização* e da *desinstitucionalização*, com a etapa da concepção *ultraprivada* e da concepção *socializante* da criança. Dessa maneira, não podemos falar apenas de coincidência, mas de uma participação ativa e direta dos serviços de pré-escola na configuração das últimas marcas de identidade desfrutadas pela infância: a de *criança-aluno(a)* e a de criança *sujeito-social*.

Por um lado, a *creche*, considerada como refúgio assistencial para a população infantil desprovida de cuidados domésticos, refratária à idéia de corresponsabilizar a coletividade comunitária (por tudo o que pertencia ao âmbito da gestão "privada") na colocação em prática do serviço em seu conjunto, constrói um retrato da infância sem rosto, carente de um perfil existencial imerso em uma sociedade e em uma cultura.

Por outro lado, a *escola da infância* que tende à conquista de uma identidade pedagógica própria (como serviço público, gratuito, aberto ao aproveitamento de toda a população infantil de uma comunidade) que projeta, no que cabe a ela, o retrato de uma *criança-ambiente*, cujo amadurecimento como *ser social* é possível *somente* se contar com a participação coletiva da comunidade à qual pertence a escola infantil como instituição educativa.

Conclusão: a criança conquista a sua própria identidade "social" destruindo a *identikit* de criança-aluno(a).

Da mesma forma, a escola da infância possui o seu próprio "alvo" na desinstitucionalização dos serviços educativos para o nível de pré-escola. Em conseqüência, a alternativa que oferece baseia-se em transformar a arquitetura *institucional* da creche, ou seja, *a concepção individualista do ensino; a separação do ambiente social; o uso de uma educação aparentemente desinteressada e neutra, asséptica, sem objetivos sócio-políticos; a acientificidade e a extemporaneidade da prática metodológico-didática.*

Quais são, então, os lemas emblemáticos do modelo custodialista sobre os quais a escola da infância lançará as suas flechas alternativas?

a) **Em primeiro lugar,** aparecem marcados no seu interior os "sinais" do individualismo, a privatização, a associalidade e a solidão profissional e didática. Possui vigência o mito da professora que trabalha na sua sala de aula e nada mais, que produz uma experiência educativa que encontra os seus fins em si mesma e no grupo de crianças que atende e nada mais. Falta completamente a "colocação em comum" das hipóteses e dos resultados educativos entre os profissionais do ensino[9]; a *programação* "conjunta" não tem um lugar didático próprio; a *escolarização* não possui carta de cidadania pedagógica.

Conseqüentemente, essa solidão profissional da professora recai sobre a separação das crianças em classes fechadas e isoladas, sem nenhuma forma de ação em níveis de *intersecção* e de ligação didática entre todos os elementos de um encadeamento, sem a possibilidade de formação livre de grupos espontâneos para a realização de atividades de tipo expressivo-criativo e/ou explorador-cognitivo. Dentro da própria aula, em uma espécie de jaula ilusória e falsa de "liberdade didática", a professora acaba rapidamente embalsamando a sua própria intervenção educativa, prisioneira do seu próprio *apartheid*, de sua própria *rotina* diária, de sua crescente "impotência" pedagógica.

b) **Em segundo lugar,** a creche tradicional carrega nas costas a "crosta" do *isolamento* e a *separação* do ambiente social e cultural. Essa atitude de desconfiança e suspeita em relação ao ambiente *mais próximo* leva a creche a não considerar, por um lado, os territórios limítrofes como áreas didáticas a serem exploradas, como componentes (*spessori*) culturais para "ler" e "interpretar" com as crianças através de uma série programada de pesquisas sobre o ambiente; e, por outro lado, a desenvolver uma obstinada rejeição em relação à presença coletiva de pais e mães e das forças sociais do território interno da escola (legaliza-se somente a entrevista individual de pais com a professora na porta da sala de aula, no momento da entrega da criança!).

c) **Em terceiro lugar,** o modelo "creche" professou sempre uma concepção "espontaneísta" e "extemporânea" da experiência educativa. A sua vocação explícita tem sido a de refugiar-se no esquema otimista da *pedagogia inocente*: uma pedagogia aparentemente *desinteressada, neutra, asséptica,*

---

9. Na literatura italiana, o termo *operatori scolastici* refere-se a todo o conjunto de pessoas que trabalham na escola: professores(as), pessoal administrativo e de serviços, etc. Todas elas podem participar no desenvolvimento do modelo educativo próprio da escola. (Nota do tradutor da edição espanhola.)

carente de linhas de *programação social e educativa*. Esta ocultação voluntária e declarada de finalidades culturais, essa ação de resguardar-se dentro de uma "patente" de caridade, essa defesa da pedagogia de "viver o dia" desinteressando-se pelo amanhã têm constituído, na verdade, um salvo-conduto que tem tido sucesso e que tem servido de disfarce precioso para mascarar e, ao mesmo tempo, legitimar a histórica função política desempenhada pelas creches, ou seja, a institucionalização de um serviço de pré-escola *antidemocrático* (destinado às crianças das classes menos favorecidas), *administrado*, na maioria dos casos, por entidades confissionais e privadas (com o apoio freqüente de grandes subsídios públicos), marcado por uma socialização de classe e causador da precoce separação da infância em relação à classe social à qual pertence.

d) **Em quarto lugar,** a tradição das creches nos serviços de pré-escola tem mostrado, sistematicamente, uma obstinada aversão e intolerância em relação às propostas *experimentais* da escolarização infantil. Aversão que tem estado dirigida, simultaneamente, a *dois alvos* e que dispara agressivas críticas tanto em relação a um *desenvolvimento científico* dos serviços da pré-escola (programados, conduzidos, controlados "cientificamente") como em relação a uma *educação intelectual* antecipada, entendida como educação no prazer e no espírito da procura e do descobrimento, na prática da pesquisa, na organização e estruturação dos próprios esquemas (lógicos, conceituais, racionais) de interpretação da realidade.

2. Por um modelo pedagógico com uma "nova orientação"

Descrevamos agora a identidade de uma escola da infância orientada para uma *nova direção* ("experimental"), que abandona os sinais de privacidade, isolamento e acientificidade que caracterizavam a tradição das creches para içar, no seu mais alto estandarte, uma série de bandeiras alternativas: a "socialização", o "ambiente", uma educação "interessada" e com um estilo "experimental". Vejamos numa seqüência rápida tais emblemas pedagógicos.

A escola da infância (ou pré-escola maternal: para crianças de três a seis anos) é o foco de atenção dos 12 países da Comunidade Européia. Efetivamente, a Comunidade Européia considera a escola da infância como *um momento formativo neurálgico,* já que contribui *tanto* para elevar a *qualidade de vida* da criança como para revalorizar aqueles *direitos-necessidades* (socialização, comunicação, exploração, construção, movimento, autonomia, fantasia) que a atual sociedade de consumo *nega* à infância.

Existem *dois* "passaportes" pedagógicos (com *cinco sinais distintivos*) que a escola infantil deve exibir como *carteira de identidade educativa,* se pretende atravessar a "fronteira" para a região onde aparece nitidamente a dupla imagem de uma elevada *qualidade de vida* da criança e, simultaneamente, um respeito efetivo aos *seus direitos-necessidades fundamentais*.

PASSAPORTE Nº 1
A identidade de escola "aberta"

Primeiro sinal distintivo: o ambiente como livro de leitura
A escola infantil deve abrir-se ao *ambiente* (antropológico, social, de valores) porque isto constitui o primeiro *livro de leitura* da infância, ilustrado com os "sinais-símbolos-códigos" do conhecimento e da fantasia do seu mundo quotidiano.

Segundo sinal distintivo: a continuidade horizontal e vertical
A pré-escola assume o compromisso de promover *tanto* ocasiões de *continuidade vertical* (mediante "projetos" didáticos comuns com a creche e com a escola elementar), *como* ocasiões de *continuidade horizontal* (mediante "projetos" didáticos *comuns* com as oportunidades formativas do território: ludotecas, campos de jogo, oficinas, laboratórios, etc., presentes no meios externo à escola da infância).

Terceiro sinal distintivo: a escolarização didática
A escola da infância é a sede idônea para promover uma intensa e ampla atmosfera *cooperativa e colaboradora* entre as crianças e entre os professores(as).

PASSAPORTE Nº 2
A identidade de escola do currículo

Quarto sinal distintivo: o modelo científico
A escola da infância é chamada a promover um modelo "de nova direção" que teorize sobre a possibilidade de conhecer e projetar o itinerário formativo das crianças, portanto, que pratique uma *pedagogia interessada* em construir processos educativos de alto nível *científico* (em relação aos objetivos, conteúdos e métodos).

Quinto sinal distintivo: o modelo experimental
A escola da infância deve situar no "centro" da sua atividade educativa um *currículo próprio* (um itinerário formativo próprio) baseado na *programação*. Este é o procedimento didático mediante o qual os professores(as) podem organizar racionalmente, e segundo uma *rede sistêmica*, os momentos didáticos sucessivos do modelo "de nova direção": a articulação dos tempos e dos espaços da escola, a inclusão modulada de atividades dentro da classe e de atividades que envolvam várias classes (intersecção), a pesquisa no ambiente externo, a participação social de pais e mães, a escolarização educativa, etc.

(continua)

> PASSAPORTE Nº 2
> A identidade de escola do currículo (continuação)
>
> Conseqüentemente, põe em prática um *estilo experimental* (portanto, um modelo *curricular*) aquela escola infantil que *não discrimina* e *não separa* as crianças pequenas das mais velhas, as meninas dos meninos, as crianças com características ou necessidades educativas especiais daquelas que não as apresentam, as crianças de uma classe das de outras classes e assim sucessivamente.

A DIDÁTICA: FAZER ESCOLA NA SEGUNDA INFÂNCIA

I. As opções metodológicas

1. *Por uma didática problemática e pluralista*

Na escola infantil, o *cartaz da didática* (a sua teoria e a sua práxis) postula opções pedagógicas caracterizadas pela *racionalidade* e pela *criticidade* (e, portanto, tingidas de "problematicidade" e "multilateralidade"); trata-se de opções inevitáveis para experimentar *teorias didáticas* (modelos, projetos, programações) para controlar através da experiência quotidiana do *fazer escola*.

a) A "didática" possui a qualidade da **problematicidade** quando toma distância das estratégias-procedimentos-práticas da tarefa escolar que fazem parte dos *métodos*. Ou seja, quando a "didática" é prisioneira de sistemas operacionais *hiperformalizados* — na maioria das vezes pré-determinados, pré-fabricados, congelados. O *método* adquire, assim, a forma de um *veículo didático* apresentado como "tudo no ponto", "é só ligar"; um veículo que diminui e rouba a natureza do docente, transformando-o em um *falso-piloto* do qual se exige que se mantenha dentro de um programa de viagem formulado e decidido por outros. O *método*, como proposta didática congelada, transforma o docente de arquiteto em mão de obra (mero executor) dos processos de socialização e aprendizagem da criança na segunda infância.

Somente a *didática problemática* está em condições de receber-contrapor e dar o valor merecido às contribuições da *tradição pedagógica* e da *experimentação metodológica* mais avançadas.

No que se refere à *tradição pedagógica*, a didática "problemática" é chamada a *atualizar* de maneira crítica o ilustre *álbum de família* da escola infantil (Owen, Aporti, Froebel, Pestalozzi, Agazzi, Montessori, Freinet, Decroly, Piaget, Kergomard, Ciari, etc.) e a legitimar os novos territórios das *inovações* mais relevantes na escola para crianças de três a seis anos (escola ativa, escola experimental, escola de nova orientação, etc.).

b) A "didática" possui a qualidade de **pluralista** quando toma distância dos *modelos operativos* (estratégias, procedimentos, práticas) extraídos de maneira literal das *teorias da aprendizagem* (condutivistas, gestálticas, cognitivistas, estruturalistas, etc.). E isto ocorre cada vez que a "didática" fica prisioneira dentro de jaulas epistemológicas que pretendem dar respostas exaustivas e absolutas aos *diversos porquês* (biológicos, psicológicos, antropológicos, sociológicos, pedagógicos) apresentados pelas idades evolutivas das crianças.

Somente uma *didática construída a partir de uma perspectiva múltipla* está em condições de levar em consideração a "vitalidade" e a "geratividade" educativas presentes em cada teoria da aprendizagem; trata-se, nesse caso, de uma didática que postula o recurso sistemático a uma metodologia *plural* na forma de fazer escola no dia-a-dia.

2. O currículo

As teorias e as metodologias do *currículo* têm constituído, durante estas últimas décadas, o centro de um debate pedagógico-didático intenso (e, às vezes, "candente", como se fosse uma guerra estelar).

Particularmente, a batalha em torno da relação teoria-práxis do currículo foi travada dentro dos limites de um duplo erro epistemológico: *antinômico e unilateral*.

Por um lado, temos a concepção *cêntrico-cultural* do currículo, com a conseqüente identificação com a *instrução*, com os "objetos" do conhecimento: estes considerados como fonte prioritária para a determinação das finalidades-conteúdos-métodos de cada itinerário formativo.

Por outro lado, temos a concepção *cêntrico-pueril* do currículo, com a conseqüente identificação com os alunos(as) (suas necessidades e interesses), com os "sujeitos" do conhecimento: compreendidos, neste caso, como fonte principal da determinação das metas e dos itinerários escolares.

O nosso ponto de vista a esse respeito procura avançar para um *terceiro caminho*: o caminho da interação entre a dupla equação *currículo-instrução* e *currículo-alunos(as)*.

Em outras palavras, o *currículo* é o itinerário formativo específico e intencional de uma etapa escolar. A sua função pedagógica é garantir a *autonomia formativa* e a *dignidade científica* de cada um dos componentes do sistema educativo (creche, escola da infância, escola elementar, etc.).

Mais especificamente, é conveniente lembrar aqui os *pontos de qualidade*, os *distintivos pedagógicos* colocados sobre o cerne do currículo como *terceiro caminho*.

1. *Primeiro ponto de qualidade.* A estrutura curricular exige da escola da infância que as "experiência e atividades" partam sempre da *história* e do *mundo* cultural e existencial das crianças.
   À escola da infância acorrem *crianças-ambiente*, crianças de "carne e osso", portanto, *diversas* e não "idênticas" como gostaria uma retórica e ingênua literatura romântico-idealista. Tudo isto leva-nos a concluir que as experiências-atividades devem partir das necessidades das crianças (meninos e meninas), prestando especial atenção àquelas motivações infantis hoje mais *depauperadas e marginalizadas* na família e no contexto social: a comunicação, a socialização, o movimento, a exploração, a autonomia, a fantasia, a aventura, a construção.

2. *Segundo ponto de qualidade.* A estrutura curricular exige da escola da infância que as "experiências-atividades" deixem de adotar modelos didáticos *pré-fabricados*, rígidos e canônicos (por exemplo, quando um *método* é aplicado ao pé da letra: froebeliano, agazziano, montessoriano, etc.) e passem a buscar soluções didáticas *flexíveis e moduladas, ou seja,* condizentes com as necessidades reais das crianças e do contexto social (o território, a comunidade) onde atua a escola da infância.

3. Os campos de experiência cognitiva e expressiva

Já dissemos anteriormente que o "currículo" aparece como o *itinerário formativo* de uma etapa escolar (a partir da escola da infância) no qual caminham juntos *os objetos da educação* (os conteúdos formativos, representantes dos campos de experiência "cognitivo-expressiva") e o *sujeito da educação* (a criança, representada pela *programação*).

Nesse item, o nosso *projeto curricular* definirá os *objetivos da educação*, isto é, *os campos de experiência cognitivo-expressiva* presentes na sua articulação longitudinal (na qual interagem entre si as "finalidades educativas", as "dimensões do desenvolvimento" da criança e os "sistemas simbólicos da cultura"). Na nossa opinião, há três áreas educativas que são condizentes e pertinentes para a escola infantil e cada uma delas ativa uma competência *comunicativa, expressiva ou cognitiva*:

a) a área das *linguagens verbais*;
b) a área das *linguagens não-verbais*;
c) a área *científico-ambiental*.

a) A área das linguagens verbais

a.1) *A competência comunicativa.* Envolve um variado grupo de capacidades. Por exemplo: a capacidade de reproduzir "mensagens" provenientes *do outro*, do interlocutor; a capacidade de permanecer "ativo" nas *conversas*, nos momentos de diálogo, captando e discutindo o ponto de vista alheio.

a.2) *A competência expressiva.* Visa a dois objetivos: a capacidade de *tradução* e *interpretação*.

Como tradução, essa competência traz consigo a capacidade de saber converter em diferentes linguagens o mesmo conteúdo. Portanto, requer saber passar de um código a outro, mudando de linguagem, mas mantendo inalterado o conteúdo: da linguagem verbal à linguagem icônica, à gestual, à sonora e vice-versa. Estamos diante de uma competência que requer ser capaz de brincar com a "palavra", os "gestos", o "som", as "imagens".

Como interpretação, essa competência requer a capacidade de saber contar verbalmente uma experiência, uma imagem, uma situação, etc.

a.3) *A competência cognitiva.* Visa a objetivos relacionados com a *linguagem oral e lógico-formal*.

No que se refere às *competências verbais*, a criança deve envolver-se tanto na vertente *fonológica-lexical-semântica* (saber brincar com as *palavras*) como na vertente *sintática* (saber brincar com as *frases*, ampliando-as nas suas estruturas "nominais" ou nas suas estruturas "verbais").

No que se refere às competências *lógico-formais*, a criança deve envolver-se em:
   a) saber vincular a sua produção verbal com as operações de "classificar", "dividir", "seqüenciar" e captar as *correlações* existentes entre significante e significado;
   b) praticar no âmbito das *intuições lógicas*, projetando sobre os objetos (naturais ou artificiais) os critérios de classificação, subdivisão, seqüenciação;
   c) produzir *intuições espaciais* múltiplas, reconhecendo o campo das categorias topológicas (direita-esquerda, acima-abaixo, frente-trás, etc.).

b) A área das linguagens não-verbais

b.1) *A competência comunicativa.* Apresenta um duplo objetivo formativo: o saber comunicar-se com as "pessoas" e com os "objetos".

Como capacidade de estabelecer uma *relação com as pessoas*, essa "competência" é alcançada através do domínio da *gramática de sinais do corpo*, da força semântica das linguagens não-verbais. O objetivo é chegar a dominar o vocabulário da linguagem dos gestos. É de importância fundamental o conhecimento destas *cinco funções comunicativas* do âmbito "não-verbal":

— Os *emblemas*. São gestos "mímicos" que substituem a comunicação verbal (ou a acompanham): por exemplo, o consentimento, o movimento da cabeça, o gesto de "oi", o gesto de chamar ou de afastar uma pessoa, etc.
— Os mecanismos de *adaptação e ajustamento pessoal*. São gestos que incluem comportamentos mecânicos que usamos quando escutamos ou falamos com outra pessoa, por exemplo, coçar a cabeça, puxar a orelha, tocar no nariz, bater ritmicamente com os dedos. Às vezes, tornam-se um "tique".
— Os *ilustradores*. São gestos usados para enfatizar a comunicação verbal. Nesse sentido, acompanham as palavras para reforçar o seu significado (usando a mão, movimentando a cabeça, com certas posturas do tronco ou de todo o corpo).
— Os *reguladores*. São gestos usados para manter o fluxo da conversa verbal. Trata-se, portanto, de gestos (geralmente da cabeça ou da mão) que ocupam o espaço do: "entendeu?" "está me acompanhando?", "ficou claro?", ou então, como resposta, "sim", "é lógico", "perfeitamente", etc.
— As *manifestações de afeto*. São gestos, geralmente faciais, que mostram sentimentos de dor, alegria, tristeza, medo, etc.

b.2) *A competência expressiva*. Está direcionada a um duplo objetivo formativo: "projetivo" e "transfigurativo".

Na sua dimensão *projetiva*, essa competência tem como propósito habilitar a criança para saber transferir (descrever) nas linguagens expressivas do corpo (gráfico-pictórico, manipulativo, mímico-gestual, sonoro) a *própria história-biografia pessoal*. Possibilita, portanto, *falar de si mesmo* através dos canais expressivos das linguagens não-verbais.

Na sua dimensão *transfigurativa*, essa competência busca a capacidade de saber recriar e reinventar as "vivências" pessoais e/ou sociais, usando registros abertos à máxima tolerância imaginativa e fantástica.

b.3) *A competência cognitiva*. Apresenta um duplo objetivo formativo: o conhecimento da *própria corporalidade* e o domínio das *estruturas espaço-temporais*.

Como *conhecimento da corporalidade*, essa competência articula-se sobre uma ampla gama de capacidades, tais como: a *percepção global do próprio corpo* (considerada também como coordenação funcional das diversas partes do corpo integradas em um todo vivido globalmente); a *percepção "segmentária" do próprio corpo* (incluindo também a organização das sensações que as diversas partes do corpo estabelecem com o mundo externo — *controle postural*); a *coordenação olho-mente*; a *percepção do corpo em movimentos dinâmicos*, de equilíbrio ou sem ele.

Como *domínio das estruturas espaço-temporais*, essa competência pode ser definida como *a exploração global do espaço, a percepção do espaço utilizado e do espaço vivido, a percepção do fluir do tempo, a capacidade de definir, reconhecer, exemplificar as categorias e os conceitos de espaço-tempo* (utilização lógica do antes-depois).

Como capacidade para estabelecer uma *relação com os objetos*, esta competência exige o domínio, por parte da criança, das *qualidades formais* (estruturais e constitutivas) da realidade. Concretamente, podemos incluir aqui a capacidade de discriminar (saber perceber semelhanças, analogias e diferenças) os *tamanhos, as formas, as posições, a velocidade, a textura, as cores, a consistência, a temperatura* dos "objetos" que pertencem ao cenário quotidiano da vida infantil.

c) A área científico-ambiental

c.1) *A competência comunicativa*. Busca duas competências "alfabéticas": a compreensão da linguagem *natural* e *social* do ambiente, sendo este considerado como livro de leitura com caracteres científicos.

A compreensão da linguagem *natural* do ambiente é adquirida com o exercício e o controle do léxico perceptivo, das "qualidades formais" da realidade, tal como foi colocado no item anterior, quando fazíamos referência à competência comunicativa das linguagens do corpo. Isto significa, por outro lado, que não devemos contentar-nos com que a criança saiba distinguir e classificar uma série de objetos-fatos-fenômenos em relação às suas qualidades de tamanho, densidade, cor, etc. (competência própria da comunicação corporal), mas que será preciso, principalmente, que o controle perceptivo da realidade fique explícito na capacidade de produzir as primeiras *idéias empíricas* do mundo científico a partir da relação *corpo-ambiente* (cheirar, tocar, manipular os objetos, enfiar o dedo, tentar desmontá-los e tornar a construir, observar os fenômenos da natureza, intuir o "porquê" de causas e efeitos dos fenômenos naturais, etc.).

A compreensão da linguagem *social* do ambiente implica, por sua vez, a capacidade de brincar com as "palavras" e as "frases" produzidas no contexto de vida da criança. Implica, portanto, a competência "semântica" e "sintática" do compreender-manipular-transformar a linguagem social que é produzida em uma praça, em uma loja, no local de trabalho de um artista, etc.

c.2) *A competência expressiva*. Está orientada a transformar duas funções naturais da infância: a *imitativa* e a *criativa*.

A *função imitativa* é realizada e colocada em prática nas diferentes formas de "reprodução" da realidade observada, ou seja, o desenho-pintura da realidade, a reprodução sonora, plástica ou gestual de coisas, as situações ou personagens da vida social.

A *função criativa* é desenvolvida através de jogos de transfiguração-reinvenção-dramatização da realidade e da prática de alguma das inúmeras linguagens, por exemplo, a pictórica, a mímica, a plástica, a musical, etc.

c.3) *A competência cognitiva*. Está orientada para um duplo objetivo educativo: saber ler o ambiente como *sistema* e como *linha de desenvolvimento*.

Saber ler (decodificar, decifrar) *o ambiente como sistema* significa ser capaz de compreender o conjunto de *relações* "sociais", "espaciais" e "lógicas" que se entrecruzam em *cada um dos ambientes naturais* (o lago, o campo, o bosque, o arroio, etc.) e *socioculturais* (a rua, a loja, o mercado, as profissões, etc.).

Saber captar o ambiente como linha de desenvolvimento significa estar em condições de percorrer alguns itinerários "temporais" tanto do tipo "natural" (o nascimento, o crescimento, o desenvolvimento dos animais, das plantas, etc.) como "artificial" (utilização dos recursos naturais para a vida social, desde a árvore até o móvel, da vaca ao queijo, etc.).

4. *A programação educativa e didática*

O que significa "programar" do ponto de vista didático? Para exibir uma *patente pedagógica* a programação deve "prender em seu peito" *três medalhas educativas*.

Primeira. A escola da infância deve praticar um modelo *experimental*. Efetivamente, existe uma analogia entre os termos experimental e programação, já que ambos pressupõem que devem ser levadas em consideração as diversas "variáveis" da situação e o fato de que a criança não é um sujeito metafísico e meta-histórico. Um modelo experimental exige que se produzam situações problemáticas, que os itinerários formativo levem em consideração os diversos aspectos que interagem na situação (culturais, sociais, econômicos, etc.).

Segunda. A escola da infância deve ser "aberta", ou seja, ser capaz de dar uma resposta educativa tanto para a relação com a família como para as múltiplas necessidades da criança.

Terceira. A escola infantil deve poder contar, além de um modelo pedagógico "experimental" e "aberto", com um itinerário *curricular*. Ela deve dispor de um protocolo próprio da natureza formativa e de um caminho formativo particular (*orientações programáticas*), os quais devem constituir uma espécie de filosofia em relação aos grandes desafios formativos para todas as escolas do país.

Assim, então, a práxis da programação exige rigor e cientificidade em relação a todo o espectro de problemas que a escola da infância deve enfrentar, e a dimensão educativa deve ter relação com a "escolarização" do seu funcionamento (a dimensão coletiva), os espaços, os tempos, as rotinas, o currículo, a relação com o ambiente externo.

Portanto, a programação exige da escola infantil uma condição metodológica inevitável, a saber: que a atividade didática parta da história e da biografia pessoal das crianças. Isso somente é possível na medida em que não forem adotados modelos didáticos pré-fabricados e rígidos, mas que sejam projetadas soluções didáticas modulares, flexíveis e que estejam em *sintonia* com as necessidades concretas da criança e do contexto social no qual atua a escola infantil.

A colocação em prática da *programação* exige, portanto, itinerários formativos que partam de uma criança "real". Uma criança em relação à qual o compromisso da programação é chegar a reabilitar as experiências que a sociedade atual tende a negar-lhe. Segundo essa perspectiva, a programação é uma inimiga implacável das práticas didáticas "causais", não-*intencionais*. Tais práticas reproduzem as formas de consumo que são *induzidas* hoje e, no entanto, abandonam à sua própria sorte as motivações hoje *carentes*. Ao invés da práxis de "viver em dia" (na onda dos interesses efêmeros, imediatos, induzidos na criança), a escola infantil precisa estimular — através da *programação* — um procedimento metodológico que construa um itinerário pedagógico próprio a partir das *variáveis* sociais e educativas que caracterizam um processo formativo particular — o perfil das crianças (o seu nível capacidades, cultura de grupo), o contexto sociocultural no qual a escola atua; a estrutura do prédio onde estão as salas de aula; os estilos profissionais dos professores e professoras, etc.

A programação é articulada em uma dimensão *educativa* e *didática*.

A *programação educativa* identifica-se com o projeto "anual", estabelecido de forma colegiada pelos professores(as) de uma escola. É um modelo "convencional" de *objetivos, conteúdos, procedimentos* consensuais e combinados com os colegas, sobre o qual, no entanto, cada docente terá a oportunidade de projetar o seu próprio estilo didático, a sua própria personalidade educativa.

A *programação didática*, por sua vez, qualifica a atividade didática de cada uma das "classes" ou unidades. É o documento programático que especifica e influencia a *organização das experiências formativas*, tanto de natureza cognitiva como as do tipo expressivo-criativo. Esse procedimento afeta os professores(as) de uma classe, os quais deverão preencher com "conteúdo" as fases anuais da programação consensuada de forma colegiada com a programação educativa. Deverão, ainda, organizar, projetar e equipar os espaços internos da classe mediante um sistema de ofertas didáticas múltiplas: *sociais e afetivas* (de grupo pequeno, médio e grande), *cognitivas e expressivas* (com materiais *estruturados e não-estruturados*, com jogos *pré-estabelecidos e livres*).

II. As estratégias educativas

1. *O jogo e as necessidades infantis*

A escola infantil possui o mérito inegável de ter elevado o *jogo* à categoria de sinal de identificação da vida dos pequenos. Assim, reconhece-se ao jogo a condição de *modo natural* que a criança usa para construir seus próprios modelos de conhecimento, de comportamento sócio-afetivo e de seleção de valores.

É, pois, um direito da infância poder desfrutar de um tipo de *jogos* de características contrapostas ao jogo alienante, isolador, comercializado, que foi imposto às *famílias* através dos jogos eletrônicos/automáticos e da televisão e que se impôs, também, na escola devido à sua condição de atividade subsidiária em relação às atividades consideradas "sérias" (até o ponto de ficar reduzido a uma espécie de *taxímetro*, a servir como *prêmio*: "Se estudarem, se fizerem bem os exercícios da escola, deixarei vocês brincarem!").

Na escola infantil, o jogo constitui a ocasião propícia para a *socialização e a aprendizagem*, capaz de fornecer à criança os componentes culturais (simbólicos e materiais) necessários para conhecer, adquirir intimidade e dominar a futura cultura dos alfabetos *eletrônicos*. Em outras palavras, o jogo é oferecido como um terreno fértil para "cultivar" os processos *cognitivos, estéticos, ético-sociais e existenciais* do sujeito em idade evolutiva. É justamente porque os alfabetos dos quais as vivências lúdicas são portadoras aparecem como mediadores de uma cultura antropológica que podemos chegar a conhecer-socializar-reinventar-avaliar somente de uma forma: observando-a, tocando-a, modificando-a, transfigurando-a com a *ação direta* e com uma *imaginação* capaz de viajar nos braços da "fantasia".

Hoje em dia são elaborados grandes discursos sobre a *qualidade de vida*, com a atenção voltada, obviamente, para o *estado existencial* do homem contemporâneo. Poderia ser menos considerada como uma conversa circunstancial, se falássemos da qualidade de vida no *planeta-infância*. Um mundo que emite "sons" (que cria imagens, que estimula o consumo) sobre a vertente da sua *vida material* (a partir do momento em que a alimentação, o vestuário, os produtos pediátricos constituem uma peça importante do mercado) mas, simultaneamente, um mundo de "silêncios", dos quais não sabemos quase nada no que se refere à sua *vida não-material*. Deveríamos partir do repertório das *necessidades da criança* e da possibilidade de que tais necessidades pudessem ser satisfeitas através do *jogo*, da interação lúdica.

Estamos diante da equação *necessidades-jogo infantil,* a qual é preciso legitimar o quanto antes do ponto de vista da pedagogia. É preciso chamar o *adulto* (pai e professor(a)) a participar desse processo, para ir liberando o jogo infantil de forma tal que vão se ampliando e levando mais em consideração as *motivações-necessidades* autênticas dos pequenos, hoje, em grande parte, desatendidas e empobrecidas devido ao seu contato ininterrupto com a televisão.

Esta é a tese. As motivações "inatas" à *comunicação, socialização, ação por contra própria, construção, exploração, fantasia* recuperam — no seu contato com as linguagens do "jogo" — a ocasião material para ampliar e destacar as suas virtuais potencialidades formativas.

a) **A comunicação** encontra no mundo do jogo um contexto fértil para dar características de natureza educativa às linguagens *verbais* e *não-verbais* (gestos, sons, imagens).

b) **A socialização** encontra no mundo do jogo a oportunidade de revalorizar tanto os seus repertórios de *interação* (o jogo envolve atividades de pares, às vezes, de pequeno-médio-grande grupo) como as suas possibilidades *culturais* (o jogo favorece o encontro entre diferentes sexos, idades, raças, habitats geográficos, mediante experiências caracterizadas pela tolerância, pela cooperação, pelo envolvimento pessoal e pelo assumir de responsabilidades).

c) **A atuação por conta própria** encontra, através do contato com o jogo, um terreno incomparável para o seu florescimento e afirmação na vida infantil, pois o jogo favorece a tomada de opções autônomas e decisões livres quando a criança se coloca cognitiva e emotivamente em contato ativo com objetos "inéditos" de conhecimento.

d) **A construção** pode valer-se do jogo como *antídoto eficaz* em resposta a uma civilização da imagem que força a infância a viver horas e horas (em situação de imobilidade, passividade e isolamento) diante da lâmpada mágica da televisão. A cultura dos *mass media* aparece justamente como o *contrário* daquilo que, para a criança, constitui o caminho natural de acesso ao conhecimento, ou seja, uma aprendizagem que se conquista contextualmente com as mãos, com o corpo, com a observação e a ação direta sobre os objetos do seu ambiente de vida.

e) **A exploração** constitui uma unidade indissolúvel com o voraz e ilimitado desejo de conhecer que envolve toda a infância. Um desejo de "saber" e de "compreender" tudo aquilo que a cerca e que a criança satisfaz principalmente através da *observação* e da *manipulação* da realidade para ir, gradativamente, generalizando-o e formalizando-o através dos seus mecanismos iniciais de simbolização. Por isso, o jogo constitui para a infância uma atividade altamente "explorativa", ao mesmo tempo *concreta e simbólica*.

f) Finalmente, **a fantasia** tem sido sempre a "noiva" natural do mundo do jogo, no sentido de que o jogo dispõe de uma gramática mágica que atua como motor inventivo e transfigurativo. O universo lúdico sabe colocar na rampa de lançamento uma *fantasia* que é capaz, certamente, de fugir através do caminho que permite escapar da realidade, mas que também está equipada com o carburador necessário para voltar para *dentro* da vida de todos os dias; e isso garante (à margem de cada atuação "fantástica" ou vivência esquizóide) vitalidade, leveza, sorriso.

2. *O ambiente como uma seção didática descentralizada*

O país, o bairro, a cidade têm o mérito de expor diante dos olhos da escola da infância (e das crianças) uma dupla cenografia: *por um lado*, são oferecidos como alfabeto "léxico", *por outro*, são oferecidos como uma estrutura de "blocos lógicos".

a) **O ambiente como alfabeto léxico**, tanto na sua versão "natural" (campo, bosque, mato, rio, mar, etc.) como na sua versão "social" (loja, mercado, atelier, estrada, casa, etc.), aparece como um instrumento nevrálgico para o *enriquecimento do vocabulário*. Usando a intuição metodológica agazziana, podemos afirmar que as *bolsas de recursos didáticos* do país constituem um *museu didático* único e cheio de possibilidades através do qual as crianças da escola infantil podem jogar com os *enunciados de identidade*, ou seja, com o reconhecimento *semiológico-semântico* dos objetos que cobrem o território social e natural (desde as vitrines de uma loja até as flores de uma pradaria, das imagens publicitárias da estrada até os animais de um bosque, etc.) da sua vida. E tal busca deve estar dirigida, principalmente, à *natureza social*, ao *uso quotidiano* dos "objetos", mais do que à identificação de uma nomenclatura refinada. Essa decodificação léxica pretende subtrair-se do perigo de uma nomenclatura totalmente "simbólica", com fim em si mesma, construída a partir de um universo de palavras que nunca aparecem vinculadas a uma realidade concreta, a um "conjunto" de coisas observáveis e manipuláveis.

O *alfabeto-ambiente* fornece aos alunos(as) a máxima expansão do seu vocabulário pessoal de uso quotidiano, na medida em que o faz *jogar* com o reconhecimento dos "fragmentos" do próprio território *social* (objetos expostos nas vitrines, imagens presentes nas ruas, instrumentos do trabalho artesanal e do comércio, meios de comunicação, etc.) e *natural* (flores, frutas, pedras, animais, produtos agrícolas, etc.).

Por outro lado, a competência lingüística não pode ficar fechada no engradado do "vocabulário" já que é, antes de mais nada e principalmente, a capacidade de usar *de formas diversas* as estruturas sintático-gramaticais da própria língua de uso. O ambiente social é oferecido, segundo essa perspectiva, como um inesgotável baú lingüístico: nele a criança pode registrar e "descobrir" automaticamente uma extensa galeria de estruturas lingüísticas, conhecidas e utilizadas por aqueles que interagem quotidianamente com ele. Uma interessante *hipótese didática*, neste sentido, é a de fixar-registrar em uma fita cassete um amplo mostruário de elementos *verbais* produzidos nas relações sociais — nas lojas, nos serviços públicos, na rua, em casa, etc. — que se poderia voltar a escutar e usar posteriormente em sala de aula. Esse material lingüístico (fragmentos de comunicações entre clientes e funcionários de uma loja, entre cidadãos, entre pais, etc.) pode constituir, do ponto de vista metodológico, um formidável ponto de partida para a realização de "jogos" de *decomposição-deformação-reconstrução* das frases (nucleares) que mais tenham interessado e chamado a atenção, intelectual e emocional, das crianças. Dessa forma, estaríamos estimulando o pensamento e a criatividade lingüística. Por exemplo: invertendo os "sinais" em cadeia de frases nucleares (a frase apresenta sempre uma série lógica de *morfemas em sucessão*) obtém-se um *discurso monstro* que estimula a criança a jogar imediatamente o *jogo* do "conserto" estrutural. Assim, também no que se refere ao *acordo-desacordo morfológico* de "segmentos" de frases registradas no ambiente social. Nesses "segmentos" incluem-se "palavras" casuais, que atuam como *intrusas*. Disseminando no interior da frase alguns erros sintático-gramaticais, estimula-se os alunos(as) a sairem à procura ao descobrimento dos "absurdos" presentes nos textos analisados.

O conhecimento do ambiente também representa uma oportunidade única para *jogar com a linguagem* que se produz durante a percepção-observação da realidade: jogos sobre as relações *léxicas* e sobre os conteúdos *semânticos* da nomenclatura da flora-fauna (este animal, esta flor chama-se...; tem a forma de...; a sua cor é...; serve para...), assim como sobre as estruturas *sintáticas* extraídas dos jogos lingüísticos articulados (sobre o acordo-desacordo morfológico, sobre a alteração de sinais lingüísticos em cadeia, sobre a invenção de frases a partir de palavras-chave, etc.).

Portanto, trata-se de jogar com as palavras e de jogar com as frases.

b) O ambiente como "estrutura de blocos lógicos" contém preciosas demandas cognitivas.

b.1) Em primeiro lugar, o *quadro perceptivo*, ou seja, a capacidade de reconhecer as *qualidades fenomenológicas* (as qualidades formais) *da realidade* (tamanho, forma, cor, consistência, textura, temperatura, etc.). O território social e natural encontra-se excepcionalmente dotado das citadas qualidades formais, a tal ponto que a criança pode buscar e captar, de forma autônoma, tais sinais de identidade (semelhanças, analogias, diferenças, antinomias) da forma como são apresentados, tanto na rua, nos carros, nos anúncios publicitários ou em casa como nos campos, bosques, rios, matas.

Um prolongado e profundo "banho" perceptivo garante aos alunos(as) o aperfeiçoamento do seu espírito e a capacidade de *observação e descobrimento*. E, assim, contribui-se bastante para a superação da *perspectiva egocêntrica* da etapa infantil, que consiste na incapacidade para "descentralizar" a própria perspectiva do mundo, o próprio ângulo de visão sobre o universo que a cerca.

b.2) Também no âmbito *lógico-matemático*, o ambiente presta-se para ser utilizado didaticamente.

Tanto uma estrada como uma pradaria, um supermercado como um bosque aparecem aos olhos da criança como tantos outros *blocos lógicos*, como estruturas "multibase" mediante as quais podem ser desenvolvidos positivamente jogos de classificação-seqüenciação-combinação-relação, etc.

Com a *vantagem* adicional de que, enquanto os materiais didáticos "estruturados" (números em cores, blocos lógicos, etc.) são consumidos prontos cognitivamente, tansformando-se aos olhos infantis em objetos embalsamados e estereotipados, por sua vez, os materiais didáticos "não-estruturados" tomados do ambiente são consumidos em tempos cognitivos mais *longos*, em virtude da sua modularidade, plasticidade, prismaticidade e, além disso, devido à sua vitalidade social, sendo capazes de neutralizar traços de didatismo artificial exibidos inevitavelmente pelo material estruturado.

c) **As aulas didáticas descentralizadas.** O território-país (o bairro, a zona, a cidade) de vida da criança também oferece aulas didáticas "descentralizadas" potenciais sob a roupagem de serviços *culturais, recreativos, lúdicos* utilizáveis pela escola infantil: a biblioteca, o museu, a pinacoteca, o centro de esportes, a *ludoteca*. Esta última simboliza, na nossa opinião, o protótipo de aula didática descentralizada para as crianças de três a seis anos.

O que é uma ludoteca? É uma "biblioteca" do brinquedo (e, portanto, do jogo cognitivo, social, afetivo), uma espécie de país de *Jauja* habitado pelos brinquedos, uma vitrine aberta de materiais lúdicos que procura subtrair a agenda e o tempo disponível para o jogo infantil das correntes socioculturais que o hipotecam e escravizam. O brinquedo sempre foi um refém da filosofia da sociedade dos adultos: é o pai quem o escolhe, quem o impõe, quem controla as suas "condições" de uso. A ludoteca abre espaços pedagógicos relevantes, podendo transformar-se em um centro de *animação formativa*. E pode transformar-se em um aliado precioso para uma escola infantil atenta e disposta a estabelecer uma relação de reciprocidade formativa com a ludoteca, uma relação de intercâmbio dos respectivos bens e instrumentos educativos. Neste sentido, a ludoteca poderia constituir-se um *centro de interesse* descentralizado, no qual o jogo pode expandir-se nas diversas direções que lhe são próprias (exploradoras, comunicativas, construtivas, fantásticas, motrizes, etc.), e o jogo pode tornar-se mediador de uma cultura que, como colocamos anteriormente, só pode ser conhecida, socializada, reinventada de uma forma: tocando-a, modificando-a, transformando-a com as mãos, com o corpo, com *ações concretas* e, também, com ações que *viajam nos braços da fantasia*.

3. *A organização do tempo e dos espaços: a classe e a intersecção*

Quais podem ser as experiências de *integração sócio-afetiva* (relações, interações, dinâmicas intersubjetivas) a projetar e disseminar nos espaços da *classe e intersecção* com a finalidade de enriquecer — no sentido de "ampliar" e de "integrar" — a asfixiante dimensão social que a criança vive nos miniapartamentos domésticos, na pequena área verde dos canteiros que separa o tráfego nas ruas da cidade, na aula auto-suficiente e totalizadora da escola?

Por um lado, podemos pôr em prática um uso poliédrico dos espaços, a possibilidade de habilitar *ambientes múltiplos* diversamente "organizados" (por atividades expressivas de desfrute/consumo, de construção/produção) e "estruturados" (no que se refere ao mobiliário e ao equipamento). Uma utilização dos "ambientes" internos e externos, considerando-os como "cantos" ou "centros de interesse", as áreas abertas como momento de explorar lugares incomuns, desconhecidos, inesperados. *A finalidade de tudo isto:* pôr em prática uma ampliação e integração que supere a estaticidade, a imobilidade e a rigidez dos espaços de uso doméstico e do entorno, os quais tendem a debilitar as relações e os "laços" sócio-afetivos das crianças.

Por outro lado, podemos incorporar formas poliédricas de trabalho e socialização: por duplas, em grupo pequeno, médio e grande; com plena liberdade e autonomia na forma de estruturar, dividir, reorganizar os grupos das atividades de comunicação-informação-pesquisa, expressividade-criatividade. A finalidade disto: oferecer experiências de ampliação e integração em relação à vida "burocrática" dos grupos em aula e com relação ao isolamento e à solidão do sujeito na sua relação com as linguagens informáticas e telemáticas.

Uma pedagogia baseada nas classes heterogêneas (como classes abertas, "*open classrooms*") e na conseqüente multiplicidade e polivalência das uniões e das formas de socialização das crianças permitirá otimizar a escola infantil sempre que o seu ambiente for preparado com o binômio didático classe-intersecção.

Assim, então, a escola infantil aposta na *roleta* didática com a ficha da classe-intersecção. E o faz já que, como já foi colocado anteriormente, a pesquisa pedagógica mais avançada postula um tipo de criança à qual se reconhece o direito de viver situações *sociais, interpessoais* e *de jogo* que sejam *plurais, diferentes, ricas em dinâmicas* de grupo pequeno, médio e grande. Portanto, não apenas atividades didáticas realizadas dentro da estrutura da sala de aula (classe), mas também nos outros lugares (intersecção) que podem identificar-se com qualquer espaço da escola: aulas comuns, refeitório, corredores, pátios, etc. Esses espaços *complementares* da sala de aula podem ser equipados com estruturas e materiais capazes de representar autênticos *centros de interesse*, com conotações particulares e características específicas, tanto do tipo *expressivo* (o "centro" gráfico-pictórico, teatral e das fantasias, musical, plástico-construtivo, lúdico, etc.) como de natureza *cognitiva* (o "centro" da família, dos contos, das profissões, das lojas, o centro zero — este último, sede de coleta dos materiais da *pesquisa do ambiente*).

A nossa tese é que o ambiente da *classe* e o da *intersecção* atuam — quando organizados inteligentemente no que se refere ao "tempo" e aos "espaços" — como cenário quotidiano no qual o professor(a) da escola infantil atua como diretor didático.

Do ponto de vista *afetivo*, a tarefa do professor(a) é transformar o "ambiente" escolar em uma espécie de teatro no qual predomine um clima de tranqüilidade e serenidade. Uma atmosfera afetiva a "climatizar" a escola infantil com o propósito — plenamente montessoriano — de neutralizar qualquer *desejo de imposição* em qualquer uma de suas formas (que se expressam, por exemplo, na atitude do docente que tende a dominar, mesmo que seja inconscientemente, os alunos(as); ou na atitude do aluno(a) que procura aparecer mais do que os outros); isso é possível através de uma práxis didática que saiba eliminar o comportamento autoritário dos adultos e a rivalidade entre as crianças (entre os irmão na sua luta por atrair a maior porção de amor de seus pais; entre os alunos(as), na sua luta por atrair uma maior benevolência do professor(a)).

No plano *cognitivo*, o professor(a) da escola infantil é chamado a fazer do "ambiente" escolar um *teatro* da metodologia da *educação indireta*: aspecto este inalienável, se a intenção for liberar os *núcleos geradores* (as estruturas intelectuais) da criança e, portanto, o desenvolvimento *autônomo* de sua mente, a capacidade de pensar com a sua cabeça. A "educação indireta" exige que o professor(a) tenha disposição para exibir no seu estilo pedagógico *três estilos profissionais*. É uma *patente pedagógica* capaz de colocar no "centro" de atenção o ambiente escolar como mediador formativo entre o próprio *professor(a)* e a *criança*. É uma *patente formativa* cifrada com três "As" que correspondem aos três "climas" — Antidogmático, Antiautoritário e Antropológico — que o profissionalismo dos professores(as) desta etapa educativa precisa difundir como *diretor de cena* do importantíssimo roteiro didático que, quotidianamente, encena no ambiente escolar (de classe e intersecção).

a) **O clima antidogmático** torna-se familiar na escola infantil, predispondo um "ambiente" que garanta a máxima abertura aos processos de *socialização* e *alfabetização* próprios da criança de três a seis anos. A *socialização* é considerada a orientação educativa capaz de garantir a identidade da escola como escola *aberta*: em relação ao ambiente *externo* (a cultura do território, a família, as forças sociais) e em relação ao ambiente *interno* (metodologia da classe-intersecção, grupo dos professores(as), união e ruptura dos grupos de crianças em função de seus interesses e das atividades, etc.).

A *alfabetização* vista de uma perspectiva educativa deve garantir um duplo e inalienável direito da criança: o direito à *diversidade* (e, portanto, ao seu múltiplo, original e variável *set* de necessidades e interesses cognitivos e criativos) e o direito à *igualdade de oportunidades* (e, portanto, poder exigir da parte do educador(a) que faça uma oferta cognitiva e criativa capaz de ir reduzindo as diferenças culturais iniciais apresentadas pelos alunos(as): *dando mais àqueles que possuem menos*).

b) **O clima antiautoritário** fica familiar na escola infantil criando-se um "ambiente" caracterizado por um clima social positivo; isso é possível a partir de uma elevada qualidade das relações entre os adultos e destes com as crianças. Isto exige, por um lado, a atenção contínua e competente diante dos sinais enviados pelas próprias crianças e diante do surgimento das suas necessidades de segurança, gratificação e auto-estima; e, *por outro lado*, a capacidade de pôr em prática formas flexíveis, interativas e circulares de comunicação didática.

Manter um estilo "antiautoritário" dos professores(as) significa, então, a capacidade de criar um "ambiente" aconchegante, rico em estímulos, no qual tudo apóie a criança e nada represente obstáculos para ela. Somente assim a infância poderá ampliar, por si mesma, os próprios horizontes existenciais (sociais, cognitivos, relativos aos valores, etc.)

c) Finalmente, **o clima antropológico** torna-se familiar (e é respeitado) na escola infantil quando se constitui um "ambiente" aberto à presença das múltiplas culturas (crenças religiosas, ideologias, raças) que existem simultaneamente na cidade. Nesta direção, o professor(a) tem o compromisso de construir laços estáveis com os múltiplos contextos (formais e informais) da cidade, contribuindo para que esta seja "amiga" e fique do lado da criança, procurando garantir uma autêntica *qualidade de vida*. Abrir a escola infantil à cidade significa legitimar as suas diferentes *formas antropológicas*, dar validade à "pluralidade" de suas axiologias.

Fazer uma didática de acordo com o movimento da *educação indireta* significa, portanto, que os professores(as) exponham com orgulho no seu "peito pedagógico" as medalhas dos três "As". É o passaporte profissional que permitirá a eles transcenderem as barreiras da controvérsia entre *inatismo* e *ambientalismo* — um dos *muros* o mantém romanticamente fechado (e prisioneiro) dentro da finalidade-meta da *auto-educação* (a criança deve educar-se *por si mesma*, já que toda interação com o adulto conduz inexoravelmente à manipulação, ao doutrinamento e ao plágio); o *outro muro* o mantém ideologicamente fechado (e prisioneiro) dentro da finalidade-meta da heteroeducação (a criança é diminuída a "homem em miniatura", incapaz de se libertar de sua "minoridade" sem a ajuda de modelos de identificação tomados da vida e da cultura dos adultos).

Uma linha convincente de *conciliação-resolução* dessa antiga bipolarização do discurso pedagógico aparece decisivamente estabelecida a partir da metodologia da *educação indireta*. Trata-se de um modelo que direciona o ponto–alvo metodológico para a *cenografia didática* organizada pela escola através da programação educativa: a modularidade no uso dos "espaços" internos, a flexibilidade dos "tempos" escolares, a visão poliédrica das "áreas" didáticas que traçam as propostas do itinerário lúdico (os cantos, os centros de interesse, os laboratórios, as oficinas), a possibilidade de intercâmbio cognitivo e expressivo dos instrumentos e dos materiais distribuídos entre as áreas didáticas.

O princípio metodológico da *educação indireta* — que não reveste, certamente, o professor(a) dos hábitos da contemplação, de ficar inerte ou sentir-se como um "espectador" desinteressado, mas que, pelo contrário, o envolve e responsabiliza no papel "unificado" de cenógrafo-montador de cenários e diretor do filme projetado quotidianamente na escola infantil — age também como "sentinela" pedagógico na defesa da infância culturalmente *desfavorecida* ou *incapacitada*. Uma escola infantil organizada didaticamente conforme a idéia de um sistema flexível, modulado e polivalente de "ofertas" educativas (quanto aos espaços, tempos, ritmos lúdicos, áreas estruturadas, materiais) estará, como nenhuma outra, em condições de garantir à criança desfavorecida e/ou com alguma incapacidade as condições adequadas tanto para poder expressar as suas próprias linguagens, a sua história e os seus valores como para desfrutar de um *ambiente educativo* altamente atraente e motivador, inalienável, se se quiser garantir a essas crianças o direito de serem *sujeitos ativos* da ação de reabilitação e reeducação.

4. A *escolarização*

A prática do trabalho em *grupo* (escolarização) — que conduz à superação da atitude já fora de moda do docente solitário, fechado no *apartheid* da sua própria aula — é possível à medida que se promova na escola infantil uma ampla e intensa atmosfera *afetiva e relacional*, seja através de um ramificado tráfego "agregador" das crianças (através da formação de grupos pequenos, médios e grandes), seja mediante o estabelecimento de uma variada rede "comunicativa" entre os professores(as) (através da escolarização da ação didática posta em prática, desde a programação até a avaliação).

a) **O tráfego relacional** entre as crianças é possível a partir de experiências de jogos plurais, ricas em dinâmicas interpessoais desinibidoras, assim como através da utilização flexível e modulada dos espaços da "classe" e da "intersecção": organizados didaticamente de uma maneira polivalente por cantos, "centros de interesse", laboratórios, oficinas, etc.

b) **A escolarização** da profissão docente é possível, por sua vez, a partir de um clima de trabalho em grupo, do constante *planejamento-condução-verificação* conjunta das atividades programadas. E, também, da consciência de que cada retrocesso em direção ao individual e privado da parte do professor(a) (quando fica recluso em sua "própria" aula, recusando-se a tomar decisões com os colegas) vai *contra a infância*, porque significa segregar as crianças no espaço de uma aula, o que inevitavelmente as forçará a se estabelecerem em grupos fechados, centrados em si mesmos e incomunicados entre si, eliminando de antemão, conseqüentemente, o desfrute de ocasiões sócio-afetivas de grande vitalidade expressiva e cognitiva.

REFERÊNCIAS BIBLIOGRÁFICAS

Para um maior aprofundamento na problemática relativa à cultura da infância e para um projeto de escola infantil cientificamente fundamentado tanto no plano pedagógico como didático podem ser consultadas as seguintes obras do autor:

FRABBONI, F. (1992): *Manual de didattica generale*. Laterza, Bari.
—— (1994): *La scuola dell'Infanzia*. La Nuova Italia. Firenze.
—— (1994): *Le dieci parole della didattica*. Ethel — Giorgio Mondadori. Milano.

CAPÍTULO 5

As Escolas Infantis Municipais de Módena I: O Modelo

BAUTISTA QUINTO BORGHI
Coordinador Pedagógico
Ayuntamiento de Módena

TRINTA ANOS DE ESCOLAS INFANTIS EM MÓDENA: A IMPORTÂNCIA DE FAZER UMA AUTO-REFLEXÃO

Se, por um lado, o convite de Miguel A. Zabalza para transmitir as linhas significativas do modelo pedagógico das escolas infantis municipais de Módena representa *uma oportunidade de auto-reflexão*, por outro representa diversas preocupações para quem deve fazê-lo.

Como seria possível condensar, em poucas páginas, 30 anos[1] de uma experiência tão rica e complexa sem correr o risco de ser excessivamente sintético ou de sentir-se obrigado a ser excessivamente superficial em relação a certos aspectos? Quais são as características mais significativas que devem ser destacadas e quais poderiam ficar mais à sombra? Qual a perspectiva que deve ser utilizada no momento de fazer a análise? Será preferível dar uma visão geral (por exemplo, basear-se nas políticas de infância, na organização dos serviços, nas opções pedagógicas básicas), ou será mais adequado limitar-se a abordar alguns aspectos importantes, embora setoriais, em relação ao quadro geral (como, por exemplo, o currículo, a jornada habitual da criança, o modelo metodológico-didático)? É possível uma opção intermediária entre todas essas posições?

A dificuldade de realizar uma auto-reflexão deve-se a diversas razões que, de maneira sintética, podem ser expostas nos seguintes pontos:

1. O primeiro envolvimento da Prefeituira de Módena na criação de serviços para a infância administrados pelo município foi no ano de 1964.

a) O modelo das escolas municipais de Educação Infantil de Módena, que sempre tem feito referência à experiência direta e à pesquisa psicológica e pedagógica, tem evoluído no tempo e, conseqüentemente, não podemos falar dele a não ser de uma forma fluida: é quase inevitável limitar-se a uma abordagem que nos permita manifestar apenas alguns dos aspectos mais importantes. Cada período tem tido as suas próprias exigências específicas e as diversas fases pelas que tem passado permitiram centralizar a atenção em aspectos diferentes. O esforço, portanto, é o de efetuar na medida do possível, uma leitura dinâmica e não-estática da experiência vivida durante todos estes anos.

b) Trata-se de um modelo de escola infantil que não surge "de um decreto" e tomando por base uma pesquisa teórica prévia. Surge, principalmente, das atividades quotidianas das educadoras, embora isso não signifique que devamos esquecer ou subestimar tudo o que tem de empírico e contingente: o modelo das escolas infantis de Módena não abre mão, logicamente, de um repertório de hipóteses próprias, cientificamente fundamentadas e verificáveis.

c) É oportuno, neste contexto, embora sem deixar de olhar para o passado — considerando a experiência de Módena como um processo em evolução constante —, concentrar a nossa atenção preferencialmente nos aspectos mais significativos que caracterizam a atual organização dos serviços.

d) Refletir sobre o próprio modelo obriga a uma consideração do estado atual da situação: a solicitação oferece-nos, então, como já coloquei, uma ótima oportunidade para refletir, tentando assumir, tanto quanto possível, uma atitude de descentralização em relação a nossas ações quotidianas, sobre tudo o que estamos fazendo com os professores(as) a cada dia. Essa é uma necessidade para quem, como eu, desenvolve a atividade de coordenador pedagógico: passar constantemente, na própria reflexão e na ação prática, do *modelo à pesquisa e da pesquisa ao modelo*.

Organização deste trabalho

A finalidade deste material é:

— Oferecer como introdução algumas informações quantitativas que se referem à situação dos serviços para a infância em Módena.
— Ilustrar brevemente o papel político do município em relação à qualidade de vida da infância.
— Descobrir as funções que, como "serviços de qualidade", são desempenhadas pelas escolas municipais para a infância de Módena e, aprofundando-nos nesse tema, propor os três princípios de qualidade que tomam por base: a)

primeiro princípio qualitativo: as escolas infantis de Módena como escolas para a criança; b) segundo princípio qualitativo: as escolas infantis de Módena como escolas das experiências e dos conhecimentos; c) terceiro princípio qualitativo: as escolas infantis de Módena como escolas baseadas na participação e integradas à cidade.

Algumas informações "quantitativas"

Apresentamos aqui alguns dados.

Começamos agora a nossa viagem apresentando algumas informações quantitativas sobre a existência de serviços para crianças de 0-6 anos em Módena.

Levemos em consideração, em primeiro lugar, que Módena é uma cidade com 170.000 habitantes.

Nela existem:

— 16 creches municipais (para crianças de 0-3 anos) administradas diretamente pelo município.
— 2 creches particulares (0-3 anos) administradas mediante convênios com o município.
— 3 centros de jogo (para crianças de 0-3 anos) administrados diretamente pelo município.
— 1 centro para a família.
— 22 escolas da infância municipais (3-6 anos) administradas diretamente pelo município.
— 1 centro permanente (0-6 anos) anexo à seção de pediatria do centro policlínico para crianças hospitalizadas, administrado diretamente pelo município.
— 2 escolas da infância (3-6 anos) particulares administradas mediante convênio com o município.
— 7 escolas de infância estatais.
— 24 escolas de infância autônomas (particulares).

Em relação às escolas de infância (escolas infantis municipais, escola de infância estatal e escola de infância autônoma) os três modelos institucionais cobrem 100% dos prováveis usuários: todas as crianças de idades entre três e seis anos residentes em Módena freqüentam as escolas infantis. No quadro a seguir indica-se a distribuição dos alunos(as) nos diversos tipos de escola (ver p. 96).

O município de Módena também se encarrega da formação e da atualização daqueles que trabalham nas escolas infantis municipais, nas escolas conveniadas e na escola de infância estatal (59, 6% do total).

Tipologia	nº	crianças	%
Escolas infantis municipais	22 (+1)	1.711	43,3
Escolas da infância conveniadas	2	157	4,0
Escolas da infância estatais	7	486	12,3
Escolas autônomas (particulares)	24	1.602	40,4
TOTAIS	**55**	**3.956**	**100**

O papel político do município como administrador local

O sentido unificador de um pensamento solidário coletivo

O município de Módena tem desempenhado um papel fundamental na determinação do surgimento e desenvolvimento das escolas infantis municipais. Em uma situação como a do final dos anos 60 e ao longo dos anos 70, quando se assistia a uma profunda crise de todas as estruturas institucionais e vivia-se um clima de desconfiança profunda e de distanciamento diante de tudo o que pudesse parecer oficial, público ou estatal, deram-se as condições ideais para pôr em prova a capacidade planejadora do município no que se referia ao seu âmbito de competências. Nesse sentido, e sem tentar tirar os méritos de ninguém, não é possível falar de pessoas individuais, além daquilo que poderia ser a capacidade e carisma particular de cada um deles como se fossem mitos; isso significaria tirá-los daquela realidade contextualizada na qual os acontecimentos iam realmente ocorrendo. O nascimento e o desenvolvimento das escolas infantis municipais surgiram, mais do que da mente de um único indivíduo, **do pensamento solidário sentido coletivamente.**[2]

Os objetivos do município

Os objetivos do município podem ser resumidos da seguinte maneira:

Apostar tanto na qualidade como na quantidade dos serviços para a infância significa oferecer uma resposta ao mesmo tempo social e cultural a uma cidade em evolução e crescimento. Isso significa que é preciso agir com

---

2. Não é possível separar deste processo, nos anos que vão de 1967 a 1974, a ação de Loris Malaguzzi (pedagogo e responsável técnico pelos serviços para a infância), nem aquela outra tão incisiva e eficaz de Liliano Famigli (secretário e responsável político por todo o setor educacional e cultural do município de Módena). Posteriormente, nos anos que vão de 1971 a 1987, merecem também ser mencionados Sergio Neri e os vereadores Liliano Famigli e Sandra Forghieri.

a convicção de que é possível chegar a uma difusão efetiva dos serviços para a infância de forma a atingir todas as crianças sem que, para isso, seja necessário abrir mão de serviços de alta qualidade.

— Apostar na qualidade de vida da criança significa apostar na qualidade de vida da cidade como um todo. Uma cidade capaz de acolher adequadamente as crianças, assim como os idosos, é uma cidade capaz de acolher a todos, porque se organiza e age levando em consideração os mais fracos e partindo deles.
— Investir na infância significa investir fortemente no futuro, no direito ao crescimento psicológico positivo e no direito ao conhecimento.
— Investir na infância significa promover e divulgar na cidade uma cultura da infância e uma defesa dos direitos das crianças.
— Investir na infância significa consolidar e estimular a pesquisa e a cultura "sobre" e "em torno" da infância.
— Promover serviços para a infância (como o fazem as escolas municipais) tem sido (e continua sendo) um dos modos mais significativos e eficazes de garantir a participação cidadã na esfera pública e na gestão social.
— Planejar serviços para a infância significou no passado (mas o problema continua atual) a libertação de força de trabalho, principalmente feminina, com a forte vantagem que isso significa para a economia e, conseqüentemente, para o bem-estar coletivo.

AS ESCOLAS INFANTIS COMO SERVIÇO DE QUALIDADE

Três finalidades básicas

Poderíamos apontar três finalidades básicas no modelo das escolas infantis municipais de Módena. Trata-se de características que foram sendo adquiridas com o passar do tempo e que foram sendo incorporadas aos poucos ao patrimônio cultural da experiência.

As escolas infantis municipais caracterizam-se principalmente por:

1. *Uma escola para a criança*: A atenção é concentrada na identidade da criança, na sua condição de sujeito de direitos diversos, na consciência de si mesma, na íntima relação com a sua família e a sua cultura de origem.

2. *Uma escola das experiências e dos conhecimentos*: A atenção concentra-se em alguns conteúdos significativos da experiência — a educação lingüística, gráfico-pictórico-plástica, científica, motora, musical.

3. *Uma escola baseada na participação e integrada com a cidade:* Presta-se muita atenção à relação com as famílias e à gestão social e também à consciência de desejar obter uma cidade autenticamente educadora.

Uma alusão às origens

Dessas três características pode-se fazer uma leitura tanto sincrônica como diacrônica.

1. *Leitura sincrônica* no sentido de que se trata de três aspectos que estão ligados entre si e que se influenciam mutuamente. Na realidade, a característica significativa das escolas infantis municipais de Módena reside na presença simultânea desses três fatores dominantes.

2. *Leitura diacrônica* no sentido de que, ao longo do tempo, assistimos ao desenvolvimento gradativo dessas "marcas de identidade". Podemos dizer que a opção pela implementação de uma escola para a criança foi o objetivo primordial dos primeiros momentos (finais dos anos 60 e início dos 70), e o principal articulador dessa orientação foi Loris Malaguzzi.[3] Posteriormente, a organização dos conhecimentos (além da continuação da atenção dada aos aspectos "quotidianos" da vida da criança que já havia sido iniciada por Malaguzzi) foi sistematizada e generalizada através das contribuições de Sergio Neri.[4] A coordenação pedagógica (composta por pedagogos e pedagogas coordenadores das diversas escolas infantis) foi aprofundada e desenvolvida posteriormente em todos estes aspectos, tornando possível a sua difusão em todas as escolas.[5]

---

3. É conveniente esclarecer que as escolas maternais de Módena, após seus primeiros trabalhos, conheceram seus momentos de maior desenvolvimento a partir da ação conjunta de Liliano Famigli (secretário) e Loris Malaguzzi (pedagogo). Desde o início da experiência, Malaguzzi interessou-se pela qualidade da escola e das crianças como "fontes de direitos" e pela participação de pais e mães na administração.
4. Sergio Neri, atualmente Inspetor Técnico do Ministério da Instrução Pública, foi o verdadeiro guia que deu às escolas infantis de Módena a sua atual fisionomia: a liberação da infância decorre antes de mais nada e principalmente, como já dizia Maria Montessori, da liberação da sua inteligência. O modelo de Módena constituiu, durante vários anos, o ponto de referência constante que inspirou outras experiências educacionais italianas. O próprio *Ministerio de la Pública Instrucción,* ao propor as "Novas Orientações para a Escola Maternal Estatal", aprovadas oficialmente em 1991, fez ampla referência à experiência de Módena.
5. Um reconhecimento especial deve ser feito, entre outros, a Lucía Selmi, porque ela, mais do que ninguém, é testemunha ativa das diversas fases da experiência de Módena e, juntamente com o indiscutível mérito de ter realizado uma constante "mediação didática" entre as instâncias políticas e o trabalho quotidiano nas escolas, representou (e continua representando atualmente) o permanente fio condutor.

* Não podemos esquecer, de forma alguma, o papel absolutamente fundamental da Administração Local de Módena. As escolas infantis municipais constituíram uma importante conquista social. Estão fortemente **enraizadas** na cidade. Foram explicitamente desejadas pelos cidadãos. Inclusive, hoje em dia, eles se dispõem a participar e a contribuir na gestão das mesmas. A forte presença na cidade de serviços para a infância é o melhor sinal de uma política de infância que a Administração Pública vêm realizando há décadas (a primeira iniciativa ocorreu em 1972).

1. Primeira Princípio Qualitativo: A escola infantil como escola para a criança

Autonomia, identidade, competência

O projeto da escola infantil de Módena está orientado para o desenvolvimento de três vertentes das dimensões da criança[6]:

a) **A autonomia,** considerada como a construção da capacidade de agir e de "estar bem" sozinho e de viver relações solidárias com os outros.
b) **A identidade,** considerada como o amadurecimento de uma auto-imagem positiva e um sentimento de confiança em si mesmo e nas próprias capacidades.
c) **As competências,** consideradas como a construção da capacidade de interiorizar e utilizar adequadamente os sistemas simbólico-culturais.

Autonomia, identidade e competência constituem três vertentes fortemente ligadas entre si e fazem parte de um único processo integrado de desenvolvimento.

Aprendizagem e desenvolvimento

Do ponto de vista da pesquisa psicológica, parece já estar definitivamente superada a velha antinomia que situava em pólos opostos os defensores da subjetividade-individualidade da aprendizagem e do desenvolvimento diante daqueles que sustentavam a função inalienável e determinante do ambiente nos processos do desenvolvimento. Devemos reconhecer que a

---

6. Consultar o "Proyecto infanzia: Ipotesi di riordino del tempo scolastico", documento interno, não-publicado, realizado pela coordenação pedagógica das escolas infantis. 1993, p. 4 e ss.

criança amadurece por si mesma as próprias possibilidades e condições de crescimento; as mudanças qualitativas[7] ocorrem fundamentalmente dentro do sujeito e isso acontece quando a criança encontra-se preparada para tanto sem que tenha uma clara consciência da possível incidência dos fatores culturais externos. Parece óbvio, então, que precisamos rejeitar a posição rígida daqueles que atribuem exclusivamente ao ambiente **o papel** determinante no desenvolvimento.

Aprendizagem e desenvolvimento complementam-se de modo necessário. Por um lado, a criança traz de seu ambiente e de tudo o que existe ao seu redor os elementos para aprender e, por outro lado, a própria aprendizagem é solicitada e sustentada mediante as experiências com o ambiente. *"...A relação social pressupõe, necessariamente, a generalização... e a relação torna-se possível com o desenvolvimento da relação social"*.[8] Assim, uma proposta formativa que quisesse centrar tudo sobre o ambiente cultural do meio ambiente seria frágil, porque não estaria levando em consideração a forte influência que o próprio contexto de vida exerce sobre a experiência do crescimento. E, ao contrário, aquela que defendesse uma concepção acumuladora da aprendizagem (segundo a qual tudo dependeria dos *input* explícitos fornecidos à criança sem levar em consideração as suas condições sociais, os estilos individuais, as experiências pessoais, os ritmos biológicos e cognitivos diversos de cada um) estaria dando início a uma operação predestinada ao fracasso.

E tudo isso porque as "competências" que a criança deve adquirir aos poucos precisam ser entendidas como o conjunto das habilidades necessárias para tornar-se capaz de utilizar os instrumentos e as tecnologias da própria cultura.

Educação para ser competente

Em função de tudo o que colocamos anteriormente, poderíamos dizer que nas escolas infantis de Módena coexistem dois modelos de ensino que, ao mesmo tempo, contrapõem-se e complementam-se. Ambos exercem uma complementaridade ativa e orientada para favorecer o desenvolvimento das três vertentes anteriormente mencionadas: a autonomia, a identidade e as competência.

Por um lado, assiste-se a uma ***educação baseada nas competências,*** ou seja, orientada para o desenvolvimento de atividades e de intervenções de caráter formativo pensadas, elaboradas, estruturadas e postas em prática intencionalmente pelo docente; trata-se de intervenções direcionadas para

---

7. Principalmente na passagem de um "estágio" para o seguinte, como sustentava Piaget.
8. Vigotsky, S. (1981): *Pensamiento y lenguaje*. La Pléyade, B. Aires.

um objetivo pré-fixado que, no caso da escola de infância, constam das orientações oficiais na forma de indicações contidas em cada uma das áreas de experiência apontadas.

Por outro lado, também está presente na escola infantil uma **educação baseada na autonomia e na identidade**. Essa orientação está inserida na vida quotidiana e é oferecida pelos adultos (não apenas pelas famílias e pelos professores(as), mas também pelas outras figuras adultas que estão em condições de incidir na experiência infantil), embora apareça de uma forma mais difusa e implícita. As crianças aprendem, neste caso, por observação direta, por imitação, por exploração pessoal.

Em outras palavras, o modelo educativo não pretende estar fechado dentro da estrutura de modelos baseados em objetivos didáticos hierarquizados que são propostos de uma forma linear, mas tampouco dentro da estrutura de conceitos de base que tendem a deixar grande parte da atividade naquilo que está implícito e no que é espontâneo. O modelo pedagógico de Módena defende, acima de tudo, a idéia de uma criança que "pensa fazendo" e "age pensando": o desenvolvimento cognitivo é produzido diretamente a partir das ações e, ao mesmo tempo, as ações são dirigidas pela capacidade de pensar. Uma criança, afinal, que é sujeito e artífice do seu próprio desenvolvimento e saber. Não uma criança ideal, mas concreta. Não uma criança que aprende por abstração, mas que adquire os conhecimentos como alguém que está **imerso na realidade** e que participa intensamente do quotidiano.

É necessário, no entanto, fazer mais algumas considerações com relação à *identidade e à autonomia*. Essa dupla opção prática assumida pelas escolas infantis municipais de Módena parece identificar, em certos aspectos, o desenvolvimento com "amadurecimento do Eu". O Eu (com seus conteúdos, seus limites, suas funções, sua dependência do mundo externo) constitui-se em um ponto privilegiado para a observação do desenvolvimento. Na verdade, toda criança está sujeita às regras da realidade e o seu crescimento virá refletido na sua gradativa capacidade para lidar com o ambiente que a cerca.

O desenvolvimento da identidade e da autonomia consiste na construção de um equilíbrio dinâmico entre essas duas instâncias contrapostas.

Entre identidade e autonomia movimentam-se realidades que poderíamos definir esquematicamente da seguinte maneira:

— O princípio da **"construção de si mesmo":** consiste no gradativo estabelecimento de limites entre o "dentro" e o "fora". Aos poucos, à medida que avança a gradativa "construção do Eu", a criança separa cada vez mais e melhor o que faz parte do *propium* do sujeito daquilo que faz parte do mundo exterior. É aqui que o desenvolvimento da linguagem entra em ação e adquire grande importância:

quando a criança pode falar e pensar em termos de brinquedos, de sapatos, de papai e mamãe, faz tudo isso como meio de relacionar os objetos consigo mesmo.
— O princípio da relação **corpo-mente**. A criança recebe do exterior um fluxo constante de sensações e informações. Faz um esforço constante para manter uma posição, para alcançar um objeto, para relacionar-se com uma situação determinada entrando em contato físico com ela. Tudo isso gera experiências de sucesso e de fracasso. Não existe um processo de conhecimento sem a correspondente experiência direta, sem ações concretas, tangíveis, inseridas na vida diária; e, ao contrário, a imersão no quotidiano representa o "caldo de cultura" do crescimento da mente.

Assim, é possível estabelecer como conclusão deste item que a *autonomia* não é nada além do descobrimento gradativo pela criança do processo de tornar-se dona do seu próprio comportamento, aprendendo cada vez mais a querer aquilo que é realizável e a exercitar as primeiras formas de autocontrole em relação às regras impostas pelos adultos; que a *iniciativa* é a consciência de si própria, ao mesmo tempo, o sentido da finalidade, ou seja, a capacidade de escolher, de provar as próprias forças, etc., e que a *competência* é o desejo de se apropriar de informações, conhecimentos, instrumentos, emoções, etc.

2. Segundo Princípio Qualitativo: A escola infantil municipal de Módena como escola das experiências e dos conhecimentos

O modelo de Módena não tem um ponto único de referência teórica

Não podemos dizer que as escolas infantis de Módena tomem como ponto de referência teórico um único modelo ou uma corrente psicológica específica. O modelo modenense situa-se, pelo contrário, dentro de uma perspectiva eclética, dentro de uma multiplicidade de posições. Neste sentido poderíamos dizer que pretende situar-se fora de uma orientação pré-constituída; poderíamos dizer que tem procurado "reunir" tudo aquilo que a pesquisa psicológica mais respeitada tem oferecido nestes últimos anos em relação a aspectos específicos do desenvolvimento infantil, mas sem amarrar as próprias mãos doutrinariamente. Trata-se, em síntese, de um modelo que é derivado *a posteriori* da experiência concreta e que busca a sua justificativa aqui e ali em diversas teorias. Ao mesmo tempo, o modelo modenense tem feito referências a diversas teorias, mas adaptando-as ao próprio contexto específico e procurando sempre a correspondência concreta com a própria realidade.

De qualquer modo, se fosse preciso fazer alguma menção a isso, o modelo dominante é representado — embora fundamentalmente no plano metodológico — pela *Gestalt*. Dessa forma, o modelo modenense tem pretendido sempre se movimentar dentro de perspectivas amplas e abertas, dispostas a aceitar novas contribuições e, cada vez que é necessário, passa a reorganizar o "campo" de todas as forças que interagem. Tornou própria uma concepção do desenvolvimento que tende a ser alheia às concepções lineares e que tende, pelo contrário, a enfrentar os problemas através de "projetos complexos". No mesmo sentido, assistiu-se à tendência de ir construindo múltiplas formas de *integração* baseadas — no que se refere aos sujeitos — na pluralidade dos conhecimentos e experiências e — no que se refere ao contexto — nas alianças entre as diversas "agências formativas" da cidade e as existentes em geral.

Falamos do modelo gestáltico pois, no sentido de que a escola municipal infantil de Módena confere especial relevância ao espaço de vida das crianças, esse espaço inclui todos os fatos que existem para cada um em particular e para todos eles. Neste espaço de vida podemos encontrar tudo o que lhe concerne: os desejos e as necessidades, as angústias e os medos, as intenções e as metas. Esse espaço contém, em si mesmo, cada criança considerada individualmente, pessoas (as outras crianças e os adultos que interagem com ela), objetos com os quais interage e as atividades que a atraem. Trata-se, de certa forma, daquele espaço que K. Lewin denominava de *região psicológica ou "campo"*. Cada pessoa, na concepção lewiniana, compreende um conjunto de campos: uns são internos e pessoais, outros são perceptivos e motrizes. A criança aprende de uma maneira cada vez mais evoluída a controlar o ambiente e, ao mesmo tempo, torna-se, à medida que vai crescendo, dependente desse ambiente. O desenvolvimento pode, então, ser entendido como um processo dinâmico que deve ser analisado em toda a sua complexidade. Os professores(as) tem a possibilidade de analisar a evolução individual através da identificação dos fatores dominantes que fazem parte de um processo unitário, dinâmico e complexo ao mesmo tempo.

A tudo isso podemos acrescentar um novo aspecto. Essa posição pressupõe, como já dissemos, uma concepção "aberta" do desenvolvimento. O que consiste em um processo complexo que afeta uma multiplicidade de aspectos da vida infantil. Possuem valor semelhante o desenvolvimento das capacidades da mente ou a construção de uma relação positiva com o ambiente, possui a mesma dignidade o corpo que o movimento. O desenvolvimento é, então, algo "plural". Ou seja, trata-se de um processo no qual estão envolvidos inúmeros fatores, tanto internos como externos. A criança, durante o seu desenvolvimento, está fortemente influenciada pelo ambiente no sentido em que "... *grande parte da informação* (oferecida pelo ambiente externo) *pode ser concebida como parte da própria cultura* (já que) *é a cultura que define por si própria os estágios e fixa os limites dos resultados alcança-*

dos pelos indivíduos..."[9], e também no sentido de que cada sujeito, inclusive dentro da própria cultura, seleciona e organiza de maneira diferente as informações provenientes do ambiente externo, dando origem a diferenças individuais e a estilos cognitivos específicos. Tal concepção do desenvolvimento poderia ser definida como ecossistêmica.

Se quiséssemos mencionar, mesmo que fosse de maneira muito sintética, os estudiosos que têm influenciado de forma mais significativa ao longo do tempo até chegar a "dar a forma" que possui atualmente, teríamos um esquema como o que oferecemos a seguir:

Erik ERIKSON:
- A confiança de base que a criança conquista a partir do descobrimento do ambiente que a cerca é um processo de interiorização.
- A autonomia da criança fundamenta-se no clima de confiança que a criança é capaz de estabelecer com os outros.
- A capacidade de iniciativa da criança é o sinal de uma boa relação consigo mesma e com o mundo que a cerca.

Jean PIAGET:
- A concepção da criança como "sujeito" e a conseqüente atenção aos processos internos sem os quais o ambiente torna-se substancialmente ineficaz.
- A necessidade de rejeitar uma concepção meramente "acumuladora" da aprendizagem; esta é produzida não através de seqüências ordenadas em cada capacidade, mas através das conexões — os esquemas mentais — que estão na sua base.
- A necessidade de basear-se na idéia da criança pesquisadora/exploradora que constrói o seu próprio conhecimento através da experiência.

Jerome BRUNER:
- Na formação dos conceitos não é tão importante a atenção especial aos resultados finais (posição típica do condutivismo) quanto a atenção aos processos, às regras utilizadas, às estratégias seguidas.
- Não é tão significativo o desenvolvimento do pensamento em si mesmo (abstrato e formal) quanto o desenvolvimento do pensamento em situações concretas.
- É inegável a presença de "estilos cognitivos", ou seja, de modalidades diversas de relacionar-se com os conhecimentos.
- O conteúdo "conta": faz-se, assim, referência a diferentes conteúdos "específicos" ou amplificadores culturais da inteligência.

---

9. Gardner, H. (1987): *Formae mentis. Ensayo sobre la pluralidad de la inteligencia.* Paidós, Barcelona, 89.

D. R. OLSON:
- A idéia de "competência" entendida como o conjunto de habilidades requeridas para dominar os instrumentos e as tecnologias da cultura.
- A idéia de "cultura" (e de formação cultural) como aprendizagem de "meios" específicos: a linguagem, as habilidades simbólicas, etc.

Lev VYGOTSKY:
- A atenção à linguagem como atenção ao pensamento e vice-versa.
- O contexto "histórico-social" do desenvolvimento é fundamental: as atividades (inclusive as mais complexas) dependem fortemente das relações que a criança consegue (ou pode) estabelecer com o meio que a cerca.
- Os conceitos não são assimilados de maneira linear desde o exterior; não devem ser, em outras palavras, aprendidos de cor, mas surgem e são formados como conseqüência da enorme tensão que desenvolve toda a atividade de pensamento. Conceitos espontâneos (que partem das ações concretas e quotidianas) e conceitos científicos (que são interiorizados) atuam como componentes que se complementam reciprocamente. O desenvolvimento dos conceitos espontâneos e científicos da criança ocorre seguindo duas linhas de direção oposta, uma das quais vai de cima para baixo, cruzando-se em determinado nível intermediário com a outra, que vai de baixo para cima. Os conceitos espontâneos da criança desenvolvem-se de baixo para cima, das propriedades mais elementares e inferiores àquelas outras de tipo superior, do concreto para o abstrato, do contingente e experiencial para o geral. Os conceitos científicos, por sua vez, desenvolvem-se de cima para baixo, das propriedades mais complexas e superiores àquelas mais elementares e inferiores, do abstrato ao concreto, da idéia à experiência material.

Howard GARDNER:
- Não existe uma única inteligência, mas constata-se a existência de uma pluralidade de inteligências e uma multiplicidade de modos nos quais cada uma delas se manifesta.
- Os sistemas simbólico-culturais: a fase evolutiva que vai dos dois aos cinco ou seis anos caracteriza-se pela evolução e consolidação das primeiras formas de **simbolização.** Este autor fala de linhas "específicas" do desenvolvimento no que se refere ao uso dos símbolos. Gardner[10] defende a existência de linhas (ou seja, "aspectos" que aparecem intrinsecamente ligados a sistemas simbólicos específi-

---

10. Gardner, H. (1993): *La mente no escolarizada. Cómo piensan los niños y cómo deberían enseñar las escuelas*. Paidós, Barcelona, 1993.

cos e que não parecem ter nenhum vínculo aparente com outro sistema simbólico) do desenvolvimento no uso dos símbolos.
- Mediante o jogo, a aprendizagem e a propensão à exploração, a criança desta idade desenvolve muitos conhecimentos sobre os objetos físicos, sobre os organismos vivos, principalmente aqueles referentes ao mundo dos seres humanos; em outras palavras, a criança desenvolve o seu próprio imaginário científico construído a partir de seus conhecimentos intuitivos.[11]

Os principais conteúdos de experiência

Em relação aos conteúdos de experiência abordados nas escolas infantis de Módena, procedemos à elaboração progressiva de um sistema de conhecimento que posteriormente encontrou uma certa correspondência nos fixados pelas "Novas Orientações" estabelecidas para a escola de infância estatal, cuja redação definitiva foi aprovada em 1991.

O quadro de conteúdos compreendia o seguinte:

1. Educação para o uso da língua:
   ...a linguagem oral
   ... a linguagem escrita

2. Educação para a arte e o ambiente:
   ... gráfica
   ... pictórica
   ... plástica

---

11. Gardner propõe: A) *As teorias ontológicas*: as coisas existem, são constituídas de uma determinada maneira, algumas vezes se assemelham a outras coisas e outras vezes são muito diferentes delas, têm uma origem, atuam de acordo com normas (para estarem paradas ou em movimento, para adotar uma posição, para sofrer um determinado efeito previsto ou inesperado) e é possível efetuar diferenciações no seu interior; b) *As teorias aritméticas*: os números revelam-se como recursos aptos para explicar as coisas, dizem se existem ou não existem, se são poucas ou muitas; as coisas estão organizadas por "tipos", pertencem a conjuntos que possuem características comuns; c) *As teorias mecânicas*: os mecanismos que determinam e organizam os comportamentos da matéria: o vento, o fluir da água, o funcionamento de uma máquina inventada pelo homem, etc.; d) *As teorias sobre o mundo dos seres vivos*: os comportamentos dos seres vivos, ou seja, daqueles elementos que se movimentam e atuam por razões internas e sem serem movidos ou "sacudidos" por fatores externos, como os animais e as plantas; e) *As teorias da mente*: os comportamentos do homem, as suas características, os elementos de previsão, as ações constantes, as características significativas, etc. (Gardner, *op. cit.*, p. 96-106).

3. Educação para a matemática:
   ... os conjuntos
   ... a lógica[12]
   ... a ordem
   ... a medida
   ... o espaço

4. Educação para as ciências:
   ... os conceitos e as experiências científicas
   ... os conceitos e as experiências ecológicas

5. Educação para o movimento:
   ... a motricidade

A esses conteúdos acrescentam-se duas áreas especiais que são desenvolvidas por professores(as) especializados: a segunda língua (inglês) e a educação musical.

Qual o sistema de conhecimentos?

É conveniente esclarecer que, segundo a hipótese de trabalho modenense, entende-se por "sistema de conhecimentos" o seguinte:

— Não um plano considerado como uma "soma" de conhecimentos, mas considerado principalmente como "campo" (ou "sistema" organizado e coerente) de aprendizagens.

— Uma organização das aprendizagens que deixe a criança em condições de *colocar ordem* na sua própria experiência.

— Uma atenção especial à passagem do pensamento concreto à representação simbólica e à capacidade de *reflexão* sobre a sua própria experiência, ou seja, a reelaboração da experiência para aproximar-se do conhecimento no sentido pleno.

A partir disso, foram surgindo alguns aspectos organizacionais que servem de fundamentação para o modelo:

---

12. Refere-se aqui à lógica tipicamente piagetiana: o conceito de substância, de conservação da quantidade, etc.

— A "co-presença" dos professores(as) como condição inalienável: durante toda a manhã é mantida a presença coordenada e integrada das duas professoras da classe.

— O estilo de relação professor(a)–criança deve ser permanentemente orientado para o diálogo, para a discussão, para o debate de idéias, para "fazer mesmo que seja imperfeito" como forma de exploração e de imersão, para o assombro do descobrimento.

— A priorização da relação professor(a)–criança como elemento de orientação e condução visando à aprendizagem e à ação.

O "mapa" curricular

O "mapa" curricular da organização dos conhecimentos, previstos nas Novas Orientações para a escola de infância estatal, e que a escola infantil de Módena também está usando como ponto de referência, é mostrado no quadro abaixo.

Campos de experiência da escola infantil (3-6 anos)	Disciplinas do ensino fundamental
O corpo e o movimento	Ensino do movimento
Os discursos e as palavras	Língua italiana Língua estrangeira
As coisas, o tempo, a natureza	História-Geografia-Ciências
O espaço, a ordem, a medida	Matemática
Mensagens, formas e meios de comunicação	Ensino com a imagem Ensino com o som e a música
O EU e os outros	Ciências Sociais–Introdução

Como podemos ver, é possível identificar alguns aspectos significativos de continuidade com o ensino fundamental.

Os conteúdos que se vinculam aos campos de experiência citados são propostos e desenvolvidos sobre a base das seguintes modalidades metodológicas de tratamento:

1. Trabalho "transversal"
    ... jogo
    ... exploração
    ... adesão aos contextos significativos[13]: uso de linguagens de situação, intercâmbio e interiorização com os outros.

2. Interação entre as crianças
    ... mediante competências afetivo-sociais, aprendizagem interativa, cooperação
    ... com grupos de iguais, grupos heterogêneos (por idade, etc.)

3. Relação individualizada
    ... atenção e respeito a cada criança individual
    ... atenção às diferenças individuais e às exigências de cada um.

3. Terceiro Princípio Qualitativo: A escola infantil municipal de Módena como escola baseada na participação e integrada na cidade

Esta parte limita-se a considerar dois aspectos importantes do amplo e bem-articulado projeto do município de Módena: o primeiro refere-se à gestão social, ou seja, à modalidade de participação de pais e mães na organização e gestão de alguns momentos da vida escolar, e o segundo refere-se à relação das escolas infantis com os recursos educativos da cidade.

A cidade de Módena possui uma longa tradição na promoção de políticas de infância e é bem conhecida por colocar em prática os primeiros serviços sociais, imediatamente após a segunda guerra mundial.

A primeira escola infantil administrada diretamente pelo município teve início no final dos anos 60 e no início dos 70, quando se decidiu dar resposta às exigências dos pais (e principalmente das mães) que se viam obrigados a procurar um lugar para deixar os seus filhos e poder, assim, desenvolver uma atividade profissional. Então, o elemento característico que diferencia Módena de outras realidades italianas é justamente o fato de que a escola infantil foi desejada e promovida diretamente pela vontade dos cidadãos. Isso faz de Módena um lugar peculiar, no qual a participação na gestão é algo que foi considerado como natural durante muito tempo e cujos efeitos ainda hoje se refletem sobre certos componentes da situação.[14]

---

13. As disciplinas referem-se a competências adultas.
14. Como fato emblemático, pode-se recordar a sublevação da cidade forçando a Administração municipal a desistir da decisão que havia tomado de renunciar, por razões econômicas, às três escolas infantis, cedendo-as à Administração do Estado. O episódio, ocorrido em 1990, teve repercussão nacional.

Por outro lado, faz algum tempo que a administração municipal de Módena percebeu a necessidade, cada vez mais urgente, de repensar e renovar a política de infância, especialmente — em um processo global de relançamento dos serviços dos quais se encarregava a entidade local — os problemas relacionados com a participação das famílias e com a gestão social dos serviços.

A partir dos anos 70 — época na qual ocorre o *boom* do planejamento e da implementação das escolas infantis municipais em Módena — a participação dos usuários na gestão dos serviços para a infância tem sido considerada como uma forte garantia para a sua sobrevivência e a sua sedimentação no tempo. Nesse contexto, que hoje poderíamos considerar como pioneiro, pais e cidadãos eram convocados a participar na gestão direta da escola, sem que existisse uma regulamentação precisa do processo nem uma definição clara dos papéis a serem desenvolvidos por cada um.

Sabe-se bem que, em geral, os primeiros entusiasmos que impulsionam as ações vão, posteriormente, entrando em processos de crise, até o ponto em que, hoje em dia, torna-se evidente para todos a dificuldade que representa a participação na vida da escola e na gestão social. Entre as diversas razões que é possível apresentar parece oportuno destacar as seguintes:

— Já que o problema inicial era o de estabelecer um serviço que atuasse não em substituição das famílias, e sim de uma maneira integrada com elas, a participação dos pais era não apenas desejável, mas indispensável: a iniciativa representava uma ação pública de consenso social sob o amparo da administração municipal. Pouco a pouco os serviços para a infância têm assumido, inevitavelmente, uma conotação cada vez mais formal e institucional e a participação solicitada aos pais e mães acabou sendo reorientada[15] para uma operação de adesão a decisões sobre âmbitos concretos e não a serem propostas questões de caráter geral.[16]

— Superada a primeira fase pioneira — situação na qual todos (administradores, professores(as) e pais) eram de certa forma "neófitos" e a gestão do serviço tinha um caráter basicamente informal e "familiar" (os pais sentiram-se obrigados a modificar, pelo menos em parte, o seu papel inicial) — tratava-se de continuar sendo protagonistas, mas renunciando a uma série de "operações de fachada" que em muitos outros lugares continuava sendo-lhes solicitado e que consistia, quase sempre, em limitar-se a dar o seu aval a decisões que já haviam sido tomadas por outros.

15. Estamos fazendo referência, aqui, à realidade italiana geral e não tanto à situação concreta de Módena, que continuou mantendo durante este período o seu próprio projeto e um impulso estimulador da participação dos pais na gestão social.
16. Bottani, N. (1984): *Le politiche per l'infanza*. F. Angeli. Milano, p. 88 e ss.

— É importante lembrar que estamos fazendo referência a um momento histórico no qual eram muito fortes as pressões sociais e a reivindicação da gestão direta e participante de todo o público. Neste sentido, as recém-iniciadas escolas infantis representavam um terreno especialmente fértil. Foi o momento em que os cidadãos-pais puderam "apropriar-se" diretamente da escola e, particularmente, das escolas infantis que eram, e na nossa opinião continuam sendo, o único nível de ensino no qual as famílias podem ter e têm realmente um espaço próprio.

— Foi preciso, posteriormente, não nos limitarmos a testemunhar que uma determinada etapa histórica já havia sido superada, decretando assim a crise definitiva da gestão social e relegando uma prática social bem enraizada em muitos cidadãos a tornar-se um reflexo de uma época já passada e que deve ser considerada encerrada. Pelo contrário, é importante considerar tal experiência como um patrimônio inalienável e, conseqüentemente, não apenas reconfirmá-lo, mas inclusive aperfeiçoá-lo, adequando-o às exigências dos dias de hoje. Foi justamente este o empenho da administração municipal que, através da aprovação de um novo regulamento, pretendeu não apenas restabelecer mas, principalmente, dotar de um novo vigor a participação de pais e mães na gestão, aproveitando a oportunidade para racionalizar e reformar alguns aspectos sobre os quais era preciso atuar para adequá-los às exigências atuais.

Foi diante de tais considerações que o município de Módena pôs em prática uma reflexão que visa tanto a canalizar como a aperfeiçoar o próprio patrimônio de participação. Pretende-se, portanto, partir da consciência de que a coletividade (as famílias) deve estar cada vez em melhores condições para continuar — mantendo a continuidade das experiências passadas — reconhecendo, analisando e resolvendo (entendendo-se isso dentro dos limites de competências não-genéricas nem alimentadas apenas de atitudes de uma disponibilidade generosa espontânea) os problemas da infância que surgem nos processos de organização e gestão das escolas municipais.

A participação dos pais e das mães: as razões para um novo impulso

Não há dúvidas de que a renovação das modalidades de participação e de gestão social devem ser abordadas dentro dos limites de uma reflexão mais ampla, na qual se integrem tanto as políticas de infância como as diferentes modalidades de organizar e administrar as escolas infantis.

O objetivo dessa renovação é, principalmente, aperfeiçoar e reforçar a escola da infância a partir da sua capacidade para dar resposta ao amplo e complexo leque de necessidades da criança e de sua família. E fazer isso *partindo da convicção de que a família é um recurso educativo e a escola infantil tem o dever não só de reconhecê-la como tal mas, inclusive, de revalorizá-la e aperfeiçoá-la nessa função.* Daqui a necessidade de reconhecer um novo papel à família, uma família que não está disposta a delegar as suas responsabilidades educativas e que exige poder exercer o direito de uma participação autêntica na gestão da escola.

A consecução de uma relação "forte" entre escola e família que "devolva" à escola aos pais através de uma política de reconhecimento de formas de autonomia destes na gestão.

— A criação de uma situação intensa de intercâmbios comunicativos entre o lar e a escola, garantindo aos pais, entre outras coisas, o conhecimento permanente de tudo o que acontece na escola.
— A garantia de uma continuidade educativa entre família e instituição escolar como contexto vantajoso para o desenvolvimento da criança.
— A revalorização na escola dos recursos educativos que a família possui.
— Uma maior responsabilização das famílias em relação aos problemas educativos no contexto familiar e extrafamiliar.
— O aperfeiçoamento do nível de qualidade de vida da criança posto em prática de forma compartilhada.
— A contribuição para o estímulo e a difusão na cidade de uma cultura da infância.

Alguns "nós" problemáticos

Como já colocamos, com a finalidade de reforçar e aperfeiçoar a participação dos pais na gestão social das escolas infantis municipais, a prefeitura de Módena decidiu analisar, em diversos níveis, tanto os problemas e as dificuldades existentes da parte das famílias como os impedimentos e obstáculos colocados pela própria administração.

No que se refere às dificuldades dos pais e das mães, constatou-se a importância de prestar uma especial atenção aos seguintes aspectos:

— Conseguir que a participação da família seja significativa e seja percebida pelos pais como um fato importante. Não pode, certamente, ser vivida como um "dever" ou como um instrumento para ratificar opções já realizadas por outros, e sim como o envolvimento direto na construção do projeto educativo dos próprios filhos.

— Garantir os instrumentos necessários para a participação, através de uma boa "estrutura organizacional" e mediante a colocação à disposição de todos os recursos (informações, esclarecimentos, materiais, etc.) que sejam necessários para obter uma participação eficaz.

— Fazer que, inclusive desde o momento do planejamento (seleção dos temas a serem tratados, estabelecimento da ordem do dia, seleção dos momentos e das modalidades organizacionais das reuniões de forma que seja possível a cada um esclarecer as suas próprias dúvidas, que todo o mundo tenha a possibilidade de falar e evitar tanto a perda de tempo como a pressa excessiva), a participação seja tão eficiente quanto possível e os pais tenham, conseqüentemente, a possibilidade de "ter peso" e de sentirem-se competentes.

— Prestar atenção tanto ao número de participantes como à motivação para participar. Sabemos bem que a participação dos pais é mais elevada nos casos em que as reuniões são organizadas com pequenos grupos (encontros de aula ou, inclusive, em momentos de organizar grupos de trabalho). Sabemos também que a participação é forte quando o participante está convencido de que sua participação é solicitada para algo claro e que as tarefas que ele deve realizar são de utilidade e representam uma melhoria concreta para as crianças, para os pais ou para o serviço como um todo.

No que se refere aos aspectos organizacionais e estruturais da gestão social, foi prevista a constituição de diversos organismos com tarefas e funções diferentes. O esquema que mostramos (ver adiante) em continuação apresenta uma visão sintética da situação.

A cidade educadora

A idéia central sobre a qual a política da administração municipal de Módena baseia-se atualmente é a de implementação de uma autêntica *cidade educadora*.[17] A proposta parte do princípio de que as atuais cidades podem ser analisadas de muitos pontos de vista diferentes: a cidade do tráfego, a cidade do comércio, a cidade do trabalho e dos serviços. Por que, então, não

---

17. Esta linha de ação — incluindo os diversos aspectos colaterais que tal proposta acarreta tanto no campo das idéias como no dos orçamentos — recebeu um especial impulso principalmente do atual secretário de educação, Mario Benozzo.

Organismo	Membros	Funções-Tarefas
1. Assembléia	Todos os pais da escola.	Encontros de formação para os pais. Aprovar o Plano anual do Conselho de gestão. Encontro para o trabalho em grupo (teatro...).
2. Conselho de Gestão	Representante dos pais da escola.	Propõe iniciativas de incorporação dos pais. Organiza atividades para melhorar as instalações, os equipamentos, etc. Organiza atividades educativas extra-escolares e mantém contatos com a circunscrição.
3. Presidente do Conselho de Gestão	Escolhido pelo Conselho de Gestão. Existe um Presidente para cada escola infantil.	Preside e coordena o Conselho de Gestão. Promove iniciativas para a escola infantil que representa. Participa da coordenação dos Conselhos.
4. Coordenação dos Conselhos	Composto por todos os presidentes de Conselho de cada uma das escolas. Realiza reuniões periódicas.	Expressa seu parecer em relação a: Critérios de admissão à escola infantil. Definição da rede de centros e os critérios para a sua aplicação. Modificação da rede de escolas. Problemas inerentes ao refeitório escolar e a outros serviços.
5. Presidente da Coordenação de Conselhos	Escolhido dentro do do grupo de Presidentes de Conselho de cada uma das escolas.	Preside e coordena a Coordenação de Conselhos. Formula propostas e faz contatos com a administração municipal. Torna possível a adoção de uma linha unitária para todos os. Conselhos em relação a alguns aspectos significativos.

promover uma política que parta do ponto de vista da "cidade das crianças? No fundo, configurar uma cidade à medida das crianças, que dê resposta à diversidade de direitos que possuem — os espaços para o jogo, a socialização, a exploração e o descobrimento, etc. — não é nada além de projetar uma cidade que leve em consideração os mais fracos e que, em função disso, apresente-se como constituída à medida de todos.

O projeto de cidade educativa toma por base algumas idéias-chave.

A cidade dos desiguais

Uma primeira certeza, visível para todos, é que a cidade contemporânea é o reino da desigualdade.[18] O modelo existencial do homem urbano de hoje em dia se caracteriza pela confusão entre o ser e o ter, pela anulação da sua identidade cultural e social, pelo seu abrigo no mercado de consumo e na cultura da objetivização (a sociedade contemporânea — entregue como está ao hedonismo do consumo — transforma tudo e a todos em objetos, negando a possibilidade de serem sujeitos ativos). Neste sentido, as duas dimensões inalienáveis do próprio conceito de existir — o espaço e o tempo — representam o sinal visível das desigualdades.

Os **espaços** da cidade são os espaços da desigualdade: trânsito, estacionamentos, áreas comerciais, áreas industriais, áreas verdes aparecem num emaranhado no qual alguns espaços aparecem como claramente privilegiados às custas de outros. Assim, por exemplo, os espaços para os adultos comparados aos espaços para as crianças; os espaços para a indústria e o comércio em relação aos espaços para os momentos de lazer; os espaços para os automóveis diante dos espaços para as pessoas; os espaços para o comércio diante dos espaços para brincar, etc.

Também os tempos da cidade estão caracterizados pela desigualdade. A falsa liberdade dos tempos na época atual de consumo transforma, freqüentemente, a cidade em algo totalmente estranho (e, às vezes, proibido) para os seus habitantes. O tempo da cidade é, principalmente, um tempo de coação: cada um é prisioneiro de seu "próprio" tempo. Assim, os tempos masculinos diante dos femininos; os tempos de trabalho diante dos tempos de cuidar das crianças; os tempos de formação diante dos tempos de lazer e assim por diante. A vida na cidade — fortemente voltada para o aqui e o agora — perde a sua própria memória. Pensemos, por exemplo, na perda da idéia de futuro na geração jovem urbano e como se tornou estranho o contexto urbano para os idosos: em ambos os casos, por razões diversas, jovens e idosos perdem a memória da cidade porque tudo está orientado para o presente e o imediato, o que faz com que muitos não tenham uma visão prospectiva que lhes permita olhar para o futuro.

Se, por um lado, a cidade é, para alguns, um lugar de reconhecimento e de consolidação contínua de uma identidade fundamentada no bem-estar e

---

18. Frabboni, F.; Guerra, L. (1990): *La cittá educativa*. Capelli. Bolonia.

no êxito individual, para outros — e principalmente para as crianças — a cidade é um lugar de subsidiariedade e de exclusão.

O projeto *"A cidade das crianças"* quer ser, ao invés de a *cidade proibida*, a *cidade que aceita*. Desse modo, a administração municipal está trabalhando no planejamento de ações em aspectos diferentes, mas que convirjam todos eles nesse único e fundamental objetivo, dando continuidade a uma tradição já consolidada.

Poderíamos mencionar esquematicamente os seguintes âmbitos de ação:

— Projetos que se referem especificamente à revalorização e ao aperfeiçoamento dos serviços para a infância.
— Projetos que se orientam para a configuração da cidade como um todo, como uma grande aula didática e como um imenso laboratório de ensino.
— Projetos que orientam o planejamento dos espaços da cidade.

Projetos que buscam o aperfeiçoamento dos serviços para a infância

Neste item é possível citar principalmente:

— O reforço e o aperfeiçoamento dos serviços municipais para a infância (creches e escolas de infância), tanto no que se refere ao organizacional como no que afeta o pedagógico e metodológico-didático.
— A atenção à continuidade vertical colocada em prática através de projetos de conexão entre creches e escolas infantis e entre escolas infantis e do Ensino Fundamental.
— A constituição de projetos de continuidade horizontal entre as escolas infantis municipais e as estatais e particulares conveniadas.
— Iniciativas de aperfeiçoamento da gestão social e da relação entre a escola e as famílias (através da promoção de iniciativas diversas, orientadas para o favorecimento de uma relação mais íntima entre as escolas infantis e os cidadãos que as usam).
— A realização de planos de formação permanente dos professores(as) sobre diversos temas vinculados ao desenvolvimento infantil, às aprendizagens, ao profissionalismo do educador(a), etc.
— Projetos especiais, como por exemplo:
  • a abertura de um centro infantil permanente no hospital;[19]

---

19. Este serviço já está em funcionamento há vários anos (sendo considerado como um serviço de grande valor) e envolve as crianças doentes que ingressam na seção de Pediatria da Policlínica de Módena.

- a instituição de "centros de jogos" abertos às crianças[20], de idades compreendidas entre os 0-3 anos, e aos seus pais;
- a organização de "centros para as famílias" em alguns locais obtidos nos espaços das escolas infantis;
- jardins e parques abertos fora do horário de funcionamento das escolas infantis (os jardins são utilizados de forma autônoma pelos pais e avós).

Projetos que se referem à cidade como aula didática e laboratório educativo

Este item compreende diversos projetos de conexão entre escola e "extra-escola". Entre eles poderíamos destacar os seguintes:

— A existência em Módena, já há muitos anos, de um Centro de Documentação educativa.
— A existência específica de um centro de documentação educativa para a deficiência.
— A proposta de itinerários didáticos em colaboração com diversas instituições culturais da cidade (museu, teatro, pinacoteca, galeria de arte moderna, etc.).[21]
— Iniciativas diversas de atualização – formação para pais e cidadão em geral sobre temas relacionados com a infância e com a "tarefa de pais".

Projetos referentes ao planejamento dos espaços da cidade

Essa categoria de ações é a de operacionalização mais complexa, já que se refere ao planejamento (ou replanejamento) da cidade prestando atenção a alguns critérios pedagógicos. Os objetivos mais significativos são:

— A qualidade do planejamento urbano: a configuração da cidade não deve ser obtida mediante uma simples adição não-controlada de ações arquitetônicas, e sim através de um projeto que leve em consideração as pessoas que a habitam, a partir do mais fracos.

---

20. Obviamente, trata-se de crianças que não freqüentam as creches.
21. Para demonstrar a forte incidência e o grande interesse existente em relação a este serviço, basta dizer que durante o ano letivo de 93-94 foi possível contabilizar neste item mais de quarenta mil participantes — que cobrem todos os níveis escolares, desde a escola maternal até a escola secundária superior.

— A cultura e a memória da cidade: a identidade da cidade é determinada principalmente pelos lugares de participação e de recordações que a caracterizam.
— As "redes": a qualidade de vida da cidade caracteriza-se pela múltipla rede de serviços (inclusive aqueles dirigidos à infância).
— O ambiente: é preciso sair da lógica de que a vida na cidade é "impossível de ser vivida" e cheia de riscos, através da descontaminação e da promoção da saúde de todos a partir dos menores e dos idosos.
— As diferenças: também as cidades italianas — seguindo a trilha marcada por outras cidades européias e não européias — estão fadadas a transformarem-se em cidades cada vez mais *multiculturais*, ou seja, caracterizadas pela coexistência de diversas raças; é preciso, portanto, que sejam abertos e elaborados projetos para transformá-las em cidades cada vez mais *interculturais*.

A administração municipal de Módena estabeleceu neste últimos anos uma comissão dos espaços composta por diversos profissionais que atuam no município (arquitetos, engenheiros, responsáveis culturais, pedagogos e figuras da administração). O objetivo da comissão é chegar a formular, integrando os conhecimentos especializados dos diversos membros que a compõem, propostas e analisar projetos dirigidos ao planejamento (ou replanejamento) da cidade (mobiliários urbano, reorganização dos parques, reestruturação das áreas em desuso, recuperação de espaços no centro histórico, etc.) para garantir os direitos de acesso e de utilização da mesma pelas crianças.

CAPÍTULO 6

As Escolas Infantis Municipais de Módena II: As Práticas Educativas

Nives Garuti
Coordinadora Pedagógica
Ayuntamiento de Módena

EDUCAÇÃO GRÁFICO-PICTÓRICA

A atividade gráfico-pictórica na escola infantil é considerada uma linguagem, pois utiliza um código como recurso, ou seja, um conjunto de regras ligadas entre si até formar um sistema. Pensemos nos elementos da linguagem: forma, cor, movimento, equilíbrio, configuração, etc. Tais elementos formam uma combinação e, dessa maneira, determinam um potencial produtivo que não tem fim.

Os **conteúdos** podem ser extraídos da realidade externa, dos sentimentos e das emoções (realidade interna) ou da abstração. Existem também problemas de **materiais e instrumentos;** atualmente, muitos materiais podem ser utilizados com finalidades expressivas. Não apenas aqueles mais consagrados como o pincel, as tintas a óleo, as têmperas. Hoje se representa também com objetos e materiais descartáveis. Os materiais são utilizados e conhecidos pelas suas características, mas podem ser modificados com uma finalidade representativa, empregando para isso as fotocópias ou as episcópias.

A **oficina** está presente como espaço organizado para permitir às crianças que conheçam e explorem com o seu professor(a) e de maneira autônoma. Sempre é possível utilizar de uma forma pessoal os instrumentos e materiais, mas também existe um "comportamento" próprio e específico em relação a cada um dos materiais e instrumentos. Portanto, é muito útil discutir, explorar e experimentar. A atividade gráfico-pictórica fundamenta-se na pesquisa porque as cores, as formas, os espaços e os sentimentos adquirem nova vida quando representados mediante os diversos materiais e técnicas de representação.

Devemos conhecer os nossos limites e possibilidades na produção e os seus segredos. Este processo é posto em prática numa situação motivadora para a criança e, portanto, intimamente relacionada às suas experiências. A criança, em geral, sente-se em íntima relação com o mundo. A sua maneira de estar no mundo significa estar em uma situação físico-mental-emocional particular. A busca pessoal tem necessidade de muito conhecimento, de explorar diversos pontos de vista, de descobrir aspectos desconhecidos da realidade. Para dar vida a representações são necessários processos de utilização da experiência e, ao mesmo tempo, de distanciamento da mesma.

A arte obedece a leis internas caracterizadas por uma busca estilística particular. Nesse sentido, é importante a relação com as obras de arte porque representam um modelo elevado e oferecem propostas muito variadas. Não se trata de aproximar-se da arte para fazer uma interpretação emotiva, mas para captar as soluções estilísticas, as respostas dadas a problemas tais como a luz, o movimento, a perspectiva, etc.

Conhecemos as obras ampliando-as, separando os personagens do ambiente, colorindo-os de maneiras diferentes, etc.

No nosso caso colocamos as crianças, principalmente, em contato com a arte contemporânea porque a cultura das imagens já entrou na vida quotidiana e porque este tipo de arte utiliza materiais e técnicas muito próximas da criança (*frottage*, *collage* de diferentes materiais, escorridos, etc.).

Uma experiência com crianças de três anos

No âmbito da educação gráfico-pictórica (plástica e visual), costuma-se propor às crianças de três anos a representação de experiências motivadoras e capazes de envolvê-las globalmente: um campo em que possam correr e rolar, os fenômenos atmosféricos com tudo o que eles têm de mágico e emocionante, etc.

Contudo, dentro deste contexto é que se situa a busca das possíveis técnicas e dos materiais mais adaptados. A seleção do "meio" pertence ao professor(a). O que compete aos alunos(as) é experimentar cada vez técnicas, instrumentos e materiais diferentes. É verdade que o uso que uma criança faz de uma técnica determinada já é criativo e pessoal em si mesmo, mas tal procedimento não é capaz de estimular a atenção necessária na seleção da técnica mais idônea para uma representação determinada.

A criança ainda está na fase de exploração. Por esse motivo tentamos percorrer um caminho diferente partindo da expressividade do "meio" e dos muitos e diferentes significados que pode adquirir a partir das percepções pessoais e da busca de analogias. Faz parte desta opção assumida a convicção de que também uma criança de três anos tem condições de atribuir significados a sinais gráficos diversos fazendo referências às suas próprias vivências e à sua própria capacidade de captar aspectos essenciais dentro de um contexto mais amplo.

Técnicas propostas

O processo começou convidando as crianças a experimentar, sobre um papel grande que cobria uma boa parte do piso da sala, várias técnicas propostas que incluíam o uso de:

— escova;
— pau de arame;
— papel;
— bolas de espuma;
— novelos de lã;
— pedaços de corda;
— recipientes para limpar e mergulhar os instrumentos.

Trata-se, na realidade, de *materiais descartáveis* que são recuperados na medida em que podem ser arrastados, empurrados, jogados sobre o papel.

É óbvio que foram usadas técnicas próprias da pintura moderna e contemporânea, por exemplo, Pollock.* Faz-se também um uso polivalente de papel utilizado como sustentação: as crianças para pintá-lo sentem-se obrigadas a caminhar sobre o mesmo, a percorrê-lo em diferentes direções, a usar uma gesticulação acentuada, a sentir-se materialmente dentro e a mergulhar no próprio processo da pintura. Assim, dá-se muita relevância ao movimento.

Durante a atividade, as crianças começam a descobrir múltiplas complicações:

— a bola de espuma encharcada de tinta de cores, quando lançada com força no papel, deixa uma marca bem delimitada, mas quando está molhada demais respinga a cor à sua volta;

— a corda precisa estar constantemente molhada na tinta porque não sendo assim, não deixa rastro nenhum.

Descobre-se, assim, que este tipo de técnica só aparentemente não exige competências tampouco habilidade manual.

* N. de R.T. Técnica de pintura que leva o nome do artista plástico norte-americano que a criou. Dentro de um estilo abstracionista, trabalha com gestualidade e respingos de tinta.

As primeiras produções são simples, obtidas por acaso. É muito difícil repetir os resultados, recriar os efeitos desejados, se não for por meio de uma busca muito refinada que combina técnica e habilidade manual. Isso compete, nesta fase, ao professor(a), que deve cada vez fazer a experiência pessoalmente: densidade da cor, instrumentos a serem utilizados, gestos, etc.

As crianças descobrem casualmente nesta fase alguns comportamentos e consideramos suficiente que permaneçam com tais experiências.

Após o final do trabalho, ou seja, após ter deixado no papel diversas marcas que se cruzam, cortam, etc., sempre em branco e preto, pedimos que procurem fazer a sua interpretação da representação.

Primeiras interpretações

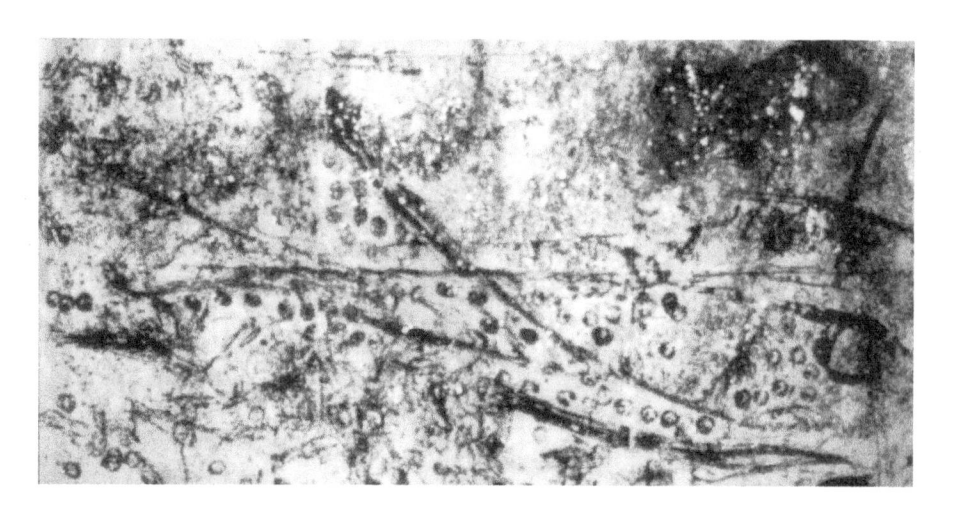

"A estrada"

Quase todas as crianças colaboraram na realização da representação.

Sentaram em círculo ao redor da folha de papel, com o que a pintura foi olhada de diferentes pontos de vista.

Consideramos importante pedir que se interprete o produto para sair da simples experimentação de técnicas ou efeitos e poder encontrar relações entre sinais e significados.

As crianças respondem à nossa solicitação pondo em prática diversos processos cognitivos:

— Há aquelas que concentram a sua atenção em algum aspecto particular, ficando o resto como fundo. É esse conteúdo particular que dá significado a toda a representação.
— Há as que assumem uma ótica global na qual os aspectos particulares perdem consistência.
— Há as que fazem referência a assuntos ou conteúdos tratados antes na aula e que os usam como chave interpretativa.
— Alguns interpretam baseados na cor.

Conversação

Valério: *Parece uma praça... muito grande, quadrada* (a folha de papel) *e dentro dele está o asfalto preto* (as marcas).

Lucas: *Não estão vendo aqueles risquinhos ali no meio. São folhinhas de grama.*

Hilária: *Isto é um sinal longo... é uma estrada.*

David (que ocupa uma posição diferente em relação ao papel): *Não, vai para cima... é uma árvore.*

Andrea: *Eu vejo rodas aqui, as bolas redondas são as rodas da moto.*

Marcos: *Acho que é uma estrada por onde passam os carros por cima e pelos lados. Aqueles círculos são as rodas e ao lado estão os respingos da chuva.*

A resposta de Marcos sintetiza as participações anteriores e as unifica em uma explicação com um sentido mais de articulação do que de integração. A partir desta explicação as crianças conseguem chegar a um acordo através das contribuições individuais.

Consideramos necessário criar uma forte conexão entre gesto, afeto, intenção e representação da realidade que é o que buscávamos desde o início. Em conseqüência, fazemos uma nova proposta pedindo-lhes que sugiram coisas que poderíamos acrescentar (formas, cores, sinais) para que a representação seja mais definitiva e menos ambígua (embora permanecendo como algo abstrato). As crianças aconselham a pintar mais rodas sobre a estrada, mais respingos de água e gotas de chuva prateada.

Da ação coletiva à individual

A capacidade de leitura e interpretação é muito diferente de uma criança para outra. Nem todas conseguem participar da mesma forma no trabalho coletivo. E, além disso, as técnicas propostas se misturam umas às outras e não são facilmente reconhecíveis no produto final.

Propomos a duplas de crianças que experimentem uma técnica de cada vez, que interpretem o produto e que acrescentem, posteriormente, os detalhes particulares que quiserem. Às vezes, o próprio professor(a) sugere as cores que poderiam ser utilizadas para obter resultados mais evocadores.

Realizou-se uma exposição em aula de quadros de pintores que poderiam ajudar as crianças na tarefa de unir sinal e significado, (por exemplo, *As papoulas*, de Monet) que lhes sugerirá um "Campo de papoulas".

Experimentamos depois o *escorrido*: consiste em jogar sobre o papel têmperas líquidas escolhendo as cores ao acaso e depois, levantando um dos lados do papel, deixar que as cores deslizem livremente. As crianças interpretaram o produto como se fosse um bosque ou os telhados de uma cidade. Acrescentam-se pequenos sinais que podem ser antenas ou galhos de árvores (fotografia abaixo).

"Tetos da cidade"

Escorrido com colher: As crianças espalham sobre o papel cores densas com a ajuda de uma colher. Aparecem estradas sólidas que são lidas como "fios elétricos para a luz". São acrescentados respingos prateados.

Lançamento lateral: As crianças, colocadas de um lado do papel, lançam copinhos com tintas coloridas líquidas contrastantes. Dizem que é um "carro de corrida" e acrescentam, por isso, o capacete do piloto.

Lançamento de cima: Joga-se a tinta com força de cima de uma cadeira. As crianças haviam optado pelo vermelho, depois a professora sugere continuar com o verde. Obtém-se o "campo de papoulas". Esta não é uma gesticulação fácil, pelo contrário, é preciso construí-la e repeti-la muitas vezes.

Respingos, primeiro derrama-se a tinta sobre o papel e depois as crianças a espalham com as mãos. A interpretação foi: "o mergulho da baleia", já que o fundo era azul e os respingos eram brancos.

Escrita, as crianças impregnam rapidamente o papel com duas cores, amarelo e vermelho e depois o cobrem com têmpera preta. O riscam com um garfo para fazer sair as cores que estão embaixo. Realizam o que interpretam como "ruas de luz na noite".

O arquivo das técnicas

Achamos importante isolar, posteriormente, as técnicas, para o que tornamos a usá-las apenas na cor preta para destacar os traços de semelhança e de diferença dos sinais. Procuramos recordar os gestos das crianças mas, na verdade, eles tendem a acrescentar novos usos dos instrumentos: a escova para fazer traçados verticalmente, o pau de arame é usado de forma circular, o rolo traça linhas longas.

Pretendemos formar um arquivo de técnicas que possamos consultar para escolher o "meio" idôneo para representar os diversos conteúdos que usaremos com o passar do tempo. Ver a fotografia abaixo.

"Movimento circular do pincel"

Da experiência à representação

Tentamos agora inverter o processo tomando um conteúdo e buscando a forma de representá-lo por meio de uma técnica adequada.

É carnaval. As crianças brincam com confetes e serpentinas que, quando se desenroscam criam um movimento que as fascina. Adquirem formas diversas, movimentos, vão mudando e no final é impossível fazê-los retornar à situação inicial. Continuamos fazendo coisas com eles e observando essas mudanças. Reconstruímos com materiais analógicos esses movimentos usando arame para desenroscá-lo e amontoá-lo entre todos.

Interessa-nos que cada um desenvolva o seu próprio ponto de vista e a sua própria maneira de olhar. São solicitados a desenhar uma serpentina: há aqueles que captam a sua forma redonda, outros destacam o seu movimento em espiral que enfatiza o seu comprimento e portanto a verticalidade que a fita alcança ao desenrolar-se. Depois propomos que façam pinturas individuais colocando em jogo as técnicas já usadas anteriormente. Os desenhos já feitos, a habilidade manual e os gestos já explorados os ajudam a escolher a técnica adequada.

A exposição de Scanavino

A exposição de Scanavino que estava acontecendo em Módena prestava-se a uma visita com a classe. A pintura deste artista é uma pintura fortemente simbólica, difícil de entender de imediato. Não usa uma grande gama de cores, dando preferência aos cinzas, azuis e pretos. As técnicas utilizadas por Scanavino são, em parte, as mesmas que já haviam sido experimentadas pelas crianças em aula.

A primeira coisa que as crianças destacam na exposição é justamente este aspecto técnico: reconhecem imediatamente a técnica do arranhado (*graffiata*), do riscado (*grattata*), o deslizamento (*collata*): é então um reencontro com a sua própria gesticulação e experiência. Tentam, inclusive, fazer uma interpretação dos conteúdos: buscam nos quadros analogias com situações ou temas tratados em aula (falava-se naquele momento da noite com os seus medos, emoções, sensações). As cores escuras com manchas vermelhas, usadas por Scanavino sobre fundos amplos, com efeitos espectrais foram facilmente associadas pelas crianças à noite, à escuridão e aos monstros e medos que a povoam.

Em outras ocasiões elas se concentram mais no conteúdo da pintura quando as formas são mais definidas ou as cores evocam paisagens ou situações reconhecíveis.

Outro âmbito de interpretação era sugerido pelos títulos dos quadros que os professores(as) líamos e explicávamos: por exemplo, "rapacidade".

A volta à escola

De volta à escola queríamos chegar a uma representação da noite, considerando tanto a vivência emocional das crianças, expressa por meio das suas conversas, como a referência cultural oferecida pela exposição de Scanavino e usando para isso o patrimônio técnico acumulado anteriormente (arquivo de técnicas). Distribuímos grandes folhas de papel para trabalhar individualmente.

Já são capazes de escolher os instrumentos e as técnicas sem perder, com isso, o seu modo original de trabalhar nem as suas preferências na hora de selecionar os meios de atuação. Espalham as cores, usam os rolos, os pingos e esguichos, sobrepõem umas cores a outras, etc. Representam assim a escuridão, mas dentro da escuridão estão nossos medos, nossos sonhos, os respingos de luz, os ruídos que ocorrem. Acrescentam, por isso, outras cores capazes de suscitar outras imagens misturadas à escuridão. As técnicas sugeridas e as selecionadas por eles permitem o resultado de imagens que se percebem como se estivessem surgindo da escuridão (fotografias a seguir).

Os títulos que as crianças dão às suas obras são extremamente significativos: "Pássaro na escuridão", "Olhos na escuridão", "A escuridão vem de cima".

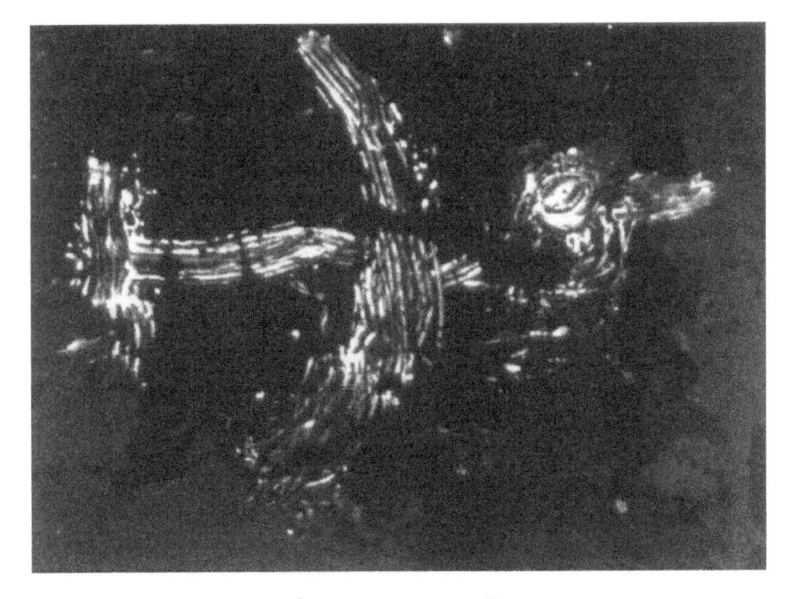

"Pássaro na escuridão"

"Olhos na escuridão"

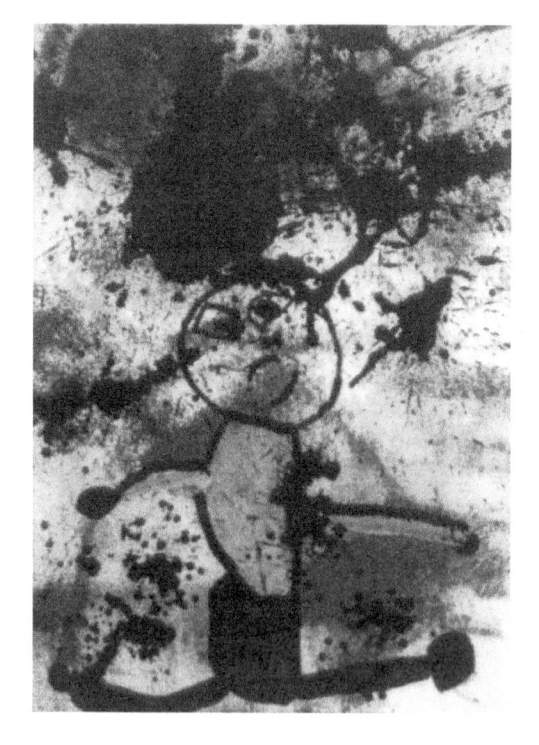

"A escuridão vem de cima"

O gosto por experimentar possibilidades e pela intencionalidade

O prazer da manipulação tende a superar o poder da intencionalidade da representação. É difícil dosar a cor, esperar que ela seque em função do resultado que se quer obter. O professor(a) desempenha um papel importante no que se refere à organização desta dimensão técnica.

A procura contínua com outros conteúdos até uma autonomia cada vez maior das crianças, tanto para saber usar as técnicas como para serem capazes de prever e antecipar os resultados. É muito importante escutar as crianças e observá-las para dar-se conta do seu grau de domínio consciente do processo. Quando passávamos a enfrentar novos conteúdos no contexto descrito, achamos oportuno registrar o monólogo de um menino de quatro anos enquanto pintava "O mar em uma névoa" utilizando todas as técnicas conhecidas e fazendo-o de forma autônoma sem nenhum tipo de ajuda do professor(a):

> ... *"eu quero começar com o rolo para fazer o círculo de uma onda gigante... e vou por aqui e depois para baixo e faço a volta e faço... outra onda que passa pelo meio. É uma onda bem como as que eu vi no mar. A onda pequena faço com a colher, quero a tinta que escorre, não me passem as que não deslizam bem... assim vou também por aqui até a metade do mar em cima e embaixo porque as ondas pequenas estão na beira e também no meio do mar. Vou fazer agora os riscados para fazer o redemoinho, primeiro faço tudo em azul com o rolo grande e depois quero o branco e o arame para riscar com o garfo".*

A EDUCAÇÃO CIENTÍFICA NA ESCOLA INFANTIL

O que significa "fazer ciência" na escola infantil?

Compreender como as crianças entendem, descobrir como elas olham e vêem o mundo é tão importante quanto a forma como os adultos olhamos e vemos o mundo. Nas crianças o olhar e o saber olhar está fortemente ligado à forma como elas aprendem a observar e a ver. São dois processos que se desenvolvem conjuntamente: quanto mais se observa, mais se aprende a observar e vice-versa.

Ninguém aprende a olhar ao seu redor do nada. É preciso intervir para colocá-lo em prática e para generalizar as formas de observar que as crianças já trazem consigo.

As formas convencionais de ver as coisas não bastam para a construção do conhecimento, por isso é preciso relacionar os diferentes aspectos da realidade às linguagens que nos permitem interpretá-los. Podemos dizer que:

— existem maneiras de ser próprias da realidade ambiental, natural e artificial (o fogo queima, a água escorre, etc.);

- existem formas específicas de pensar próprias da realidade cognitiva de cada indivíduo (observar, diferenciar, reconhecer, intuir, raciocinar, imaginar, etc.);
- existem maneiras determinadas para agir simultaneamente no mundo externo e no interno. As coisas são chamadas por um nome, são descritas com gestos, desenhos, representações, são organizadas mediante esquemas, tabelas, etc.;
- existem infinitas formas de comunicar-se com os outros.

Podemos dizer que existem quatro pólos: o pensamento, a realidade, a comunicação e a cultura que definem os ingredientes da dinâmica cognitiva.

É na relação que cada um estabelece, a cada momento, entre estes quatro elementos que reside a "individualidade" pessoal e cultural de cada um de nós, por meio da qual nos transformamos em protagonistas do nosso próprio conhecimento.

Na construção do conhecimento podemos identificar, entre outros, um processo de continuidade dinâmica que partindo dos níveis iniciais e mais indiferenciados leva-nos a alcançar os níveis mais especializados e sofisticados. Podemos identificar, também, um processo de multiplicidade dinâmica no qual coexistem diversos modos de olhar (estratégias) em relação a uma situação e em relação às mudanças que se produzem na mesma situação. Portanto, na análise de um processo de conhecimento gradual e progressivo não tentaremos identificar somente os níveis ou estágios, mas tudo aquilo que a situação tem de complexidade, não procuraremos apenas os indicadores de coerência e univocidade, mas também a parcialidade dos resultados, a incoerência, a redundância, as superposições.

Metodologia

O ponto de partida é o nível de conhecimento dos alunos(as) a partir do qual poderemos introduzir na ação escolar experiência para generalizar, para que os fatos se repitam mais vezes, para aprender a comunicar-se e refletir sobre os fatos. A experiência individual (atual, recordada, reproduzida, etc.) transforma-se em algo comum a todos e sobre isso faz-se a reflexão. Os conteúdos selecionados da realidade devem permitir o estímulo de atitudes cognitivas diversas. A discussão, a colocação em comum no círculo de pontos de vista diversos, o compartilhar dos significados, etc. leva a convergências sobre interpretações plausíveis.

O papel do adulto é o de atuar como guia durante o processo: não dá soluções, mas atua como intermediário entre os conhecimentos da criança, os fatos da realidade e as interpretações da cultura. É, portanto, um adulto capaz de ler os comportamentos e também as conversações e as opiniões das crianças e, a partir delas abrir novos itinerários exploratórios, novas atividades de aprendizagem.

Programação

Estamos diante de um tipo de programação que deve ser sempre relida conforme o nível do desenvolvimento individual e do conjunto e que se desenvolve seguindo tramas conceituais.

Trata-se de:

— Elaborar um amplo projeto que inclua também temas complexos, principalmente que se possa trabalhar em diversos níveis, com modalidades diferentes, entrelaçando os aspectos mais variados (formais, fantásticos, perceptivos, cognitivos, etc.)

— Preparar um espaço como sala de aula na escola que reúna materiais e instrumentos (pias, balanças, lentes, molas, etc.) que permitam às crianças fazer experiências com o professor(a) ou com os colegas e não para constatar fatos já comprovados (não-experimentos), mas para realizar uma pesquisa autêntica, uma exploração que siga estratégias pessoais. Este tipo de trabalho é produzido se existirem os materiais e as condições adequadas mas, principalmente, se existir um ambiente para isso, se o docente transmitir essa atitude, se ele mesmo experimentar, se souber administrar e organizar as provas e estimular a gênese e a comprovação das hipóteses.

— O espaço é definido como a história daquilo que se tem feito, como memória que sugere vínculos com o trabalho atual, que permita às crianças se reconhecerem, construir história em relação aos objetivos, fenômenos, transformações e com tudo isso ir sedimentando os seus conhecimentos. Algumas partes podem ser destinadas a um museu de elementos coletados, a coleções, à sistematização de materiais.

Uma experiência de educação ambiental

O meio ambiente constituiu sempre um tema importante para a escola infantil. Tem recebido diversas conotações com a passagem do tempo. Se lembrarmos mais ou menos há uns 10 anos, ele recebia uma conotação prioritariamente sociológica (visitas às lojas, aos lugares de trabalhos, a certos serviços); ou mantinha-se uma visão puramente estética da natureza; ou então era introduzido na escola em formatos reduzidos como as sementes, etc. Nestes anos, o ambiente tem sido entendido também como um espaço de vida relacional (a qualidade das relações nos diferentes ambientes).

Hoje vemos o ambiente como um sistema complexo, rico em uma enorme quantidade de causas inter-relacionadas que geram efeitos interligados e que vão se desenvolvendo com a passagem do tempo, É preciso, portanto, fazer uma leitura diferente e construir um conhecimento do mesmo no qual os indivíduos e o meio ambiente interagem.

Na escola é preciso ensinar as crianças a viver como membros de uma coletividade e, portanto, não apenas a desenvolver as potencialidades individuais, mas a construir também um sentido da responsabilidade social.

O mundo não é apenas o mundo dos outros, é também o mundo de cada um de nós. Se não respeitarmos o meio ambiente causamos tanto dano a nós mesmos como aos outros.

O que é a natureza?

A natureza real não equivale à idéia de uma natureza idealizada, pura, não contaminada, mas é algo que está misturado com o artificial. É preciso, então, ensinar as crianças a viverem em um ambiente no qual a natureza e a tecnologia estejam intimamente vinculadas, no qual o que é natural esteja entrelaçado com aquilo que é produto da ação humana. Conhecer o ambiente não é apenas conhecer a natureza, mas sim penetrar nos diferentes processos em que indivíduo e ambiente estão envolvidos.

O que pode ser feito na escola?

— Reconhecer os diversos aspectos do ambiente: as crianças conhecem as marcas de carros, mas não as características das plantas e dos animais.

— Pesquisar as regras de funcionamento das coisas para que se tenha a idéia de estar vivendo em um mundo regulado que se pode prever e também para poder conhecê-lo melhor e poder viver dentro dele em melhores condições.

— Descobrir-nos a nós mesmos: as nossas necessidades são tomadas como modelo para interpretar o mundo exterior. É importante conhecer outros seres vivos para construir modelos organizacionais e de funcionamento diferentes dos nossos. Sentindo calor ou frio, sentindo-nos bem ou mal aprendemos a dimensionar as características do mundo exterior a nossas capacidades.

Que situações?

A educação ambiental é importante porque os seres vivos têm a sua própria maneira de ser, o seu tempo, as suas regras que estão ligadas às suas necessidades e, portanto, não é possível convencê-los a fazer coisas que sejam contrárias à sua natureza.
Na realidade:

— comem o que gostam inclusive durante as férias;
— não se separam quando estão cansados;
— possuem ciclos de vida que são normalmente observáveis: nascimento, morte.

São procuradas relações de semelhança e diferença.
Estudando as mudanças, percorre-se um longo processo de aprendizagem em torno da causalidade, da construção da idéia de tempo, etc.
Entretanto, é fundamental entender as relações entre indivíduo e espécie na medida em que se pode generalizar os comportamentos de um indivíduo com o dos outros que se comportam como ele e também deduzir do comportamento de um grupo o de um de seus membros.
São postas em prática, então, estratégias de observação através das semelhanças e das diferenças. Trabalha-se também com classificações, agrupamentos por famílias. O tempo dos indivíduos, das espécies, das estações permite compreender a grande quantidade de interações mútuas existentes no ambiente: existem ritmos individuais, coletivos, fenômenos que se produzem simultaneamente e outros sucessivamente, etc.
É importante analisar esta complexidade a partir de muitos pontos de vista:

O ambiente não como algo que atua somente como "recipiente" estático	— rede de relações — diferenciado — dinâmico — transforma-se continuamente — ocorrem coisas porque alguém intervém
Não algo natural ou algo social	— natural e social — rede de fenômenos naturais, lingüísticos, culturais
Não é algo dado	— algo construído de maneira responsável

Experiência: "O Bosque"

Antecedentes

Na turma de quatro anos havíamos tido muitas conversas em grupo no jardim da escola, fazendo algumas perguntas às crianças do tipo: o que é um jardim? O que poderíamos encontrar ali (animais, plantas, flores)? Das respostas das crianças pudemos deduzir que não sabiam observar, que não conheciam o nome das árvores, que não notavam as enormes diferenças e variedades de ervas (para eles as ervas eram formadas por "fios que se movimentam com o vento").

Começamos, então, um trabalho de observação, de coleta, de secagem e de preparação de esquemas sobre tipos de ervas. Fomos para o jardim da escola para observar as árvores, preparamos pequenos cartazes com seus nomes colocando-os junto às diferentes espécies. Finalmente, já passamos a falar da acácia, do carvalho, do pinheiro, etc., e também dos troncos, dos galhos e das folhas. Havíamos reconstruído árvores em sala de aula, com material descartável e o fizemos para facilitar a realização de outras observações como, por exemplo, a espessura, a estrutura, a dureza dos materiais, o formato das folhas.

Visita ao bosque de Santa Julia — Turma de cinco anos[1]

Continuando com as observações e atividades do ano anterior organizamos uma excursão a um bosque situado nas encostas dos Apeninos, nas proximidades de Módena. Com o passeio pretendíamos atingir alguns objetivos determinados anteriormente:

— Observar e descrever os elementos de um ambiente complexo.
— Observar, buscar relações entre os elementos por meio das semelhanças, das diferenças e das mudanças.
— Identificar alguns aspectos por meio dos quais se constrói o conceito de ser vivo: nascimento, crescimento, transformação.

Preparação dos passeios

É nesta fase que surge a capacidade de planejamento do docente que precisa escolher o lugar mais adequado, conhecê-lo bem para poder decidir quais as observações que devem ter prioridade.

---

1. Esta atividade foi realizada no dia seguinte com as mesmas crianças que haviam participado da experiência relatada no item anterior, uma experiência de educação ambiental.

Depois deve-se buscar algumas sustentações didáticas: apresentamos às crianças algumas publicações sobre os animais pequenos das cercas vivas e dos valos (geralmente pouco conhecidos).

Procuramos os esquemas das árvores existentes nesse bosque: salgueiros, ciprestes, pinus, nogueiras, acácias. Depois preparamos um grande mural colorido com uma grande área marrom que indicava a área que se encontrava abaixo de terra, uma área verde que indicava o bosque e uma área azul que indicava o céu.

Preparamos também as mochilas para o passeio. Nela colocamos lupas, papel milimetrado ("mapa de engenheiro"), folhas e lápis para fazer as anotações, herbário, binóculos, saquinhos, pazinhas, etc.

O passeio

Após chegar ao bosque nos dividimos em vários grupos e começamos a exploração. Cada grupo recebeu o esquema de uma árvore com o compromisso de reconhecê-la na realidade. Com o papel milimetrado e um papel de cera fazia-se um desenho do tronco, recolhiam-se folhas e reproduzia-se rapidamente as diversas estruturas.

Também representamos e fotografamos as plantas, as flores, as ervas.

Tivemos a oportunidade de observar os pequenos animais (aranhas, gafanhotos, formigas, libélulas) notando o que faziam, o que comiam, onde se escondiam.

As crianças mostraram-se muito curiosas diante da terra que estava muito seca e apresentava rachaduras das quais saíam pequenos animais. Também colhemos uma amostra de terra sem pisar para poder observá-la e ver os animais que continha no seu interior.

Com a ajuda dos binóculos olhamos entre os galhos das árvores para poder descobrir os ninhos e o vôo dos pássaros.

Atividade na escola

Nos dias seguintes à saída deixamos à disposição das crianças o material recolhido, as fotografias, as representações, os registros de sons e ruídos do bosque.

Propusemos às crianças que representassem as árvores que havíamos visto lembrando a disposição dos galhos, as suas dimensões, a textura do tronco, etc. Após esta solicitação individual, eles, mantendo a subdivisão por grupos do passeio, desenharam uma grande árvore utilizando materiais descartáveis, pedaços de cortiça, diversos tipos de papel, etc.

Surgiu um problema em torno do qual discutiram, sobre como as árvores fazem para manter-se de pé. Depois, a discussão foi ampliada para o nascimento e o crescimento das árvores.

Entre as hipóteses mais prováveis para eles encontrava-se certamente a de que, como quase tudo o que os cerca, as árvores também são compradas ou então nascem de sua mãe ou de uma semente que contém uma árvore muito pequeninha. O papel do professor(a), durante as conversas, não é o de dar respostas, mas o de permitir o debate entre as opiniões, estimular a participação de todos, organizar a discussão e manifestar as diversas hipóteses que vão surgindo.

Observamos, descrevemos, representamos as folhas, as flores e os animais do bosque. O que mais encantou as crianças foi a terra, tanto pela grande quantidade de pequenos animais que continha como pela sua consistência, capaz de separar-se totalmente e tornar a ficar unida. Discutiam entre elas:

> Andrea: *A terra quando o sol está quente, vem o calor para a terra e a faz suar e a terra fica seca. Se pegamos um pouco da terra se esmigalha. Quando está molhada cola porque se transforma em barro. É a água que a deixa mole e maleável.*

> Julia: *Por isso tinha rachaduras na montanha! Talvez todo mundo pisa nela e ela vai se desmanchando. Senão seria uma rocha, mas é terra.*

> Catalina: *Quando eu ia para a praia eu fazia almôndegas de terra. Precisava de um pouco de água e de areia seca. Depois as colocava embaixo da cadeira fazendo de conta que era o forno.*

> Liljka: *Eu fazia bolas na praia. Pegava areia seca, colocava-as em cima da cadeira de praia, mas de noite se desmanchavam. Ninguém tocava nelas porque ninguém estava acordado e, de manhã, quando eu ia, encontrava todas desmanchadas.*

> Thomas: *Podia ser o vento!*

> Julia: *Um dia na praia, peguei areia molhada da beira, depois fiz um monte de bolas de areia e estavam todas juntas. Quando secaram apareceram rachaduras porque o sol as aquecia por dentro. Aquecia tudo e com o calor elas quebravam.*

Para estudar o pensamento das crianças, para que sejam elas mesmas as verdadeiras protagonistas da aprendizagem é indispensável registrar as conversas, relê-las, compreender seus diferentes pontos de vista e as estratégias que revelam.

Embora não tivéssemos previsão do interesse que a terra despertaria, achamos oportuno aprofundar-nos nisso e, portanto, modificar a programação abrindo um grande parêntese em torno do "comportamento" dos materiais. Esta experiência permitia-nos olhar as coisas por dentro, ou seja, um modo de observar pedaços muito pequeninhos e de analisá-los por inteiro.

"Vamos fazer almôndegas"

Esta é uma experiência, a de fazer bolinhas, que as crianças repetem com muita freqüência no jardim, na praia, etc., mas que nunca tem a oportunidade de analisar com a ajuda de uma pessoa adulta.

Na escola infantil não é preciso buscar experiências originais para refletir sobre elas, inclusive pode ser até melhor tentar ver com olhos diferentes aquelas que pertencem à vida quotidiana das crianças.

Propusemos a atividade de fazer almôndegas com farinha branca, amarela, açúcar e água. Durante a atividade surgiram diversos problemas. Por exemplo: este material é adequado para fazer bolas? O que mais é necessário? Para onde foi a água? As crianças se dão conta de que existe uma relação de quantidade entre os ingredientes, que é necessário fazer certos gestos precisos para obter uma forma redonda.

Reflexões das crianças

Elena: *Na farinha já não tem leite, o leite entrou na farinha, se enfiou pelas rachaduras da farinha, grudou. A farinha ficou pastosa. Olhem, fiz uma massa!*

Silvia: *Porque a farinha e o leite juntos grudam.*

Andrea: *O líquido sempre vai para dentro e molha tudo. Se dissolve e vai para dentro.*

Francisco: *Coloquei muito leite. Ficou muito duro, parece uma bola de tênis. Quebra logo, ai!... certamente tem que fazer uma massa mais mole.*

Esteban: *Ficou um bolo, as almôndegas não querem sair a esta hora...*

Francisco: *Certamente é preciso deixá-las secar...*

De cada grupo surgem hipóteses que são confrontadas e que permitem usar novos materiais e estratégias sobre algumas conclusões provisórias. Experiências posteriores abrirão novamente a discussão das hipóteses e possibilitarão avanços na pesquisa.

Uma representação coletiva

As crianças vão colocando, no grande cartaz preparado antes do passeio, as representações das árvores, dos animais, das plantas, etc. Imediatamente surgem problemas referentes a como colocá-los e como combinar uma coisas com as outras (quais as coisas que convivem com outras).

Notamos que é preciso fornecer mais informação às crianças sobre a vida dos animais e das plantas e, por isso, colocamos no canto de ciências alguns livros sobre o assunto.

As crianças olham os livros, lemos com elas e juntos selecionamos informações sobre os ritmos vitais, os espaços, as necessidades dos seres vivos. Constantemente vão sendo acrescentados elementos no mural: migalhas e sementes para as formigas, flores para as borboletas e abelhas, etc.

Como vocês imaginam um animal que vive embaixo da terra?

Além de observar e descrever as coisas da realidade, procuramos estimular a imaginação (não tanto a fantasia quanto a capacidade de elaboração dos dados). Das descrições e representações das crianças destacamos a sua capacidade de expor as observações realizadas, de captar as relações indivíduo-ambiente:

A centopéia
Catalina: *Tem tantos pés porque assim ela caminha melhor. Cava com os chifres que são duros, mas se cava muito forte quebram. Não tem orelhas porque ela não quer ouvir nada. Tem olhos porque do seu pedaço de terra quer ver os seus filhos por fora, o que fazem e tudo. Não entra terra nos olhos porque fica com a cabeça fora da terra. Mas à noite coloca a cabeça para dentro e fecha os olhos e se deita. Depois, de manhã ela se dobra para olhar para fora.*

A lagarta
Julia: *Carrega sempre uma bola, sempre muito grossa no corpo. Caminha só de manhã porque de noite só os morcegos e as corujas podem ver e de manhã estão cegos. É assim, meio marronzinho, se tem rachaduras pequenas na terra entra um pouco de luz e ele pode ver. Tem muitas patas porque nasceu assim, com poucas patas não teria equilíbrio.*

A toupeira
Esteban: *Tem o focinho pontudo para poder enfiá-lo na terra e cavar procurando a sua comida. Os seus olhos certamente são especiais. Acho que tem pêlos por todo o corpo, assim no inverno se protege do frio. As orelhas servem para saber por onde está andando, ouve os barulhos.*

Acrescentamos os animais que vivem sob a terra no grande mural. Assim torna-se mais evidente que no ambiente existem relações infinitas: este constrói o ninho perto das raízes deste outro, este come este outro, isto faz sombra para aquilo, etc.

Entre as muitas relações possíveis selecionamos a de comida.

Esquema de alimentação

Preparamos um esquema com setas. Escolhemos este sistema de representação porque as crianças já o tinham usado em outras oportunidades (itinerários, jogos de direção).

Este sistema é conveniente porque visualiza as relações melhor do que qualquer outro sistema de representação e é possível construí-lo passo a passo. No esquema as setas vermelhas indicavam "come" e as setas azuis indicavam "é comido". Seguindo estas convenções as crianças colaram a imagem de uma borboleta que comia flores, que por sua vez, comiam terra, etc. O esquema complica-se muito se se considerar que são tantas as coisas que ocorrem simultaneamente.

Esquemas individuais

Para comprovar se o esquema geral tinha sido bem entendido por todos, se todos estavam em condições de raciocinar sobre as relações, pedimos às crianças que pegassem individualmente imagens de animais, plantas e flores e as relacionassem usando o sistema de setas.

Alguns, inclusive tendo escolhido muitas imagens as relacionaram dois a dois (este come a carne deste), outros foram capazes de estabelecer relações múltiplas (o esquilo come as nozes que nascem na árvore, que come a terra e também os cogumelos).

Conversação coletiva

Discutimos se os animais, as flores, as plantas somente precisam comer para viver. As crianças identificaram muitas necessidades, entre elas a de descansar e a de respirar. Também discutimos sobre as necessidades do homem e, neste caso, surgiu o problema do crescimento e da transformação no tempo.

Retorno à experiência direta

Os pais e as mães colaboraram na aquisição de plantas que trouxemos para a sala de aula, para cuidá-las preparamos para cada uma delas um calendário de rega, de adubagem, de temperatura e de exposição à luz.

Na primavera, observamos alguns pequenos animais do jardim (formigas, minhocas).

Tais experiências permitem que verifiquemos a atitude das crianças, as suas estratégias cognitivas, a sua capacidade para analisar por meio do estabelecimento de semelhanças e diferenças, de situar as coisas no espaço e no tempo.

CAPÍTULO 7

Contextualização do Modelo Curricular *High/Scope* no Âmbito do "Projeto Infância"

JULIA OLIVEIRA-FORMOSINHO
CEFOPE — Universidad del Miño
Braga

INTRODUÇÃO

O "Projeto Infância: Contextualização de Modelos de Qualidade" é um Projeto de pesquisa e intervenção no âmbito da metodologia da Educação Infantil realizado por uma equipe, coordenada por Julia Formosinho, de docentes pesquisadores do Centro de Formação de Professores e Educadores de Escola Infantil da Universidade do Minho.

O projeto procura identificar modelos de qualidade para a Educação Infantil e adaptar esses modelos ao contexto português. O primeiro modelo a ser contextualizado foi o modelo *High/Scope*.

Este trabalho apresenta a primeira fase de contextualização desse modelo. Nela são refletidas várias das questões essenciais de qualquer processo de contextualização.

A contextualização passa por um debate sobre a relevância cultural das premissas teóricas que fazem parte do modelo e da rotina diária da sua implementação, para chegar a se concretizar como um processo de utilização do programa dentro da estrutura cultural da qual faz parte.

Assim, neste Projeto de contextualização foram apresentadas as seguintes questões: Qual é a relevância do modelo *High/Scope* para a realidade cultural e educativa portuguesa? Como uma equipe de formadores trabalhando conjuntamente com uma equipe de profissionais poderiam tornar seu o modelo? Qual seria o processo adequado para dar apoio à experimentação prática do modelo? Como reagem os pais e as mães das crianças que freqüentam as aulas nas quais está sendo realizada a experimentação?

Este trabalho inicia-se com uma descrição breve do "Projeto Infância" e em continuação apresenta-se o primeiro modelo curricular em processo de adaptação: o modelo *High/Scope*.

Para proceder a essa apresentação oferece-se como introdução uma história evolutiva do currículo *High/Scope* e uma breve informação sobre a sua fundamentação teórica. A seguir será feita uma análise de alguns dos seus aspectos-chave tais como: espaços, materiais, rotina diária, interação criança-adulto. Tudo isto será feito de acordo com uma das idéias básicas do modelo: a construção da autonomia pela criança, tanto no nível intelectual como moral.

Para concluir voltaremos ao "Projeto Infância" com algumas reflexões sobre o apoio que o Projeto dá às crianças nas classes em que é realizado, para a construção da interdependência e do sentimento de pertencer.

Isso permitirá que façamos uma referência à cultura portuguesa como fonte curricular nas classes de atividades e, ao mesmo tempo, fornecerá as bases para concluir abordando a questão da qualidade na Educação Infantil.

APRESENTAÇÃO DO "PROJETO INFÂNCIA" COMO ESTRUTURA DE CONTEXTUALIZAÇÃO DO MODELO CURRICULAR *HIGH/SCOPE*

Objetivo, vertentes e equipe*

Como dissemos, o "Projeto Infância" tem como objetivo principal a identificação e a contextualização de modelos de qualidade comprovada em Educação Infantil. O Projeto possui *três vertentes*: a pesquisa, a formação e a intervenção na área.

A *pesquisa* incide sobre a identificação dos modelos de qualidade e sobre a pesquisa de campo dos processos e dos resultados dos modelos que, uma vez contextualizados, são postos em prática nos centros educativos infantis integrados no Projeto.

---

* O Projeto é financiado pela Fundação Aga Khan e pela Fundação Calouste Gulbenkian.
O grupo universitário do Projeto é formado por docentes do Departamento de Ciências de Educação da Criança do Centro de Formação de Professores e Educadores de Infância, da Universidade do Minho (Braga): Julia Formosinho (coordenadora), Cristina Parente, Dalila Lino, Fátima Vieira, Helena Vasconcellos e Paula Cristina Martins.
O Projeto foi longamente discutido com pesquisadores portugueses: Joaquim Bairrão, Emília Nabuco, Isabel Cruz, Teresa Vasconcelos, Cristina Figueira e Sergio Niza. Tem também consultores internacionais com os que se dialogou intensamente: David Fontana, Bernard Spodek, Lilian Katz, Miguel Zabalza e Kathy Silva.

A ênfase na qualidade justifica-se porque está provado que somente os programas de qualidade têm efeito duradouro na vida das crianças. Existe consenso em identificar como um dos aspectos da qualidade a elevada formação das educadoras infantis. Por isso o projeto dá prioridade à *vertente de formação* sobre as de pesquisa e intervenção na área.

A formação dos educadores(as) infantis integrados neste projeto é realizado em três níveis: no âmbito da formação inicial (nível de bacharelado três anos após o ensino secundário), no âmbito da formação especializada (curso de estudos superiores especializados de dois anos após o bacharelado, conferindo-lhes um grau equivalente ao da licenciatura), e no âmbito da formação contínua. Neste nível (formação contínua) o Projeto está em andamento desde o ano letivo de 1991-1992.

A *intervenção na área* é feita através da implementação dos modelos contextualizados. O primeiro modelo contextualizado é o do modelo *High/Scope*. A sua aplicação é feita por educadores(as) em formação no curso de estudos superiores especializados. Participam também alunas em estágios supervisionados dos cursos de formação inicial.

> Neste nível o projeto teve início em 1992/93 em 20 classes de Educação Infantil do distrito de Braga, às quais freqüentam em torno de 400 crianças. No ano letivo de 1993/94 foram acrescentadas mais 10 classes. Faziam parte do Projeto no ano de 1992/93, 20 profissionais que realizavam um Curso de Estudos Superiores Especializados no CEFOPE, 15 alunas do curso de bacharelado e a equipe universitária com os seus conselheiros nacionais e internacionais. No ano letivo de 1993/94 ingressaram outras 20 educadoras, mais as suas crianças — em torno de 400.
>
> No momento em que redigimos este capítulo (março de 95) o Projeto incluía 35 educadoras infantis e 700-800 crianças. No ano letivo de 1994/95 já teve início a contextualização de um novo modelo, o Modelo da Escola Moderna, que abrange, atualmente, quase 100 crianças.

Pontos de partida do "Projeto Infância"

1. A premissa básica do Projeto é a do construtivismo: o ser humano (criança ou adulto) constrói o seu próprio conhecimento em interação com os objetos, as idéias e as pessoas.

2. Outra premissa nos diz que é a qualidade da interação a que determina a qualidade dessa construção do conhecimento.

3. Uma conseqüência dessas duas premissas é que os contextos da vida da criança e do adulto precisam ser adequados ao tipo de interação que propicia a construção do conhecimento.

   a) Usando como exemplo o Programa *High/Scope*, podemos verificar que a preocupação pela interação construtora de conhecimentos começa no nível de espaços e materiais, ou seja, no nível do mundo físico dos objetos. Mas estende-se à interação com o mundo das pessoas (crianças e adultos) com os quais cada criança compartilha esse mundo físico. E prolonga-se na interação com as idéias que são geradas nesse mundo compartilhado. Mas neste programa a preocupação pela interação construtora de conhecimentos prolonga-se até alcançar a organização de uma rotina diária: um mundo rico de atividades e de experiências, livres ou organizadas, mas sempre em uma seqüência previsível, que permite à criança experimentar a realidade a partir de vários pontos de vista.

b) Esta conseqüência prática está presente também na atenção que o Projeto Infância dá à criação do espaço exterior (recreio), e à interação no seio da família e da comunidade.

4. A criança aprende tomando a iniciativa. O adulto deve, portanto, aprender a construir um ambiente em que ele possa tomar iniciativas. A criança deve aprender interagindo. O adulto aprende a ajudar a criança a desenvolver essa interação. A criança é ativa, o adulto também deve sê-lo.

5. O "encontro" adulto-criança e criança-criança são espaços comunicativos nos quais os conhecimentos são construídos, os afetos são desenvolvidos, nos quais a criança cresce e apropria-se da cultura que a cerca e o educador(a) recria-se profissionalmente.

O CURRÍCULO *HIGH/SCOPE* PARA A EDUCAÇÃO INFANTIL

História e evolução

A pergunta sobre o que deve ser a Educação Infantil não pode ser objeto de uma única resposta, completa e definitiva. As finalidades que lhe são atribuídas dependerão daquilo que se pensa sobre o mundo, o ser humano, a vida, a natureza, a criança, a aprendizagem e o seu desenvolvimento, mas depende também do momento histórico e do contexto social e cultural no qual se propõe a pergunta.

Assim, apresentar o currículo *High/Scope* para a Educação Infantil requer que seja feita uma análise tanto em termos do que se pode chamar uma teoria da educação (Kohlberg e Mayer, 1987) — que inclui o seu ponto de vista sobre o ser humano, a vida e a aprendizagem — como em termos evolutivos. Sendo este currículo hoje, uma perspectiva muito conhecida da Educação Infantil, foi recebendo no seu transcurso histórico muitas contribuições. Desde o *Perry School Project* até os nossos dias foi surgindo essa perspectiva por meio de um diálogo muito intenso entre os seus criadores e os práticos da área, entre todos estes e os pesquisadores, entre todos eles e os teóricos que faziam novas contribuições para a sua reformulação. Este currículo representa uma construção progressiva de conhecimento sobre a Educação Infantil que foi se constituindo através da ação e da reflexão sobre a ação em vários níveis: o da criança, o do educador(a), o do pesquisador e o da interação de todos eles na construção da ação educativa.

O currículo *High/Scope* situa-se dentro de uma perspectiva da Educação Infantil baseada na psicologia do desenvolvimento. Foi iniciado na década de 1960 por David Weikart, Presidente da Foundation of Educational Research High/Scope, com sede em Ypsilanti, Michigan. David Weikart havia trabalhado como psicólogo no distrito escolar de Ypsilanti, no final da década de 50, atendendo a crianças com necessidades educativas especiais. Esta experiência profissional motivou-o a desenvolver um programa de Educação Infantil que preparasse essas crianças para ingressar na escola. Nasceu assim, em 1962, o *Ypsilanti Perry Pre-School Project* que representa a primeira pedra do que é hoje o currículo *High/Scope*, mas que, como é natural, estava ainda muito longe da estrutura que apresenta atualmente.

Primeira Fase: Educação Compensatória

O Projeto Perry orientava-se por considerações de ordem muito geral que, pelo menos, indicavam o que os autores queriam que não fosse, ou seja:

a) Não queriam que fosse apenas um código de "boas maneiras ou bons costumes".
b) Não queriam que fosse apenas um apoio para o desenvolvimento sócio-emocional da criança (forma convencional, na época, de conceber a Educação Infantil).

Historicamente, o nascimento do "Projeto Perry" situa-se no contexto do Movimento de Educação Compensatória dos anos 60 e no âmbito das preocupações com a igualdade de oportunidades educativas. Esta preocupação, amplamente documentada na literatura sobre educação (Formosinho, 1992) chama a atenção sobre a necessidade de criar situações que promovam essa igualdade e, através dela, a igualdade de oportunidades econômicas e sociais. Situa-se, então, ainda em uma rejeição emergente da posição daqueles que consideravam o desenvolvimento intelectual como a mera aprendizagem de capacidades específicas por meio da repetição e da memorização.[1] Na realidade, David Weikart e seus colaboradores desejavam, em parte pelas próprias características da população infantil específica pela qual se interessavam — crianças com dificuldades de aprendizagem — que o

---

1. Isto pode ser incluído dentro do modelo debatido e no auge na época, sobre os paradigmas da análise psicológica e suas implicações pedagógicas.

programa trabalhasse sobre o desenvolvimento intelectual da criança. Mas, no entanto, queriam fazê-lo no âmbito da psicologia educacional predominante nesse momento nos E.U.A. — o behaviorismo.

As pressuposições básicas do Projeto Perry são as seguintes:

a) A aprendizagem ocorre por meio da ação da criança e não pela repetição ou memorização.
b) O currículo é dirigido aos processos subjacentes do pensamento.

Em síntese, como resposta ao grupo de crianças ao qual inicialmente se dirigia — as crianças com dificuldades — o programa baseou-se na questão do desenvolvimento intelectual. Fazia-o dentro da estrutura de uma tradição psicológica que logo surgiria com grande força nos E.U.A. — a tradição da crença de que a atividade infantil constitui o eixo central para a ação educativa. O surgimento dessa doutrina ocorreu através da divulgação crescente de Piaget, embora já houvesse precedentes nos E.U.A. Nesta tradição de crença na criança como ser competente para a atividade educativa é preciso fazer uma referência a John Dewey.

Segunda Fase: Tarefas piagetianas/Tarefas de aceleração

No início da década de 60, surgem nos E.U.A. diversas apresentações da obra de Piaget entre as quais, como destaca a fundação *High /Scope*, encontra-se a obra de David Hunt. As contribuições de Piaget, combinadas com a contribuição de Smilansky, no que se refere ao desenvolvimento de rotinas diárias e do ciclo planejamento-ação-revisão (*plan-do-review*), constituem as fontes principais para o que podemos chamar de segunda fase do programa cuja descrição pode ser encontrada em Weikart *et al.* (1971). No entanto, o peso da tradição sobre a qual os professores(as) haviam construídos os seus conhecimentos é sentido, naturalmente, coexistindo com a aceitação dos objetivos humanistas da psicologia do desenvolvimento.[2] Assim, nesta fase, o currículo, chamado "currículo de orientação cognitivista", baseia-se:

a) Na definição do desenvolvimento psicológico como a finalidade da educação.
b) Na definição do papel dos professores(as) como promotor do desenvolvimento psicológico infantil.

2. Neste nível, sendo básica a figura de Piaget, a fundação High/Scope reconhece sempre outras contribuições valiosas e destaca alguns nomes como o próprio Hunt, um dos divulgadores de Piaget, Kohlberg, Flavell, Elkind.

c) Na criação e na utilização de tarefas que promovam as estruturas próprias de cada estágio e que permitam que a criança avance para o estágio seguinte.
d) Na criação de uma rotina diária estável com um ciclo central de planejamento-ação-revisão (*plan-do-review*).

De certa forma, nesta segunda fase, a inspiração de Piaget foi tomada de forma um pouco rígida, e o programa foi organizado em torno da preparação de tarefas que permitissem "acelerar" o desenvolvimento das crianças. No entanto, a constante abertura à prática que caracteriza este programa desde o seu início até os dias de hoje e as valiosas contribuições de Sara Smilansky na estruturação da rotina diária (tudo isso no contexto de um debate crescente sobre as repercussões para a educação, da teoria de Piaget) permitiram aos autores do programa tanto ouvir críticas como fazer a sua própria autocrítica. Surge, assim, a terceira fase do Programa *High/Scope*: a fase das "experiências-chave".

Terceira Fase: Experiências-chave — da aceleração à construção

Foi no início da década de 70 que o desenvolvimento do que hoje chamamos comumente de "currículo *High/Scope*" entrou na sua terceira fase. A melhor descrição dessa fase encontra-se no livro de Hohmann, Banet e Weikart (1979), sobre "a criança em ação".[3] As características diferenciadoras dessa terceira fase são:

a) A organização da experiência educativa em torno de "experiências-chave".
b) A reconceituação do papel das pessoas adultas.

Logicamente, a experiência de prática educativa adquirida pela equipe *High/Scope* durante estes anos de trabalho, constantemente refletida, exerceu influência decisiva para que o programa destacasse uma nova maneira de enfrentar o papel do adulto e de apoiar a atividade educacional da criança.

Na fase anterior, os professores(as) apresentavam tarefas e faziam perguntas para trabalhar o estágio de desenvolvimento no qual se encontrava a criança. Isso significa que, muitas vezes, eles já sabiam a resposta. Agora, nesta terceira fase, considera-se que o papel do adulto é gerar oportunidades e propostas de atividade para que a criança realize experiências de aprendi-

---

3. Existe uma tradução deste livro para o espanhol: *Niños pequeños en acción*. Edit. Trillas, México.

zagem. O adulto faz essas propostas, criando-as dentro de um ambiente educativo estimulante em cuja preparação trabalhou previamente.

De certa forma, essa evolução da prática corresponde a uma evolução da leitura de Piaget como fonte de inspiração educativa: de um ensino direto para facilitar (às vezes acelerar) as estruturas de desenvolvimento, em que o adulto tinha, necessariamente, um papel central (sabia o que queria acelerar e definia meios educativos para fazê-lo com estratégias muito diretivas) passa-se agora a colocar a criança em contato com uma realidade educativa estimulante na qual se acredita que ela, por iniciativa própria, irá construir o conhecimento, ficando, portanto, para o adulto um papel menos orientador e mais de apoio e sustentação.

O currículo assim concebido passou a ser utilizado de forma flexível com diferentes populações infantis: mais favorecidas e menos favorecidas, em programas bilíngües, em programas para crianças com necessidades educativas especiais, etc. Nos primeiros anos da década de 80, o currículo foi ampliado para as três primeiras séries do Ensino Fundamental e está, atualmente, sendo ampliado para as escolas infantis.

O conjunto das novas aquisições que provocaram o desenvolvimento do currículo até esta fase são, portanto:

1) O desenvolvimento intelectual infantil como base.
2) A opção pela aprendizagem ativa.
3) O desenvolvimento dos processo subjacentes ao pensamento como finalidade da educação.
4) O desenvolvimento de uma rotina diária, com um ciclo de planejamento-ação-revisão (plan-do-review).
5) A criação das experiências-chave.
6) A concepção do papel do adulto como menos dirigente e mais gerador de autonomia na ação da criança.

Quarta Fase: A criança — motor da aprendizagem através do diálogo

Provavelmente poderíamos dizer que a conceituação do currículo High/Scope está na sua quarta fase. Na realidade, quando se faz contato com membros da equipe High/Scope, torna-se evidente a sua constante reflexão a partir da prática. Tal prática reduzia, simultaneamente, o papel dirigente do adulto e passava a concebê-lo de outras formas que permitissem à criança maior ação, maior iniciativa e maior possibilidade de tomar decisões.

Não queremos dizer com isso que atividade o educador(a) seja minimizada. O educador(a) também é ativo, também tem iniciativas, também toma decisões. Contudo, a sua atividade nunca pode ser intrusiva em relação à atividade infantil. Não pode dirigi-la ou paralisá-la. A atividade dos professores(as) é anterior à atividade dos alunos(as), preparando o espaço, os materiais, as experiências para que as crianças possam, então, desenvolver uma atividade auto-iniciada. Após ter começado a atividade da criança, o papel do adulto é, na maioria das vezes, observar e apoiar e, posteriormente, analisar a observação e tomar decisões no que se refere às propostas educativas.

Na realidade, nesta quarta fase foram refinados os instrumentos que permitem tal atitude analítica do adulto em relação à prática: o P.I.P. (perfil de implementação do programa) e o C.O.R. (registro de observação da criança).

A análise dos instrumentos de trabalho que permitem ao educador(a) *observar* as crianças e tomar decisões sobre o planejamento da atividade pedagógica no nível da prática mostra claramente que o centro de ação educativa é a criança, e não os estágios "teóricos" de Piaget. Na verdade, a observação da criança individual e o conhecimento de todo o grupo são, juntamente com o conhecimento básico do currículo no qual Piaget está presente, a primeira fonte para o planejamento da equipe docente e para a construção da prática em sala de aula. Aprender a observar as crianças exige a elaboração de instrumentos adequados para fazê-lo de uma maneira sistemática. Através da observação sabe-se muito sobre cada criança: o que ela faz sozinha, o que faz quando é apoiada, o que desperta o seu interesse, chama a sua atenção, o que gostaria de fazer, aquilo de que gosta e de que não gosta. Em resumo, o que pensa, o que sente, o que espera, o que sabe ou pode chegar a saber. Não há ação educativa que possa ser mais adequada do que aquela que tenha na observação da criança a base para o seu planejamento. É isso o que permite ao adulto programar e atuar tomando como base a tensão criativa entre uma perspectiva curricular teoricamente sustentada e um conhecimento real dos interesses, das necessidades, das competências e das possibilidades das crianças.

A segunda fonte curricular são as *experiências-chave* (de inspiração piagetiana) que são, antes de mais nada, propostas de atividades educativas feitas às crianças e realizadas por elas de maneira autônoma.

Podemos dizer, então, que as crianças se tornaram, definitivamente, o motor básico do programa e que se esclareceu qual era o papel da pessoa adulta e o da teoria no currículo.

De alguma maneira, isso permite dizer que se criou ou que se refinou um modelo de formação dos professores(as) que permite que o projeto curricular seja coerentemente trabalhado na prática.

A ampliação dos âmbitos das experiências-chave a que se passou nesta quarta fase, assim como o modelo de formação docente que foi sendo criado, mostra o que acabamos de afirmar.[4]

---

4. A revisão do livro *Niños pequeños en acción*, anunciada para muito em breve e que a Fundação Calouste Gulbenkian irá traduzir, evidenciará tais pontos de vista.

Fundamentação teórica do currículo

Explorar a fundamentação teórica do currículo *High/Scope* leva-nos a verificar como a teoria se transforma no quadro de referência para a pedagogia que, por sua vez, concretiza-se em práticas educativas. Tal fundamentação teórica leva-nos necessariamente a Piaget e ao paradigma baseado na psicologia do desenvolvimento.

O paradigma do desenvolvimento

Os teóricos cognitivo-desenvolvimentistas, de Piaget a Kohlberg (tal como os piagetianos Flavell, Elkind, Hunt e Furth), que descrevem o desenvolvimento humano em termos de estágios seqüenciais de pensamento, são a base reconhecida do programa. Com todas as suas diferenças, esses teóricos têm um núcleo central que é comum a todos e que forma a estrutura básica do paradigma do desenvolvimento: *o desenvolvimento é seqüencial e organiza-se em estágios com as seguintes características:*

a) Cada estágio apresenta uma estrutura qualitativa própria.
b) Essas estruturas qualitativamente diferentes fazem uma seqüência invariável (fixa) de desenvolvimento.
c) Essa seqüência invariável de desenvolvimento é universal.

Os estágios de desenvolvimento representam estruturas conceituais e estratégias de solução de problemas que determinam uma *organização estrutural básica* com a qual as pessoas traduzem a realidade externa.

O desenvolvimento através dessa seqüência não é automático nem unilateral, mas é feito na interação com o ambiente.

Piaget é o pai de grande parte das elaborações conceituais sobre o desenvolvimento humano que acabam de ser mencionadas e que é importante integrar no conjunto da sua perspectiva epistemológica. Na realidade, a descrição psicológica apresenta o desenvolvimento do pensamento da criança ao longo da infância. Estabelece-se uma explicação de como a criança pensa em cada um dos momentos do seu desenvolvimento. Sendo fundamental para quem educa, essa informação não é suficiente para servir de base a todas as decisões educativas. Na realidade, dentro da obra de Piaget encontramos outra contribuição que alguns, como Kamii, pensam ser tanto ou mais decisiva para o ato educativo que a contribuição anterior: a sua *análise epistemológica*. Piaget distancia-se tanto dos empiristas, que acreditam que o conhecimento vem do exterior através da informação sensorial originada nos sentidos, como dos racionalistas, que defendem que a razão é a forma de obter o conhecimento. Piaget opõe-se ao empirismo dizendo que a experiência sensorial por si só não é suficiente para elaborar o conhecimento e se opõe aos racionalistas dizendo que, se essa forma do conhecimento fosse correta, representaria uma capacidade inata que se manifestaria com o tempo. Para Piaget, o conhecimento é construído pelo sujeito em interação com o mundo físico e social sendo, portanto, indissociáveis a experiência social e o raciocínio. Assim, para ele, o sujeito constrói a inteligência e o conhecimento através de um processo sucessivo de interações, no qual as invariantes funcionais do desenvolvimento — os mecanismos de assimilação e acomodação — têm um papel vital.

Dentro dessa perspectiva piagetiana, Kohlberg e Mayer desenvolveram a idéia do *development as the aim of education*, ou seja, o desenvolvimento como finalidade da educação. Para que isso ocorra é preciso colocar a criança no centro do processo educativo, ou seja, partir do seu estágio atual de desenvolvimento e apoiar o seu percurso para o estágio seguinte. A criança não é uma mera receptora de informação, não é uma máquina fotográfica que imprime em um filme interior as estruturas do ambiente; é, antes de mais nada, o construtor de sua inteligência e de seu conhecimento. É preciso, então, criar para ela espaços de atividade auto-iniciada e apoiada, é preciso criar para ela oportunidades de ter experiências com a realidade e, assim, começar a pensar, construindo o conhecimento da realidade e a realidade do conhecimento. As ocasiões de enfrentar-se com os outros, com seus pares — escutando a sua perspectiva sobre a situação, sobre o problema, sobre o acontecimento, tendo tempo para discutir, debater, defender pontos de vista — constituem um processo rico, intelectual e socialmente, que permite esclarecer o próprio pensamento ao ver e escutar o pensamento dos outros e perceber a sua posição em comparação com a própria.

Devemos explicar, mesmo que seja brevemente, a evolução da presença de Piaget na prática educativa.

Três formas de utilizar a teoria de Piaget na educação: da utilização literal à utilização livre

Para Piaget, se o adulto estiver realmente empenhado na independência e na autonomia infantil, precisa reduzir o seu exercício de poder encontrando um tipo de interação que o leve a esperar e a observar a criança, a escutá-la e a dar-lhe espaço na tomada de decisões e na sua execução e avaliação.

Sendo verdade que o currículo *High/Scope* incorpora tudo isso ao seu pensamento educativo, é verdade também que não o faz para comprometer-se no projeto de um programa piagetiano com características restritivas.

De fato, segundo Kohlberg, existem três formas de utilizar a teoria de Piaget na educação: a global, a literal e a livre.

1. Em uma *primeira* forma, certos aspectos muito gerais da teoria apresentavam-se vagamente relacionados com os objetivos e/ou práticas educativas. Um bom exemplo é a afirmação de que a prática educativa exige que os alunos(as) estejam ativos. Esse tipo de aplicação global acarreta como principal problema não especificar a natureza da experiência (é tão geral que justifica qualquer situação). DeVries e Kohlberg afirmam: "Neste caso, a teoria traduz-se em outra teoria, não na prática educativa". Poderíamos dizer que nos encontramos diante dos teóricos da prática, que não é a mesma coisa que estar diante de uma epistemologia da prática ou de uma teoria da prática.

2. Em uma *aplicação literal* procede-se a uma transferência direta, mecânica, automática (sem mediadores) da teoria à situação educativa. Um bom exemplo dessa aplicação é aquela da qual acusam a si próprios os autores do Currículo de Orientação Cognitivista (C.O.C.) no que se refere à segunda fase, quando dizem deles mesmos que, conhecendo os estágios descritivos do desenvolvimento cognitivo infantil, faziam um ensino de tarefas piagetianas supostamente relacionadas com os estágios para fazer a criança progredir para o estágio seguinte. Procedia-se, portanto, a um *ensino direto para o estágio*, para acelerar a passagem de um estágio a outro. Nesta lógica surgirão materiais para trabalhar tais tarefas e para acelerar a progressão na seqüência evolutiva. Ensinar estruturas piagetianas básicas é ainda um ensino direto e, como tal, não é o que o Projeto pretendia: como acontece tantas vezes, também neste caso a ação definiu a intenção.

3. Uma terceira utilização é a *utilização livre*, na qual se tenta criar uma estrutura curricular e uma prática que incorpore o espírito da teoria. Portanto, não se determinam tarefas, técnicas ou situações de aplicação universal. Deseja-se que os práticos conheçam bem a teoria para que possam construir, de forma autônoma, a prática e refletir sobre ela. Essa forma de utilização da teoria de Piaget está presente na terceira etapa do processo de desenvolvimento do currículo *High/Scope*. Tal forma de encarar a relação teoria–prática e, especificamente, a relação "teoria psicológica–prática educacional" representa uma evolução derivada de muitos debates intelectuais, normalmente em relação à conceituação do que é a psicologia pedagógica, e reflete também uma contribuição das teorias de formação dos professores(as).

De fato, o que se deseja é que a teoria inspire as práticas e não que as dite. Deseja-se uma prática sustentada na teoria e não uma prática derivada diretamente da teoria.

A autonomia da criança como preocupação central

A preocupação com a autonomia da criança é básica na obra de Piaget e confere unidade ao seu trabalho. No seu trabalho sobre o julgamento moral infantil, apresenta a evolução da heteronomia à autonomia e chama a atenção para o papel da pessoa adulta como fonte de heteronomia e, também, para a necessidade da presença de colegas para promover relações simétricas de cooperação que conduzam à autonomia. Em seus trabalhos sobre desenvolvimento cognitivo, chama a atenção sobre a idiossincrasia do pensamento infantil e sobre a necessidade de não analisá-lo sob os parâmetros do pensamento de adulto.

A estrutura curricular *High/Scope* é toda montada para realizar essa grande finalidade piagetiana: a construção da autonomia intelectual da criança. Isto é assim tanto para a sua filosofia educativa como para a sua concepção do espaço e dos materiais, para a definição das tarefas diárias e experiências-chave, para a sua concepção do papel do adulto e, finalmente, para o estabelecimento do seu triângulo operacional: operação, planejamento, avaliação.

A Fundação *High/Scope* faz uma aplicação livre de Piaget. Na construção progressiva do currículo de Educação Infantil não se optou por uma vaga inspiração desenvolvimentista, mas criou-se uma perspectiva pedagógica. Isso significa que os pontos de partida teóricos percorrem toda a estrutura curricular, o que lhe proporciona uma lógica e uma organização que permitem a análise e a reflexão e possibilitam a evolução das práticas educativas.

A procura da autonomia na estrutura curricular

A estrutura curricular High/Scope. Análise dos diversos componentes

A análise dos diversos componentes da estrutura curricular *High/Scope* — a sua fundamentação, a organização do ambiente físico, a rotina diária, a concepção do papel do adulto, os instrumentos de observação — revela as intenções educativas básicas que dominam a sua criação.

A análise de cada um desses aspectos vai mostrar que toda esta estrutura foi pensada para realizar a grande finalidade piagetiana de buscar a autonomia intelectual da criança.

Uma primeira estratégia para fazê-lo é proceder a uma breve análise do P.I.P. (Perfil de Implementação do Programa) que, como instrumento de avaliação do grau de consecução do Projeto nas salas de aula, está naturalmente projetado para observar e avaliar aquele que é o núcleo central teórico e que serve de fundamentação para o Projeto.

O PIP[5] é organizado nas quatro grandes seções que mencionamos a seguir:

1) Ambiente físico.
2) Rotina diária.
3) Interação adulto-criança.
4) Interação adulto-adulto.

Em conjunto, tais seções chegam a 30 itens. Os itens do 1 ao 10 fazem referência ao ambiente físico, do 11 ao 16 à rotina diária, do 17 ao 24 referem-se à interação adulto-criança e, finalmente, do 25 ao 30, à interação adulto-adulto.

Ambiente físico

Começando pelo princípio, na Seção I sobre *ambiente físico*, podemos verificar que o que se procura através de vários meios é criar um espaço nítido ("divisão clara do espaço"), condição fundamental para que a criança não se "perca" e possa, assim, ser independente das pessoas adultas; outra constatação é que se oferecem materiais que são reunidos de modo perceptível e acessível, de forma tal que a criança possa usá-los de maneira independente; postula-se uma rotulação clara dos materiais para facilitar a independência (neste caso, no momento de recolher os materiais). A independência em relação ao adulto é, principalmente para a criança pequena, um caminho em direção à autonomia. Entretanto, a autonomia, segundo Piaget, também é conquistada através da união com os iguais, com quem as relações de poder são diferentes daquelas que a criança desenvolve com o adulto. Por isso, (item 2) pretende-se criar um espaço que permita o trabalho conjunto das crianças em todas as áreas.

Da mesma forma, oferecem-se materiais variados que permitam a ação independente e estimulante com o mundo físico, o que facilita a construção do próprio conhecimento pelas crianças (segundo Piaget); também são oferecidos materiais que promovam a consciência da diferença e, neste sentido, a consciência da diferença é a consciência do outro e a consciência de si mesmo.

Passa-se, assim, ao segundo componente curricular — a *rotina diária* — fazendo uma análise semelhante àquela que foi feita para o *ambiente físico*. A consistência requerida na rotina (item 11), que é claramente estabelecida pelo adulto, está orientada para reforçar a *segurança* e a *independência* infantil. A

---

5. A sigla PIP será, de agora em diante, usada para referir-se ao Perfil de Implementação do Projeto.

criança internaliza a seqüência da rotina e, assim, pode organizar o seu tempo e as suas atividades de forma mais independente. Lembra-se também que se precisa de tempo suficiente para cada segmento da rotina de tal forma que isso permita às crianças acabar *independentemente* os seus planos de trabalho. O fato de que o educador(a) as faça lembrar que o tempo está chegando ao fim é uma chamada à auto-organização.

A rotina comporta o trabalho individual, a tomada de decisões individuais, a possibilidade de chegar a realizações individuais mesmo que, logicamente, sejam apoiadas. Inclui também atividades em pequenos grupos e em grande grupo visando a potencializar a interação e a cooperação que permitam processos auto-reguladores da existência de um eu autônomo e da aceitação do outro.

O espaço no currículo High/Scope: *organização do espaço e dos materiais de trabalho*

Nas aulas de orientação construtivista existem áreas diferenciadas para permitir a realização de diferentes atividades. Existe a área da casa, a área da expressão plástica, a área das construções, a área das comunicações, entre outras. Tal organização da sala de aula em áreas, além de ser uma necessidade indispensável para a vida em grupo, contém mensagens pedagógicas quotidianas.

Assim, tome-se como exemplo uma aula organizada com os seguintes espaços: a área da casa, a área da expressão plástica, a área das construções, a área do consultório médico, a área da escrita. Essa sala permite que a criança tenha uma vivência plural da realidade e a construção da experiência dessa pluralidade. Concretizando, a criança que se aproxima da área da casa sente-se imersa na vida familiar, através da perspectiva de mãe de família, irmã ou dona. E essa é uma imersão no quotidiano através da experimentação de um papel social. É uma imersão na célula social básica — a família — nos seus papéis e nas suas relações interpessoais específicas. A outra criança que vai para o canto das construções fica imersa na realidade através de papéis: de carpinteiro ou de construtor civil. Está imersa no mundo das profissões e, portanto, também tem a experiência dos papéis sociais e relações interpessoais específicas de outro âmbito. Quem leva a filha ao médico está imerso não apenas no mundo de outras profissões, mas também no mundo dos serviços sociais de apoio aos indivíduos e famílias. Quem vai para o canto da escrita entra em uma instituição social importantíssima — a escola — e antecipa experiências que podem fasciná-la ou apavorá-la.

Assim, papéis sociais, relações interpessoais, estilos de interação — que constituem o tecido social básico — são vivenciados e experimentados desde a perspectiva que cada área permite e também pelas saídas de uma área e entradas em outra, conforme é requerido pelo jogo educativo (por exemplo, sair da área da casa em direção à área do consultório médico).

Mas a sala de aula não tem um modelo único, assim como não tem uma organização totalmente estabelecida desde o início até o final do ano letivo. É o desenvolvimento do jogo educativo quotidiano que vai requerer a sua organização e reorganização. Assim, depois de uma visita ao correio surge, na sala de aula, uma nova área que permitirá falar sobre a experiência da visita, sobre as necessidades que representa a montagem da área, sobre como isso deverá ser feito, sobre a seqüência a ser seguida, permitindo, finalmente, aproveitar a obra realizada (que não é o menos importante) e a sua avaliação.

A imersão de que se fala é, entretanto, uma imersão que permite tomar uma certa distância da realidade. A criança não está no correio da cidade. Está na sua sala de aula onde aquele área, a área das comunicações, surgiu depois de uma visita ao correio. Todo esse jogo permite que ela fique imersa em uma experiência e mantenha, ao mesmo tempo, uma certa distância da mesma. Viver a situação e falar sobre ela. Comunicar-se com outras crianças e adultos. Viver as experiências e pensar sobre elas com o apoio que a interação com outros (iguais e adultos) nessa mesma vivência permite (porque permite a comunicação paralela à vivência, anterior à vivência, posterior à vivência).

Assim, a cultura do ambiente da criança — onde a família é uma realidade, a escola uma instituição, os construtores uma profissão — entra na aula e leva a criança para fora da mesma. Esses ângulos de perspectiva enriquecem a experiência que já tem na vida real (por exemplo, ir ao correio). Esta experiência proporciona-lhe novos conteúdos para novas iniciativas na sala de aula. A realidade da escola infantil está influenciada e influi, por sua vez, na realidade circundante. A Educação Infantil apóia a criança ao entrar no mundo — no seu mundo —, permite que ela o experimente e o comunique. Facilita-lhe a realização das suas primeiras análises, coloca-a em ângulos diferentes através de muitos jogos e de jogos diferentes. Permite-lhe a ampliação do seu mundo de experiência significativas.

A organização do espaço em áreas com os seus respectivos materiais (que as crianças compraram, trouxeram de casa, fizeram ou encontraram na sala de aula) que estão visíveis e são acessíveis, que estão rotulados (também para facilitar a autonomia no momento da organização e arrumação da sala) é uma forma muito poderosa de transmitir mensagens implícitas. Com tal organização, fala-se menos de ordem e propicia-se um funcionamento quotidiano organizado. Quando é preciso ter uma conversa sobre o recolhimento (limpeza, organização dos materiais usados), ela é feita com a criança ou com o grupo em um ambiente organizado que é propício para a sua compreensão, em um ambiente do qual se depreendem mensagens que estão em consonância com o discurso que a criança escuta, com o diálogo ao qual ela é convidada.

Além disso, a organização do espaço e dos materiais facilita a proposta de atividades pelo educador(a) e, principalmente, promove a escolha da criança. Por exemplo, no momento do planejamento, permite que tome a iniciativa a qualquer momento, seja para a realização do seu plano, seja para a resolução de um problema, seja para colaborar com outros em um pequeno projeto.

Sintetizando, a organização do espaço em áreas, a colocação dos materiais nas áreas onde são utilizados, obedecendo a certos critérios, é a primeira forma de intervenção do educador(a) no que se refere ao currículo *High/Scope* e, em geral, aos currículos que se situam em uma perspectiva interacionista construtivista. Assim, permite-se à criança experimentar o mundo a partir de diversos ângulos, permite ao educador(a) manter uma consonância clara entre as mensagens verbais e as não-verbais, uma coerência entre o currículo explícito e o implícito, uma facilitação de suas propostas. Na realidade, para Piaget, o amadurecimento, a experiência com os objetos, a transmissão social e o equilíbrio são fatores que explicam o desenvolvimento da inteligência.

O tempo no currículo High/Scope: *a organização do dia de trabalho e a rotina diária*

O currículo *High/Scope* não confia em atividades pré-estruturadas como processo de aprendizagem para a criança pequena. Mas tampouco usa como apoio a condução espontaneísta da atividade educativa. Assim, não acredita nem na direcionalidade das aprendizagens pré-estruturadas nem em situações desestruturadas nas quais são apenas os acessos momentâneos de energia infantil que sugerem ao educador(a), a cada momento, a atividade que deve realizar. A pesquisa fundamenta tais convicções. Este Projeto propõe um tipo de estruturação para a qual o adulto e a criança contribuem, embora de maneira diferente.

Em uma situação pré-estruturada, a contribuição do adulto é a mais influente. Em uma situação *laissez-faire*, a contribuição mais decisiva são os acessos de energia da criança. Em um contexto educativo *High/Scope*, a estruturação nasce das contribuições decisivas de uns e de outros. A localização dessas contribuições é, no entanto, diferente daquela que se produz nas situações com as quais se costuma comparar. Uma das áreas de atividade do educador(a) é, como já vimos, a preparação cuidadosa de *todo o contexto*. O contexto de aprendizagem tem uma dimensão espacial. Na realidade, já refletimos antes sobre a organização do espaço e dos materiais que o espaço acolhe e sobre o papel ativo e decisivo que tem aqui o educador(a), pois precisa conhecer as necessidades de desenvolvimento infantil em geral e as necessidades e interesses de seu grupo específico; precisa, portanto, ter conhecimento e interesse pela cultura do ambiente, conhecer bem o jogo das crianças e, naturalmente, precisa ter um projeto educativo. O educador(a) *High/Scope*, portanto, não prepara o contexto de qualquer maneira e sim para dar resposta a um projeto que leve em consideração o desenvolvimento e os interesses da criança. Isto quer dizer que o espaço e os materiais, a organização do ambiente educativo, já são considerados um espaço de intervenção curricular. Isso é muito interessante, pois exige uma reflexão sobre o papel do "espaço" na ação educativa e uma ação em torno do mesmo. De fato, em outros níveis de ensino, o espaço é, infelizmente, um aspecto muito pouco apreciado, como dimensão curricular, tanto no nível micro das salas de aula como no nível macro da escola como organização.

Se a dimensão espacial do contexto exige a atividade do educador(a), isto não é menos verdadeiro no que se refere à dimensão temporal. A atividade do educador(a) destina-se, antes de mais nada, a proporcionar atividade à criança. Se é verdade que a sua ação educativa é muito importante na preparação do espaço e dos materiais que se oferecem à experimentação, é verdade também que o espaço é condição necessária, mas não suficiente, para que a criança realize uma aprendizagem ativa. É necessário, também, que o educador(a) encontre uma forma de organizar o tempo de tal forma que permita a experimentação diversificada com os objetos, as situações e os acontecimentos. É preciso que esse tempo permita os tipos de interação diferenciada (criança-criança, criança-adulto, pequeno grupo, grande grupo ou solitário). Assim, é requerida a atividade do educador(a) na criação de uma rotina diária.

Criar uma rotina diária é basicamente isto: fazer com que o tempo seja um tempo de experiências ricas e interações positivas. O desenvolvimento é lento, requer tempo, mas o tempo por si mesmo, pelo simples fato de passar no relógio, não produz desenvolvimento. A aprendizagem e o desenvolvimento são construídos, ou não, na riqueza da experiência que o tempo possibilita, ou não. Assim, uma área de atividade do educador(a) é a de organizar o tempo diário de modo que a criança passe por diversas situações: 1) de jogo com outras crianças (em pequeno e em grande grupo), somente com seus colegas, com os colegas e com os adultos, ela sozinha na realização do projeto individual; 2) em ambientes diferenciados que oferecem possibilidades diferentes (a aula de atividades, o recreio, os passeios fora da escola, a comunidade).

Mas tal gestão do tempo, até agora pensada somente pelo adulto, precisa ir sendo, gradativamente, co-realizada pelas crianças. A pessoa adulta não pode fazer o que ela quiser de acordo com a sua vontade. Ela precisa usar o tempo de cada dia para prestar serviços educativos aos alunos(as). Ao pensar nesses serviços, na atenção pedagógica que deve proporcionar, usa princípios de ação que não variam de um dia para o outro, em virtude de um estado de espírito, mas que se apóiam em princípios científicos. Estabelece-se, assim, um fluxo do tempo diário que, embora seja flexível conforme as necessidades, é estável, o que permite que a criança se aproprie dele: ao conhecer a seqüência dos acontecimentos pode organizar as suas rotinas diárias, cada vez com maior independência e autonomia. Não precisa esperar ansioso pela incerteza, nem preocupar-se se poderá fazer isto ou aquilo... Sabe que poderá fazê-lo, se não neste momento, em outro. Produz-se um conhecimento do antes, do depois, do agora. Vai conquistando uma maneira própria de viver cada um desses tempos que se transformam em pontos de referência que lhe permitem variar as suas atividades e desenvolver uma ampla gama de experiências.

O final do tempo dedicado a cada rotina vai sendo marcado com meios conhecidos para a criança, o que produz segurança, porque ela pode prever o que vai acontecer.

A previsibilidade da seqüência dos tempos da rotina contribui para a segurança e para a independência da criança. A diferença entre as atividades que cada tempo proporciona contribui para a variedade de atividades e de experiências. A segurança e a independência pessoais, conjuntamente com as possibilidades educativas diferenciadas de cada tempo, permitem escolhas, decisões, ações, assim como permitem diferentes tipos de interação e sustentam a comunicação.

Do ponto de vista dos professores(as), tudo isso permite um ambiente organizado, onde é possível observar as crianças em ação, prestar-lhes apoio e possibilitar a extensão de sua ação; podem, também, colher material na observação que vão realizando para um futuro planejamento e até para trabalharem melhor com outros adultos, com a equipe educacional.

A rotina diária permite dar mais oportunidades a todas e a cada uma das crianças. Sem rotinas o educador(a) tende a basear-se somente em algumas. A rotina diária e o ambiente educativo assim criados são um organizador duplo da ação do educador(a) *High/Scope*, porque exigem dele uma iniciativa docente pró-ativa e porque criam condições estruturais para que a criança seja independente, ativa, autônoma, facilitando, assim, a utilização cooperativa do poder pelo educador(a).[6]

A interação adulto-criança no currículo High/Scope

A análise da interação adulto-criança no currículo *High/Scope* pode ser feita de várias maneiras, sendo uma delas a da exploração das fontes primárias do modelo. Tal análise remete, basicamente, a Piaget. Cabe, portanto, explicar a posição de Piaget a esse respeito.

6. A descrição detalhada da rotina diária e das experiências-chave que possibilita será apresentada em um capítulo posterior por Dalila Lino.

O que mais interessou Piaget foi a questão das estruturas cognitivas do indivíduo como sistemas sucessivos, integrados e universais. A progressão das estruturas cognitivas do sujeito permite-lhe gerar progressos no seu conhecimento dos objetos. Assim, o estágio de desenvolvimento da criança determina a sua possibilidade de construção do conhecimento da realidade tanto física como lógico-matemática ou social.

Em seus estudos de epistemologia genética, Piaget pesquisou a natureza do processo de construção do conhecimento e colocou-se em uma posição interacionista, a qual fica distante tanto do inatismo como do ambientalismo. Defende o processo colaborativo entre as estruturas do sujeito e as estruturas do ambiente. No entanto, sendo a interação um pressuposto central de sua teoria, a verdade é que o desenvolvimento da sua teoria baseia-se no estudo da criança individual ativamente envolvida em um processo de criar significados para o mundo. Segundo Bruner (1985), no modelo piagetiano a criança luta sozinha para alcançar algum equilíbrio entre assimilar o mundo a si própria ou assimilar-se ao mundo.

Nesse contexto, o papel do adulto é, basicamente, criar situações que desafiem o pensamento atual da criança e, assim, provoquem o desequilíbrio cognitivo. Com essa colaboração do adulto, a criança renova por si mesma o seu compromisso ativo e individual com a situação ou com o problema. É esse compromisso ativo e individual da criança que, apesar da contribuição necessária do adulto, constitui o verdadeiro motor da construção do conhecimento.

Pode-se verificar facilmente que o currículo *High/Scope* é pensado para que a criança possa, no ambiente educativo criado para tanto, fazer muitas operações de transformação dos objetos de conhecimento.

Contudo, a filosofia educativa que se desenvolve no Projeto Infância leva-nos a voltar a atenção também para o papel dos contextos organizativos, comunitários, sociais. Leva-nos a pensar que, na construção do conhecimento, o movimento entre o sujeito e os contextos é um movimento de vaivém.

No Projeto Infância trabalhamos o dia-a-dia da aprendizagem da criança e do grupo, o que pode ser considerado na linguagem de Vygotsky o nível microgenético de desenvolvimento. Ou seja, um dia-a-dia da aprendizagem da criança, considerado no seu contexto organizacional particular, que é a escola infantil, e inserido em um determinado contexto comunitário. No entanto, sabemos que esse dia-a-dia tem relação com o dia-a-dia anterior e com o dia-a-dia futuro — na linguagem de Vygotsky, com o "desenvolvimento ontológico" que se refere ao comportamento e pensamento considerado ao longo da história individual. Sabemos, também, que se o nível microgenético de desenvolvimento individual tem relação com o antes e com o depois do desenvolvimento individual (porque é considerado a partir de uma perspectiva evolutiva sobre todo o ciclo da vida), tem relação também com a história de vida da espécie no seu legado ao indivíduo, através de seus genes, e tem ainda maior relação com o desenvolvimento sociocultural, ou seja, com a história evolutiva da cultura que representa um legado para o indivíduo através dos sistemas socioculturalmente construídos, tais como o sistema numérico, o sistema lingüístico e o sistema de valores.

A exemplificação que fazemos da continuação deste vaivém entre os alunos(as) e os contextos situa-se dentro dos limites do surgimento social da moralidade. Analisaremos a construção gradativa de um sistema de princípios, valores e normas que permitem que a criança aja e se veja agindo, aja e reflita sobre a sua ação.

A autonomia moral

Estudos do impacto do currículo High/Scope

A recente revisão da literatura de Kathy Silva (1993) evidencia os efeitos (ganhos) educacionais e sociais dos formados em Educação Infantil *High/Scope*.

Na realidade, já que não temos a possibilidade, devido aos limites de tempo, de fazer a apresentação dos estudos longitudinais que procuram compreender o impacto educacional e social dos programas de Educação Infantil, fazemos referência somente, e muito sinteticamente, ao fato de que a literatura mais recente apresenta os programas de qualidade como formas mais eficazes de prevenção da delinqüência juvenil do que os programas projetados especificamente para isso (Zigler, 1991). Kathy Silva (1993) apresenta uma meta-análise dos estudos longitudinais, a qual permite claramente que ela conclua que os "formados" nos programas de Educação Infantil *High/Scope*:

  a) *Alcançaram melhores resultados escolares:*
   — tiveram menor necessidade de freqüentar programas de educação compensatória;
   — revelaram maior competência no ensino fundamental;
   — alcançaram índices mais baixos de suspensão na sua escolaridade;
   — uma maior porcentagem concluiu o Ensino Médio.

  b) *Evidenciaram características importantes para o sucesso no trabalho e nas relações pessoais e sociais:*
   — maior persistência e independência no desempenho de tarefas;
   — maior capacidade de vencer obstáculos e resolver problemas;
   — maior demonstração de autoconfiança;
   — maior facilidade para iniciar contatos com outras crianças ou com os professores(as).

c) *Alcançaram maior sucesso na sua vida pessoal e profissional:*
   — maiores aspirações no emprego como jovens adultos;
   — melhores remunerações mensais;
   — maior facilidade na aquisição da casa própria.

d) *Demonstraram ser cidadãos mais úteis à sociedade, pois evidenciaram:*
   — menor necessidade de recorrer aos serviços de assistência social;
   — menor porcentagem de reclusão em prisões.

Os ganhos no nível de inserção social destes "formados" podem, a primeira vista, surpreender. De fato, o programa *High/Scope* declara-se de orientação cognitivista e nas suas primeiras fases não atribui, que se saiba, uma intencionalidade explícita no desenvolvimento sociomoral à intenção educativa. Na realidade, somente na sua última fase de desenvolvimento foi apresentada uma lista de experiências-chave nesse domínio. Além disso, o próprio David Weikart defendeu no Congresso de Educação Infantil e Básica (Braga, 1990) que essa dimensão era um subproduto do currículo. Isso quer dizer que, na sua opinião, não precisava ser uma intenção educacional explícita. Tal posicionamento foi defendido por Weikart também posteriormente.[7]

Pode, portanto, parecer surpreendente o fato de que o impacto do programa apareça predominantemente em uma área à qual ele não se dirige explicitamente. Contudo, uma análise mais detalhada pode possibilitar a superação dessa surpresa inicial.

Portanto, se a autonomia moral for entendida em uma perspectiva sociocognitiva pode, eventualmente, verificar-se que as crianças da escola infantil *High/Scope* encontram na estrutura curricular contribuições diferenciadas para o seu desenvolvimento sociomoral.

Em segundo lugar, considerando que as conexões entre os contextos de vida da criança sejam favoráveis para o desenvolvimento da sua personalidade, este programa procura incluir tais conexões na rotina diária.

A seguir, faremos uma análise do primeiro ponto. Para isso, faremos uma breve definição do desenvolvimento sociomoral, situando-o na estrutura teórica subjacente a este trabalho; passamos depois a analisar um dos componentes do processo de desenvolvimento sociomoral e procuramos verificar a presença desses componentes na estrutura curricular do *High/Scope*.

---

7. Reunião de trabalho em Braga (1991), no âmbito do Projeto Infância, que é apresentado hoje aqui.

Importância da estrutura curricular High/Scope no desenvolvimento moral e o clima moral da classe

Uma das primeiras perguntas que surgem quando pensamos nas contribuições potenciais de uma estrutura curricular para o desenvolvimento sociomoral infantil é saber o que se entende por desenvolvimento moral das crianças pequenas. O desenvolvimento moral situa-se em relação às questões sobre o bem e o mal, o verdadeiro e o falso (Kohlberg, 1992). Isso ocorre também com as crianças pequenas, para as quais existem questões morais do âmbito do que é ou não é justo e questões morais do âmbito das tarefas comuns a realizar, mas com conteúdos diferentes dos conteúdos a partir dos quais os adultos formulam tais questões.

A questão do tamanho da fatia de pão ou sanduíche que corresponde a cada um, o acesso a um jogo novo e interessante, ou o acesso ao colo da educadora expressam questões de justiça disbributiva paralelas às questões enfrentadas pelo adulto, só que em relação a outros conteúdos e com diferentes níveis de formalização. Também com relação à participação nas diferentes rotinas de manutenção, de limpeza e de organização na sala de aula, a criança coloca questões de participação que, em seu nível, provocam preocupações relacionadas com os direitos cívicos. Seria absurdo pensar que as questões da criança são menos importantes que as questões dos adultos. Na realidade:

1) Existe um forte paralelismo nessas questões.
2) A variação na elaboração de tais questões está relacionada às estruturas de atribuição de significado da parte das crianças.
3) A variação dos conteúdos está relacionada com as diferentes experiências de vida (a da criança, a do adulto).
4) A integração e complexidade gradativa dessas questões e a sua formalização são feitas ao longo do percurso educacional das crianças nos seus diferentes contextos de vida e dentro da cultura do seu ambiente.

A pesquisa recente em diversos domínios do desenvolvimento infantil começa a destacar o ponto de vista da necessidade das aprendizagens: da leitura e escrita, da matemática e, agora, da moralidade. Esse ponto de vista é também consoante com a tradição já estabelecida pela psicologia genética, que acentua a origem precoce e progressiva do desenvolvimento infantil, assim como a sua construção progressiva de conhecimentos. Tal tradição pode referir-se a diversas fontes, sem esquecer Piaget e Vygotsky.

O interesse de um conjunto de pesquisas que chamam a atenção sobre as crianças pequenas como origem do próprio desenvolvimento são imensamente interessantes para Projetos de Educação Infantil e podem lembrar-nos de que a infância é o futuro da humanidade. Podem, além disso, chamar nossa atenção para a urgência da criação de uma política da infância.

Piaget, Vygotsky, Kohlberg, Selman, Kurtines permitem-nos enunciar *premissas básicas em relação ao desenvolvimento sociomoral das crianças:*

1) O conhecimento sociomoral é construído pela criança.
2) Os laços sócio-afetivos motivam o desenvolvimento moral.
3) A interação social é a chave do crescimento moral.
4) O processo de auto-regulamentação que envolve a afirmação do eu e a aceitação do outro é básico para o desenvolvimento sociomoral.
5) O desenvolvimento sociomoral das crianças tem relação com seus contextos de vida.
6) O ambiente institucional realiza a mediação entre o comportamento e a ação.

O que entendemos, então, por construção social da moralidade na infância? As crianças em processo de construção da moralidade são aquelas que têm acesso gradativo a uma construção sociopessoal interna de normas, regras e princípios compartilhados culturalmente que regulam a sua perspectiva sobre as ações, os acontecimentos, as situações, as decisões, os problemas. É, portanto, aquela criança que progressivamente construiu, dentro da cultura à qual pertence, um quadro de referência próprio para entender as obrigações que possui para consigo mesma e para com os outros, para entender quais são os direitos e quais os deveres, para exercer a responsabilidade social. Na Educação Infantil esse processo é um processo de pensamento-em-ação, A criança pré-operacional, na linguagem de Piaget, pensa no concreto, pensa vendo, agindo, tocando, sentindo. Na Educação infantil este processo é também um processo de pensamento em comunicação. A criança pequena, na linguagem de Vygotsky, pensa em comunicação.

Assim, a necessidade da moralidade nas crianças pequenas não reside em ouvir um discurso virtuoso, que elas facilmente decoram e repetem, mas na possibilidade de terem experiências em contextos de vivências nos quais as questões da justiça e das obrigações (Kohlberg e Gilligan) sejam sentidas, vividas e refletidas na ação quotidiana.

A primeira consideração que é preciso fazer aqui é a de que o ambiente ou clima dos contextos de vida da criança — neste caso, o clima da sala de aula de Educação Infantil — é um núcleo gerador.

Na realidade, a pesquisa mostra que o clima sociomoral promove e apóia a necessidade da moralidade (Kohlberg, 1984). O que entendemos, então, por *clima moral* de uma aula? Segundo Kohlberg, é o *ethos* que impera na aula. Para a criança, esse *ethos* é sentido na vivência quotidiana de relações interpessoais que ela mantém em sua sala de aula.

A literatura nesta área permite identificar os *principais componentes de uma atmosfera institucional que conduza ao surgimento social da moralidade:*

1) O tipo de relação adulto-criança.
2) O tipo de relações sociais entre iguais.
3) O nível de resposta que a criança recebe em relação às suas necessidades e interesses.
4) O nível de responsabilidade individual e coletiva que se pratica em relação ao ambiente físico e às rotinas da sua conservação e manutenção.
5) O nível de respeito que se pratica em relação à atividade e às realizações da criança.
6) A estimulação da experimentação.
7) A experimentação nas estratégias de resolução de conflitos interpessoais.

Se analisarmos esses componentes na aula de Educação Infantil, podemos constatar que se situam nos níveis de organização e responsabilidade em relação à aula e ao trabalho realizado (5), no nível dos tipos de interação (1 e 2), no nível de resposta educativa aos interesses e necessidades da criança (3, 6, 7). Todos esses elementos podem ser organizados em torno da questão da divisão do poder. Na realidade, a literatura na área de desenvolvimento sociomoral revela as experiências de divisão do poder como sendo básicas para o surgimento da moralidade (Piaget, Kohlberg, Selman, Vygotsky). Podemos concluir facilmente que tais componentes são uma preocupação básica do programa *High/Scope*.

De fato, se a preparação inicial da aula é responsabilidade do educador(a), a reorganização que o fluxo das atividades educacionais requer é responsabilidade de todos. Assim, todos — adultos e crianças — têm direito a decidir sobre novos materiais, novas áreas ou reorganização de áreas. Correlativamente, todos também têm responsabilidades na sua conservação. Isso exige uma gestão compartilhada do poder, das decisões; exige uma cooperação que promova certos estilos de interação e evite outros.

A organização de um espaço físico de acordo com a criança e a criação de tipos de interação que revelem respeito pela infância devem ocorrer dentro da estrutura das coisas reais. Essas coisas reais são os interesses e as necessidades das crianças. Na verdade, não parece que possam restar dúvidas sobre o papel básico que essas preocupações possuem dentro do âmbito do programa *High/Scope*.

Assim, se no âmbito das práticas educativas, os profissionais da Educação Infantil quisessem fazer projetos sobre o surgimento social da moralidade, partindo da criação de um ambiente favorável, podem refletir e tomar decisões tomando como base as seguintes *questões fundamentais:*

1) Onde está situada a relação adulto-criança, no controle ou na cooperação?
2) Qual é o nível de respeito/resposta às necessidades e aos interesses da criança e do grupo?
3) Que oportunidades são oferecidas para a interação entre iguais?
4) Qual o nível de preparação da qualidade da interação?
5) Será que o espaço propicia a dependência ou a independência?
6) Será que a rotina diária propicia a independência e a autonomia ou seus opostos?
7) Será que o projeto educativo comporta tantos momentos e experiências de jogo cooperativo como de jogo individual?
8) Será que a ação educativa quotidiana proporciona a cada criança experiência de divisão e cooperação?

Como nos lembra com freqüência o trabalho de Lickona (1989) — um dos pesquisadores que mais se interessaram pela necessidade das aprendizagens sociomorais — o respeito pela infância é básico para as aprendizagens e o desenvolvimento neste âmbito. Também Lilian Katz — uma das teóricas mais famosas da formação de professores(as) no âmbito da Educação Infantil — lembra-nos de que precisamos respeitar os interesses, os valores e a competência da criança. Isso, na verdade, somente pode ser feito se se organizar tanto a sala de aula como o programa de atividades para dar respostas às suas necessidades e interesses, para estimular a experimentação e a cooperação, para compartilhar o poder.

A PROCURA DA INSERÇÃO CULTURAL NO "PROJETO INFÂNCIA"

A cultura local como fonte curricular

Vamos acabar como começamos, retomando a referência do *Projeto Infância*, o Projeto de CEFOPE da Universidade do Minho, onde o programa *High/Scope* está sendo contextualizado. Fazemos isso para tratar da questão da cultura como fonte curricular na contextualização em andamento daquele programa.

Depois do descobrimento americano de Piaget, assistimos a uma certa profusão de currículos e programas de inspiração (orientação ou direção) cognitivo-evolutiva tanto para a Educação Infantil como para o Ensino Fundamental. A premissa básica comum era que a educação formal deve promover o desenvolvimento dos alunos(as) nas seqüências evolutivas determinadas pela pesquisa psicológica. Isso significa, e assim é destacado por muitos autores, que ser educado é alcançar o nível mais alto na seqüência do desenvolvimento (Kohlberg, 1972).

Assistiu-se também, naturalmente, ao retorno de uma polêmica já antiga na história da educação: a questão de saber se são as aprendizagens específicas que dão sentido ao ato educativo ou se, pelo contrário, é a promoção das estruturas de desenvolvimento e os processos de pensamento que os determinam. Para muitos, não carece de sentido propor a polêmica em termos dicotômicos. O ato educativo é um ato complexo com o qual se deseja que o aluno(a) simultaneamente *aprenda a pensar*, desenvolva um pensamento autônomo e *tenha acesso aos conteúdos do mundo cultural ao qual pertence*, faça uma aprendizagem de experiência humana culturalmente organizada. Que esta apropriação seja feita de forma crítica é naturalmente o desejo de uma posição moderna na educação.

No Projeto Infância, considera-se que as finalidades da educação da infância residem, ao mesmo tempo, na promoção da autonomia psicológica da criança e na sua inserção cultural. As práticas educativas, para serem adequadas, precisam ter vários níveis de adequação. Ninguém nega, hoje em dia, a necessidade da adequação das práticas no nível de desenvolvimento operacional da criança, como foi estudado e apresentado pela psicologia do desenvolvimento. Esse princípio influi em muitos programas de educação pré-escolar, entre eles o modelo *High/Scope*. Mas, como já vimos, as práticas exigem também uma adequação individual, somente alcançável pela observação de cada criança. Com esta afirmação começamos a entrar em outro nível de adequação: o cultural.

Na verdade, as crianças que observamos (para poder criar, assim, uma prática que corresponda às suas características) não são ilhas. Pertencem a uma família, a uma comunidade, a uma sociedade e a uma cultura. A criança está imersa nesta cultura desde o seu nascimento e, inclusive, antes de nascer. Nessa cultura se desenvolvem explicações do mundo, do homem e da vida; constroem-se crenças, costumes, valores; desenvolvem-se sentimentos e comportamentos.

Em todo esse conjunto de elementos a criança está imersa desde sempre. Tudo isso opera como contexto cultural, através da mediação dos "outros significativos", que permitem à criança ler as situações. Assim, equipada com esta herança cultural, além da herança genética individual, é como a criança entra na Educação Infantil. Tal fato não deve ser visto como uma fatalidade com a qual a Educação Infantil precisa lidar, e sim como uma riqueza que precisa ser aproveitada, desenvolvida, potencializada.

As fontes curriculares do Projeto Infância são, portanto, plurais. O Projeto Infância interessa-se pela perspectiva *High/Scope*, pela sua forma de trabalhar a autonomia da criança sem, com isso, perder o ponto de referência para determinar os objetivos base da Educação Infantil: *a cultura portuguesa*, dentro dos limites mais gerais de uma cultura européia, o que isso significa de patrimônio democrático quase universal, e também a *cultura local*, na sua identidade geográfica e social específica.

Assim, o currículo que as educadoras que trabalham no Projeto Infância desenvolvem concilia tais fontes de informação curricular na determinação do que, como e quando ensinar e que, como e quando avaliar. O Projeto Infância optou por um currículo aberto que valoriza a socialização das crianças no mundo ao qual pertencem, que procura ajudá-las a criarem raízes, ajuda-as a entrarem na experiência humana culturalmente organizada e, simultaneamente, cria para elas condições de autonomia intelectual e moral.

Se perguntarmos como isso foi feito, a resposta não é nada fácil, já que não há uma maneira única de consegui-la. Realmente a cultura do meio entra nas salas de aula em vários níveis:

1. Em primeiro lugar, entra como *finalidade educacional*, ou seja, como fonte curricular. Isso tem diversas expressões, tais como as histórias que são lidas, contadas e dramatizadas, as canções que são cantadas, as datas comemoradas, as músicas dançadas, os objetos que são trazidos para a aula; os passeios que são feitos à comunidade, as atividades às quais a escola se associa de alguma maneira, os valores que se promovem nos projetos que tudo isto motiva e que ajudam a criança a ir apropriando-se da cultura à qual pertence, ou seja, as manifestações culturais, sejam elas realizadas dentro da aula de atividades, sejam vividas na comunidade. Portanto, começam a fazer parte do patrimônio que a criança compartilha com os demais — com as outras crianças da sala de aula, com as outras crianças da cidade, com os adultos da sala de aula e com outros adultos que são significativos para ela.

2. Em segundo lugar, a cultura do meio também entra nas salas de aula quando o educador(a), através da interação com a criança, torna-se *mediador do acesso da criança ao sistema lingüístico, numérico, sistema de valores, etc.*, ajudando-a a apropriar-se desses instrumentos básicos para a vida intelectual e social.

3. Em terceiro lugar, a cultura do meio também entra na sala de aula como *realidade social* que, por ser algo tão "natural" para a criança, possibilita projetos, experiências e atividades significativas, através das quais o educador(a) pode promover "experiências-chave" para o desenvolvimento dos alunos(as). De fato, o projeto de montar uma árvore de Natal permite realizar tantas experiências-chave em relação ao desenvolvimento lógico-matemático como em relação ao desenvolvimento da linguagem e do desenvolvimento sócio-emocional.

A cultura é, então, uma referência para a Educação Infantil em relação a todo o conjunto de suas aquisições substanciais e processuais e é também uma fonte de inspiração para atividades que, por possuírem um poder motivador, cumprem melhor que as experiências descontextualizadas, os objetivos de desenvolvimento que os projetos curriculares para a infância naturalmente tendem a atingir.

CONCLUSÃO

A análise da qualidade da Educação Infantil requer que a vejamos a partir de diferentes pontos de vista (Katz, 1992). De fato, como destaca esta autora, são muitas as perspectivas sobre a realidade dessa etapa educativa.

A primeira *perspectiva* é, logicamente, a da *criança*. Não é difícil fazer um exercício de descentralização e perguntar aquilo que, por diversas razões, não podemos ouvir a criança perguntar. Não podendo fazer todas as perguntas à qual essa perspectiva nos levaria, selecionamos apenas algumas: Como são compreendidas as minhas necessidades e interesses? Como reagem às minhas características? Como as outras crianças agem em relação a mim?

Fazer o mesmo exercício, colocando-nos na *perspectiva dos pais e das mães*, irá levar-nos, com certeza, à formulação daquelas mesmas perguntas: Qual a resposta educativa que o meu filho mostra? Qual o respeito que demonstram por ele? E também a outras, como: Qual é a empatia que a escola mostra com a minha vida pessoal e profissional?

No entanto, as perguntas não acabam aqui. A *comunidade*, diante da escola, pode perguntar: O que faz a escola para, em colaboração com todas as outras instituições sociais, ajudar a criança a criar laços e sentir que pertence à sua comunidade? Ajuda a criança a sentir as suas raízes? Ajuda a criança a participar e a crescer na cidadania?

É claro que não podemos esquecer a perspectiva do *educador(a)*. Que direito tenho eu para a formação contínua? Que recompensas econômicas a sociedade me oferece? Quais são as representações sociais que se sustentam sobre o meu grupo profissional?

A perspectiva do educador(a) precisa incorporar as outras perspectivas. Enquanto profissional, ele não apenas deve considerar a sua perspectiva, mas deve incorporar na sua ação educativa a perspectiva da criança, a dos pais e a da comunidade.

Por isso, o Projeto Infância considera que a chave da qualidade da Educação Infantil é o professor(a). Somente ele atualiza as potencialidades que qualquer currículo de qualidade possui, utilizando-as em benefício da criança. É todo o trabalho quotidiano, semanal, mensal do educador(a) e da equipe educativa que o torna possível ou não. É principalmente a interação do professor(a) com cada uma e com todas as crianças o que, no ambiente educativo que foi construído, permite a cada um fazer esse movimento de ida e volta entre si mesmo e o mundo sociocultural, construido assim o conhecimento pessoal em um processo compartilhado, lançando raízes no coração do conhecimento cultural de seu grupo.

O processo pelo qual o educador(a) propicia a qualidade para a criança não pode ser um processo solitário. Os educadores(as) têm necessidade e direito de serem apoiados nesse processo de construção de qualidade no dia-a-dia das práticas educativas. Tal apoio beneficia a criança, os pais e a comunidade. O "Projeto Infância" procura ser, através do apoio aos educadores(as), uma contribuição para a qualidade da Educação Infantil.

REFERÊNCIAS BIBLIOGRÁFICAS

Berrueta-Clement, J.R.; Schweinhart, L.J.; Barnett, W.S.; Epstein, A.S. e Weikart, D.P. (1984): *Changed Lives: The Effects of the Perry Preschool Programme on Youths through Age 19.* The High/Scope Press, Ypsilanti, Michigan.

Brickman, N.A e Taylor, S. (1991): *Supporting Young Learners.* The High/Scope Press, Ypsilanti, Michigan.

Epstein, A.S. (1993): *Training for Quality — Improving Early Childhood Programs through Systematic Inserve Training.* The High/Scope Press, Ypsilanti, Michigan.

Formosinho, J.A. (1991): "A igualdade em educação". In: *A Construção Social da Educação Escolar em E.L.* Pires, A.S. Fernandes, J. Formosinho, Asa, Porto.

Fundação de Investigação Educacional High/Scope. (1990): *Perfil de Implementação do Programa (PIP).* The High/Scope Press, Ypsilanti, Michigan.

Fundação de Investigação Educacional High/Scope (1992): *Registro de Observação da Criança (COR).* The High/Scope Press, Ypsilanti, Michigan.

Hohmann, M.; Banet, B.E. e Weikart, P.D. (1979): *A Criança em Ação.* Fundação Calouste Gulbenkian, Lisboa.

Katz, L.G. (1989): "Young Children in Cross-National Perspective" In: Olmsted, P. e Weikart, D. (Eds.) *How Nations Serve Young Children: Profiles of Child Care and Education in 14 Dountries.* The High/Scope Press, Ypsilanti, Michigan.

Kohlberg, L. e Mayer, R. (1972): "Development as the Aim of Education", *Harvard Educational Review* 42.

Kohlberg, L. (1992): *Psicología del Desarrollo Moral.* Editorial Desclée de Brouwer, Bilbao.

Lickona, T. (1989): *Educationg for Character-How Our Schools Teach Respect and Responsibility.* Bantam Books, New york.

Nabuco, M. (1992): *Transição do Infantil para o Ensino Básico.* Inovação. I.I. E. 5,1.

Oliveira-Formosinho, J. (1993): "*A Formação de profissionais da Educação da Criança — a construção da identidade profissional do educador de infância como instrumento para a qualidade no atendimento educacional à criança*". Palestra no 5º Encontro Nacional da APEI (Associação dos Profissionais da Educação de Infância). Universidade de lisboa, Abril.

Oliveira-Formosinho, J. (1994): *A Questão da Qualidade no Jardim de Infância.* CEFOPE, Universidade do Minho.

Palacios, J.; Marchesi, A. e Coll, C. (1990): *Desarrollo Psicológico y Educación I — Psicología Evolutiva.* Alianza, Madrid.

Silva, K. e Wiltshire, J. (1993): "The Impact of Early Learning on Children's Later Development. A review prepared for the R.S.A. inquiry "Start Right". *European Early Childhood Education Research Journal* 1(1):17-40.

Spodek, B. (Ed.) (1993): *Handbook of Research on the Education of Young Children.* MacMillan, New York.

Spodek, B.E. e Saracho, O. *Early Childhood Preparation.*

Zigler, E.; Taussig, C. e Black, K. (1992): "A Promising Preventive for Juvenile Delinquency". In: *Early Childhood Intervention. American Psychologist* 47(8): 997-1006.

CAPÍTULO 8

O Currículo *High/Scope* para Crianças entre Dois e Três Anos

HELENA JÁCOME VASCONCELLOS
CEFOPE. Universidade do Minho
Braga (Portugal)

Se como diz Formosinho (Conselho Nacional de Educação, 1994), referindo-se às conclusões do estudo de Lilian Katz apresentado em 1993, "em Educação Infantil qualquer atividade que não seja de alta qualidade representa uma oportunidade perdida de oferecer às crianças um bom começo para o resto de sua vida", e sabendo quanto existe de verdade naquilo que uma criança é em determinado momento do seu desenvolvimento é, em grande parte, o resultado do que foi construindo ao longo de todos os momentos anteriores, parece muito importante que nos preocupemos não apenas com o que podemos fazer para promover o seu desenvolvimento a partir dos três anos, quando começa a freqüentar a escola infantil, mas desde o momento em que começa a freqüentar a creche.

Na verdade, já é antes dos três anos que a criança começa a interagir com o mundo que a cerca e a construir tipos de conhecimento, a assegurar a sua autonomia e auto-estima e a desenvolver a sua curiosidade e o seu interesse pelas aprendizagens. Na realidade, já existem dois países da Comunidade Européia (Bélgica e França), nos quais a preocupação com a escolarização de crianças de dois e três anos de idade é uma realidade (Formosinho, 1994).

Em Portugal, constata-se uma enorme tendência a considerar as creches, destinadas a crianças de até três anos, como um lugar predominantemente de guarda e no qual se tem uma pequena preocupação com a promoção do seu desenvolvimento, de certa forma porque se parte da idéia de que nessas idades é pouco o que pode ser feito. O que se pretende, neste momento, é modificar essa forma de encarar o problema e conscientizar os envolvidos nesse processo da possibilidade de uma prática intencionalmente dirigida ao desenvolvimento integral, inclusive quando se trata de crianças tão pequenas. A orientação dos futuros educadores(as) de infância, neste sentido, mostrou-se como um dos primeiros passos a dar para conseguir tal modificação.

Que caminhos devem ser percorridos para alcançar esses objetivos é a pergunta para a qual se procura uma resposta. De qualquer forma, parece prioritária uma melhor preparação dos futuros profissionais que vão trabalhar com as crianças pequenas.

Que modelos são propostos para isso?

Na estrutura do trabalho realizado para a adaptação do currículo *High/Scope* à Educação Infantil portuguesa (Oliveira Formosinho, 1993) surgiu a idéia de fazer uma adaptação específica para as crianças menores.

É possível ou não usar esse currículo com crianças de idades entre os dois e os três anos? Quais são as necessidades, os interesses e as capacidades características destas idades e, ao mesmo tempo, que respostas pode dar-lhe o currículo?

Tais crianças estão desenvolvendo o seu sentido da identidade, um eu social e uma personalidade independente; existe um forte desejo de afirmação e de autonomia. Erikson situa justamente aqui a crise de autonomia *versus* vergonha e dúvida, crise de cuja resolução dependerá a vontade.

Do ponto de vista cognitivo, segundo Piaget, essas crianças já começam a realizar a função simbólica, o que, entre outras coisas, permite-lhes desenvolver a linguagem e a representação.

Estão ávidas por explorar um mundo que vai se tornando cada vez mais vasto, já que se movimentam com maior facilidade. Essa exploração permite-lhes ir desenvolvendo o seu conhecimento físico e, ao refletir sobre os dados obtidos, desenvolver o conhecimento lógico-matemático. Caminham, então, no sentido de ir desenvolvendo também a capacidade de classificação e seriação, construindo a noção de número e estruturando cada vez melhor a noção de espaço e de tempo.

O desejo de explorar, experimentar, descobrir, juntamente com a necessidade de colocar-se à prova, de medir e de avaliar a si própria para saber o que são capazes ou não de fazer, o que podem ou não controlar no mundo, para afirmar-se e ir prescindindo da ajuda de outros, leva-as a apreciar a possibilidade de agir individualmente. Começam a apreciar a participação dos outros, sejam os adultos ou seus iguais, participação esta tão necessária para a redução do seu egocentrismo, para a construção do seu conhecimento social e do seu eu social.

O seu prazer quanto ao movimento é correspondente à sua necessidade de desenvolvimento físico e não é, de maneira alguma, irrelevante para o seu desenvolvimento psicomotor.

O currículo será capaz de dar resposta a suas necessidades e possibilidades? Certamente e, pelo simples fato de propor aprendizagens ativas, já mostra que assim deve ser, sempre que tais aprendizagens surgem por iniciativa da criança e esta irá ocorrendo de acordo com suas necessidades, seus interesses e seu ritmo de desenvolvimento.

Mas propõe também um papel determinado para o educador(a): deverá ser um auxiliar do desenvolvimento e um incentivador da autonomia infantil. Como?

Fundamentalmente por dois caminhos: a *organização do espaço e dos materiais* e o *tipo de interação*.

Um espaço bem montado, no qual esteja organizado um material variado e estimulante, visível e ao alcance da crianças dá a ela muito mais possibilidades de independência em relação ao adulto e de controle do mundo que a cerca. É justamente isso o que sugere o modelo *High/Scope*. Na realidade, ao propor áreas de trabalho bem definidas e variadas, dá à criança muitas alternativas, permitindo-lhe, portanto, pôr em prática a sua possibilidade de escolher, de tomar decisões e, com isso, de afirmar-se.

Se acrescentarmos a esse espaço estimulante uma orientação sempre dirigida para que a criança sinta-se apoiada e tenha uma aprendizagem ativa, explore a mesma, descubra problemas, reflita sobre eles e vá encontrando a maneira de resolvê-los, construindo, assim, o seu conhecimento e desenvolvimento, estaremos proporcionando a oportunidade de colocar-se à prova, de medir-se e de formar um sentimento de competência, de confiança em si mesma e de sentido do seu próprio Eu. Não é este o melhor caminho para a autonomia? Lembrem que até a rotina diária, ao introduzir momentos como o do *planejamento-trabalho-revisão*, leva a criança a tomar decisões e a comprovar que é capaz de colocá-las em prática.

Simultaneamente, o modelo, além das atividades individuais, estimula a colaborar com outras crianças, seja com uma ou duas, seja com um pequeno ou grande grupo, dependendo do momento. Desenvolver a cooperação é uma de suas preocupações. Assim, permitirá que a identidade do grupo vá consolidando-se ao mesmo tempo que a identidade individual.

As experiências-chave abrangem, de fato, todas as áreas do desenvolvimento.

Pelo menos a partir de uma análise teórica, parece que o currículo responde às necessidades de tais idades. Mas, ao colocá-lo em prática, não surgirão problemas insuperáveis, não acabará sendo insustentável?

Ainda não foi realizada nenhuma experiência rigorosa. Estamos tentando planejá-la para o próximo ano. Temos apenas alguns dados empíricos que resultaram, principalmente, da experiência cooperadora-supervisora que foi trabalhada este ano com um grupo de 15 crianças, o qual incluía quatro menores de três anos e o uso do currículo *High/Scope*.

O que é dito a partir daqui sobre o que ocorreu na prática real estará fundamentado sempre e somente nos dados obtidos neste grupo.

ORGANIZAÇÃO DO ESPAÇO E DOS MATERIAIS

Foram montadas as áreas fundamentais sugeridas pelo modelo. Ao longo do ano, foram surgindo outras de acordo com os interesses infantis (por exemplo, a de música e a do supermercado).

No que se refere aos materiais, foi preciso fazer algumas adaptações para essas idades. Geralmente, podemos dizer que as preferências são pelos tamanhos grandes, os objetos simples ou bem conhecidos pelas crianças e em número não-excessivo. A necessidade de ter vários exemplares de cada peça justifica-se porque, com freqüência, todos querem a mesma, o que dá origem a conflitos que são difíceis de resolver.

Fazendo uma análise das diferentes áreas podemos constatar o seguinte:

Área da casa

Apesar de a cozinha estar montada com pouco material, foi preciso retirar alguma coisas porque as crianças não sabiam para que serviam (batedeira, formas para fazer biscoitos, etc.), não as usavam e as desorganizavam, sem saber onde colocá-las depois. O que restou foi o material necessário para arrumar a mesa, mamadeiras, cesta para o pão, geladeira, vassoura e pazinha, fogões, mesa, armário (tudo no tamanho normal). Foi preciso adquirir várias mamadeiras devido à demanda.

No espaço destinado ao *quarto* havia os móveis clássicos, bonecos e duas arcas com as roupinhas. Havia também alguns outros objetos para desenvolver a sua fantasia mas, no início, despertavam pouco interesse. Passados dois meses a professora sugeriu a sua utilização. O interesse foi aumentando e o número e a variedade de objetos também. Acabaram atraindo igualmente a atenção dos dois sexos, o que não ocorre com as atividades no quarto ou na cozinha, que somente cativam às meninas. Elas gostam também da *lavanderia* para lavar e passar.

O *supermercado*, que surgiu mais tarde, interessou igualmente aos dois sexos. Os meninos não se importam de ir fazer compras, embora rejeitem qualquer outra atividade doméstica... Aqui parece bem visível a influência do meio familiar e de seus costumes.

Área de expressão plástica

O grande interesse das crianças menores está voltado para a massa de modelar. No início limitavam-se a manipulá-la, mas depois começaram a fazer representações: almôndegas, bolinhos, filetes, animais (muitas vezes difíceis de identificar); coisas muito simples, mas que freqüentemente complementavam com ações simuladas como, por exemplo, fritar o bife ou colocar pauzinhos para substituir as velinhas no bolo de aniversário que haviam feito.

Outras atividades também atraíram muito as crianças.

É o caso do *desenho*. Faziam-no em folhas bastante grandes e a sua preferência era pelos marca-textos grossos e pelo giz, ou seja, o que desliza bastante. O giz de cera, por exemplo, despertava um interesse muito menor.

Pintavam com esponja, com pincéis finos e grossos e já começavam a experimentar *pintura* com os dedos, embora duas meninas tivessem se negado a pintar com as mãos. A professora não insistiu, o que consideramos correto, já que a resistência a essa atividade pode ser particularmente forte nessas idades embora e, também, em crianças um pouco mais velhas.

Fizeram *recortes* e *colagens*. A maioria delas já era capaz de recortar com a intenção de seguir uma linha. Coloriram papel, telas e massinhas, partindo sempre delas a iniciativa de qual o material que deveriam escolher e usar.

As crianças também são completamente autônomas para fazer a limpeza e a organização do material que escolheram para trabalhar.

Área dos blocos

É muito solicitada, apesar de provocar maior interesses nos meninos do que nas meninas. Este é um fenômeno que se observa também em idades posteriores. Embora disponham de muitos blocos de diferentes formas e materiais, não há dúvida de que as suas preferências orientam-se para os de tamanho grande, feitos a partir de caixas de sapatos, caixas de chocolate ou de chá de tamanho grande, tábuas, pedaços de carpete ou de esponja e até panos, de tamanhos nunca inferiores de A4 e podendo ser maiores. A enorme variedade existente de outros blocos menores não atrai as crianças.

As construções que fazem com eles também são grandes. Começaram fazendo montes ou pilhas sem a intenção de representar alguma coisa; atualmente já fazem casas, pontes, rampas, estradas, piscinas, etc., e colocam carros nas estradas, bonecos nadando na piscina ou dentro da casa....

Área das construções

Está localizada junta à área dos blocos porque estão muito relacionadas. Predomina o material vinculado aos *transportes* e, por esse motivo, começaram a chamá-la de "garagem".

Vi uma das áreas onde foi preciso fazer muitas alterações em função da idade das crianças, porque todas queriam a mesma coisa ao mesmo tempo. Passou, então, a ter uma variedade muito menor de objetos, mas com cinco exemplares de cada coisa.

Há ferramentas de trabalho, mas certas atividades são realizadas somente como simulações, devido ao perigo que representam para as crianças tão pequenas. É o caso de serrar, por exemplo.

Área de atividades de repouso

Entre o material mais usado encontram-se os *fichários de imagens* e os *livros*. Gostam de vê-los, falar sobre o que estão vendo e as meninas até lêem para as suas bonecas.

Trata-se de uma leitura de imagens sem seqüência, embora a esta altura já existam três ou quatro que dão seqüência a toda a história. As imagens são grandes e sem muitos detalhes.

Devemos dizer que, no início, tivemos que usar livros de plástico e papelão porque não sabiam usá-los, jogando-os ou deixando-os em qualquer lugar... Com o tempo, os comportamentos foram modificando-se.

Mais uma vez aqui se revela a falta de atração por jogos com peças miúdas ou quebra-cabeças. Preferem jogos de associação do tipo *loto* de figuras, de cores, etc., usam os *legos* de peças grandes, mas para construir preferem os blocos.

Área de música

Adoram os instrumentos com os quais possam fazer barulho. Preferem atuar elas mesmas a ouvir fitas no gravador.

Área de recreio ao ar livre

É aqui que está instalada a área de *água* e *areia*, na qual há material semelhante ao usado com as crianças de maior idade e com o mesmo sucesso. Para a *água*: copos e garrafas de plástico, esponjas, panos, bolitas, pedrinhas, barcos, bonecos, etc. Para a *areia*: baldes, pás, moinhos, carros, blocos de madeira para a construção, moldes para fazer bolinhos, cestas, etc. É uma das estruturas mais procuradas neste recinto ao ar livre.

O *balanço* também é apreciado pelos menores não apenas para se embalarem, mas também para empurrarem. Existem também *tobogãs*, uma estrutura de madeira para as crianças subirem, rodas de veículos, cordas para subir e descer, embora não sejam muito usadas com tal finalidade, mas mais para agarrar-se e embalar-se.

Aqui estão também os *tanques de roupa* e o *estendedor*, muito utilizados pelas meninas.

Falta dizer que todas as áreas de trabalho foram marcadas com um *símbolo* figurativo que as crianças aprenderam a identificar sem grandes problemas, com exceção da peça de lego que representava a área de jogos e que tiveram a necessidade de que lhes fosse explicada.

Conforme o modelo, as crianças também tinham o seu próprio símbolo, que começou sendo um círculo para todos, mas de cores diferentes. Com esse símbolo a professora marcou tudo: a cadeira, o lugar de trabalho na rodinha, o lugar para guardar objetos, o armário para a roupa, etc. Assim, cada criança fixou rapidamente o seu símbolo e não o confundia com o de outra mesmo que diferença fosse apenas no tom: a criança representada pelo círculo azul claro não confundia a sua cadeira com aquela que tinha o círculo azul escuro. Mais adiante, pouco antes da Páscoa, foram até a sala de crianças mais velhas para ver outro tipo de símbolos. A maioria percebeu o significado dos símbolos e fez um desenho que elas mesmas escolheram para que fosse o seu próprio símbolo; passou, então, a ser usado em tudo, inclusive como "assinatura". Devemos dizer que nem todas as crianças compreendem bem os novos símbolos. Neste momento, há quatro que não reconhecem o seu nome escrito.

Quanto ao material, inicialmente foi rotulado com um exemplar do que se queria representar ou com uma colagem de fácil interpretação para que as crianças pudessem entender o significado das etiquetas.

ROTINA DIÁRIA

A rotina diária proposta pela currículo é realmente possível de ser posta em prática nessas idades? Essa pergunta é particularmente pertinente, principalmente em relação a alguns momentos determinados. Vejamos:

Planejamento[1]

Uma criança com menos de três anos é capaz de fazer planos?

No início, faziam a proposta simplesmente apontando para a área onde queriam trabalhar, "desenhando" algum objeto da área escolhida ou dizendo alguma palavra indicativa, como papapa, aga (para ir à cozinha...).

Em um determinado momento, fez-se um cartaz que reproduzia os símbolos das diversas áreas e que servia para planejar apontando o símbolo da área escolhida. Houve também uma outra versão do cartaz de planejamento para que a educadora registrasse o plano, escrevendo ao lado do símbolo da área escolhida o nome da criança e o que havia dito que iria fazer, dando-lhe também a oportunidade de verificar que isso podia ser escrito.

Também foi usada uma outra estratégia de planejamento. Preparou-se um plano das diferentes áreas da aula com os seus respectivos símbolos. Junto a cada área havia também pedaços de *velcro* branco, nos quais apareciam os símbolos de identificação de cada criança. Assim, elas situavam o seu símbolo junto à área na qual gostariam de ir trabalhar.

Pretendia-se que as crianças fizessem experiências de interpretação de relações espaciais e que pudessem ter presentes, ao mesmo tempo, todas as áreas de trabalho. Localizaram facilmente as áreas, mas foi difícil fazer corresponder a seqüência do plano com a seqüência da sala. Entretanto, no final do ano letivo, algumas crianças já eram capazes de apontar no plano os lugares por onde tinham que passar para chegar à área escolhida.

Apontar para a área escolhida entre as fotos das diferentes áreas foi outra forma simples de planejar.

As crianças com suficiente desenvolvimento de linguagem também usavam estratégias como marionetes, telefone, máscara, binóculo, etc. Freqüentemente, cada criança escolhia a estratégia que queria.

Houve outras *dificuldades* que devem ser consideradas com essas crianças menores, que exigiam adaptações.

Inicialmente, relacionavam muito pouco o seu plano de trabalho com a atividade realmente desenvolvida: indicavam uma área de trabalho e depois iam para a outra. Também era muito freqüente planejarem muitas coisas e fazerem só uma ou fazerem muitas além das que haviam sido planejadas. Todos esses aspectos foram melhorando ao longo do ano, já que a professora, falando com elas, ia conscientizando-as dessas diferenças, mas sempre sem impedi-las de fazerem o que quisessem.

1. No modelo *High/Scope,* as crianças iniciam a jornada planejando o que cada uma irá fazer. Normalmente, os adultos presentes na sala participam desse processo como apoio (somente para escutar e dar sugestões a respeito das possibilidades existentes). Às vezes, as crianças fazem um rascunho do seu plano e mostram à sua professora antes de colocá-lo no mural correspondente. Isso é denominado "rotina de planejamento". (Nota do tradutor da edição espanhola.)

Notou-se, ainda, uma certa tendência a repetir os planos de outros. Além de utilizar as estratégias sugeridas pelo modelo para evitar que isso aconteça, como, por exemplo, levá-las pela sala para lembrar as diferentes áreas e materiais, a professora, que usou jogos como o "Pim-pam-pum" para determinar com que ordem as crianças planejavam, quando havia uma que sempre imitava a outra, fazia-a planejar em primeiro lugar ou colocava outras entre as duas crianças.

Como podemos ver, foi possível até fazer um planejamento, já que se realizaram os ajustes necessários para a faixa etária atendida.

Revisão[2]

A revisão não era feita no início do ano; começou em janeiro. É um dos momentos mais difíceis, porque as crianças têm dificuldades para prestar atenção ao que os outros dizem e para esperar que chegue a sua vez.

Uma das forma mais comuns de fazer a revisão foi mostrar o que tinham feito, mas geralmente o relato era pobre: tendiam a dizer menos do que haviam feito e centravam-se mais no que havia chamado a sua atenção.

Normalmente, não inventam coisas que não tenham feito. Muitas das estratégias usadas para planejar serviam também para a revisão.

Tempo de organizar[3]

O tempo é maior para os pequenos do que para os maiores, ou porque precisam de mais tempo ou porque querem seguir trabalhando até o momento de começar um novo trabalho.

No início, era preciso indicar-lhes tudo o que tinham que recolher e como, mas no final já havia alguns capazes de indicar sozinhos quando tinham que organizar, embora, em alguns casos, a colaboração não fosse além disso. Em outros casos, eles mesmos sabiam como fazê-lo e o faziam.

---

2. Como foi colocado em outro capítulo, a seqüência canônica (a estrutura básica das atividades) do modelo *High/Scope* é a seguinte: planejar-fazer-revisar. A autora refere-se aqui a esse momento de revisão que constitui uma ação incorporada como rotina diária.
3. Outra atividade que se incluía como rotina diária (podendo repetir-se ao finalizar cada uma das partes do trabalho) era organizar a sala de aula: as crianças recolhiam e colocavam no seu lugar todos os materiais usados. Por isso, a importância atribuída pelo modelo à classificação clara dos materiais, à rotulação e ao fato de estarem acessíveis às crianças. Desta forma, poderão ir buscá-los e logo devolvê-los ao seu lugar de forma autônoma.

Tempo de pequeno grupo

Trata-se de um momento de rotina em que, inicialmente, temia-se que houvesse grandes dificuldades com relação a tal faixa etária, já que, estando apenas um adulto encarregado de muitas crianças, este não podia oferecer constantemente o seu apoio direto a todos os grupos. Na realidade, as crianças foram divididas em dois grupos desde o início do ano letivo, dando ao grupo que teria menos apoio materiais de fácil exploração, tais como: um monte de blocos para cada criança, papéis para rasgar, massa para modelar, materiais para encaixar, etc. Até os menores trabalhavam bem.

Os outros momentos da rotina não apresentaram problemas especiais em nenhuma das idades.

Com as crianças, a interação ao longo de toda a rotina diária acaba tornando-se mais flexível, embora também mais dirigida. Por exemplo, é mais difícil cumprir com rigor o tempo que se previa empregar em cada momento e deve haver, então, uma maior flexibilidade. E, também, um maior direcionamento, à medida que nesta idade as crianças são, necessariamente, menos autônomas. De qualquer forma, a autonomia foi sempre fomentada. Tinham acesso direto aos materiais, expunham os seus trabalhos, sempre foram convidadas a tomar decisões, dar sugestões, refletir para resolver os seus problemas, fazer sozinhas aquilo que podiam ou pedir colaboração aos seus colegas e a oferecer, por sua vez, o seu próprio apoio quando fosse necessário (aprenderam isto tão bem que, às vezes, chegavam a se bater porque queriam auxiliar e ajudar, inclusive, aqueles que não estavam muito interessados na ajuda).

EXPERIÊNCIAS-CHAVE[4]

Podemos levar em consideração com crianças tão pequenas as experiências-chave nas mesmas categorias propostas pelo currículo *High/Scope*?

Na área do *desenvolvimento social*, além daquilo que foi dito sobre a interação, e em relação à autonomia e à colaboração, pode ocorrer que, no início, as crianças criem constantemente conflitos entre si, principalmente porque querem todas os mesmos jogos. Bater e gritar é a resposta para qualquer dificuldade; nem sequer chamam a professora.

A estratégia mais usada, além das habituais ofertas alternativas que são feitas nesses casos (repetição de jogos iguais, etc.), foi a de falar sobre o assunto com as duas crianças em conflito. No início, era difícil que escutassem o que lhes era dito. Agora já ficam quietos para escutar. Muitas vezes se queixam à professora e repetem para outra criança o que ela sugeriu que

---

4. O modelo *High/Scope* concretiza em uma série de dimensões os conteúdos curriculares que se pretende trabalhar; são as experiências-chave.

dissessem. Por exemplo: "Diga que logo vai emprestá-lo". No final, o recurso das queixas já mostra uma certa evolução...

Ninguém terá dúvidas de que as áreas de *linguagem* e *representação* são importantes e possíveis para quem está desenvolvendo a função simbólica e de linguagem. É óbvio que não poderemos esperar representações tão complexas como as que fazem as crianças de quatro ou cinco anos, mas sabe-se que dentro de um mesmo estágios vai sendo produzido um aperfeiçoamento progressivo da estrutura mental.

A verdade é que, quando a criança faz a papinha para o boneco com pedrinhas, pedacinhos de esponja, etc., ou quando lhe dá a mamadeira, está representando. Quando faz bolinhos ou filetes com massa de modelar, quando faz estradas, torres, piscinas ou casas com blocos, está representando. E as crianças às quais nos referimos fazem tudo isso... É verdade que, quando começaram a usar os blocos, faziam montes que destruíam e tornavam a fazer; mas mais adiante já colocavam carros nas estradas ou bonecos dentro da casa que construíam. A evolução foi claramente observada. O que se precisa fazer é proporcionar à criança condições para que ela mesma progrida.

Quanto à linguagem, já que estão começando a usá-la, o modelo somente pode contribuir para o seu desenvolvimento seja através do tipo de interação que se estabeleça, seja pelos diferentes momentos da rotina diária que tendem mais ao diálogo, ou até através da construção de conceitos dos quais depois teremos que tirar proveito.

As noções de *espaço* e *tempo* que foram construindo até os dois anos precisam desenvolver-se e, para isso, são necessárias as experiências-chave nessas duas áreas. Entre as apontadas pelo currículo na área de espaço, algumas correspondem a atividades muito apreciadas pelos pequenos. É o caso de encaixar e separar coisas, enfiar argolas numa haste ou contas em um cordão, observar coisas a partir de diversos pontos de vista, experimentar o próprio corpo (espichando o braço consigo alcançar alguma coisa?), aprender a localizar as coisas na sala de aula ou no jardim.

Quanto ao tempo, quem ainda não sabe que as crianças gostam das canções e dos pequenos jogos de ritmo que o modelo sugere como bater palmas, etc., que tanto contribuem para uma correta organização temporal ? A própria rotina, estável apesar de não-inflexível, presta uma grande contribuição neste sentido. No início, a professora indicava sempre pelo nome cada período da rotina, depois, ao longo do ano, as crianças foram começando a saber qual era o tempo que viria depois e a que se destinava cada um deles. Mas há momentos especialmente ricos neste aspecto, como a seqüência planejamento-trabalho-revisão na qual a criança deve antecipar o que vai fazer e recordar o que fez. É claro que as seqüências não são fáceis em tais idades, mas neste momento, três ou quatro anos, já são capazes de estabelecer seqüências em uma ou outra história. A maioria não o faz e, apesar de gostarem de lavar a roupa, estendê-la para secar e passá-la, também alteram facilmente a ordem seqüencial.

A tentativa de uma professora estagiária de introduzir um relógio de brinquedo foi um fracasso, como era de se esperar. Era um relógio de plástico no qual alguns dos números são peças de encaixar com formatos diferentes. Pretendia-se com isso trabalhar as áreas de número, de tempo e até de espaço, graças às atividades de encaixe. Esta última foi a experiência que as crianças realizaram, pois não chegaram a entender o significado dos ponteiros e da indicação das horas.

Se falarmos de *classificar e seriar*, não se esperará que crianças com menos de três anos de idade classifiquem levando em consideração diversos atributos das coisas ou que estabeleçam relações mais ou menos complexas entre categorias; mas elas fazem classificações no nível prático quando organizam os carrinhos em um canto e as bonecas em outra. As crianças com as quais trabalhamos no início misturavam as coisas; mas, se chamávamos a sua atenção sobre esse fato e elas entendiam o que estava errado, juntavam e organizavam de maneira muito mais correta.

Em algum dos momentos de trabalho em pequeno grupo foram introduzidos os ímãs e uma série de objetos pequenos, alguns que eram atraídos pelo ímã e outros que não. As crianças não apenas os classificavam segundo essa característica, mas tentavam também descobrir na sala de aula outros objetos que pudessem ser atraídos. Este é apenas um exemplo.

Da mesma forma, as crianças fazem seriações quando deixam a boneca grande na cama maior e a outra na menor. E quando na hora do almoço ajudam a distribuir um prato ou um copo a cada criança também estão fazendo correspondências termo a termo e, conseqüentemente, são experiências ricas para a construção da noção de número.

Na área de *movimento e desenvolvimento físico* ninguém duvidará que essas crianças façam constantes experiências-chave. Correr, pular, transportar objetos, trepar em árvores, subirem escadas, passar por cima ou por baixo, jogar bola, etc., são atividades que realizam entusiasmadas e que o currículo *High/Scope* estimula, principalmente pelo cuidado que coloca na preparação e no equipamento do recreio ao ar livre e a recomendação de que, se esse espaço não existir, sejam montados dentro de casa as estruturas necessárias.

Concluindo, se do ponto de vista teórico não descobrimos impedimento para a utilização do currículo *HIgh/Scope* com crianças entre dois e três anos, do ponto de vista prático, a análise deste caso não revela tampouco nenhum obstáculo intransponível. Pelo contrário, vem sugerir a grande aceitação que pode ter pelas crianças e o quanto pode contribuir para o seu desenvolvimento integral. Parece, então, que vale a pena continuar fazendo experiência nesse sentido, cada vez de forma mais sistemática.

REFERÊNCIAS BIBLIOGRÁFICAS

Brickman, N.A. e Taylor, L.S. (1991): *Supporting Young Learners*. High-Scope Press. Ypsilanti, Mich.

Conselho Nacional de Educação (1994): *A Educação Pré-Escolar em Portugal. Pareceres e Recomendações*. Relator João Formosinho. Conselho Nacional de Educação, Lisboa.

Graves, M. (1984): *The Teacher's Idea Book*. High-Scope Press. Ysilanti, Mich.

Hohmann, M., Banet, B. e Weikart, D. (1984): *A Criança em Ação*. Edit. Fundação Calouste Gubelkian, Lisboa.

Oliveira Formosinho, J. (1993): Construção da identidade profissional do educador. *Atas do III Encontro Nacional da APEI*. Edic. APEI. Lisboa.

CAPÍTULO 9

A Rotina Diária nas Experiências-Chave do Modelo *High/Scope*

DALILA BRITO LINO
CEFOPE, Universidad de Miño

INTRODUÇÃO

Dentro das linhas teóricas que servem de base ao Modelo *High/Scope* está a de que cada educador(a) constrói uma rotina diária que lhe permite desenvolver o jogo educativo com o seu grupo de crianças. Tal forma de organização corresponde, entretanto, a certas indicações de base que serão apresentadas neste texto.

Ele também permite a apresentação de "experiências-chave" como organizadores amplos das atividades educativas.

ESTRUTURAÇÃO DA ROTINA DIÁRIA

EXEMPLO DE ROTINA DIÁRIA
Acolhida — 15 a 20 minutos
Planejamento — 15 a 20 minutos
Tempo de trabalho — 45 a 60 minutos
Tempo de recolher — ±10 minutos
Tempo de revisão (reflexão) — 15 a 20 minutos
Almoço
Trabalho de pequeno grupo — 15 a 20 minutos

Trabalho em roda (grande grupo) — 10 a 15 minutos
Recreio — 15 a 20 minutos

OBSERVAÇÕES
1. A rotina possui os mesmos componentes todos os dias.
2. A rotina diária ocorre sempre na mesma seqüência.
3. A rotina diária inclui o processo planejar-fazer-revisar.
4. A rotina diária inclui oportunidades para atividades individuais, atividades de grande grupo e de pequeno grupo.
5. A rotina diária possibilita interações criança/criança, criança/adulto.
6. A rotina diária permite à criança expor as suas intenções, colocá-las em prática e realizar reflexões sobre as atividades desenvolvidas.

Um exemplo de horário em que são aplicadas as rotinas:

Manhã
9h às 9h20min — Acolhida
9h20min às 9h45min — Planejamento
9h45min às 10h30min — Trabalho individual
10h30min às 10h40min — Tempo de organizar
10h40min às 11h — Almoço — Tempo de revisão
11h às 11h20min — Recreio
11h20min às 11h40min — Trabalho de pequeno grupo
11h40min às 12h — Tempo de roda

Tarde
14h às 14h20min — Acolhida
14h20min às 14h45min — Planejamento
14h45min às 15h05min — Trabalho individual
15h05min às 15h15min — Tempo de organizar
15h15min às 15h30min — Merenda e Tempo de revisão
15h30min às 15h45min — Recreio
15h45min às 16h — Tempo de roda

A rotina diária pode ser adaptada a um horário de dia completo (manhã e tarde) ou de meio-dia (manhã ou tarde).

A seqüência dos momentos, assim como o tempo aconselhado para cada um, pode ser alterada de acordo com as circunstâncias. No entanto, os tempos de planejamento, trabalho e revisão devem ocorrer sempre nessa seqüência (ordem), sendo o tempo de trabalho o mais longo da rotina diária.

Dessa forma, cada educador(a) deverá fazer as alterações que considerar convenientes, adaptando os tempos da rotina diária, seja ao horário de funcionamento da sua escola infantil, seja ao grupo de crianças com o qual trabalha.

Ao estabelecer uma rotina diária com uma estrutura coerente, cujos tempos se repetem sistematicamente, o educador(a) pretende atingir alguns objetivos importantes (Hohmann, Banet e Weikart, 1979):

— proporcionar à criança a oportunidade de expor intenções, tomar decisões, concretizá-las e, mais adiante, realizar as suas experiências com outras crianças e adultos;
— ajudar a criança a compreender o que é o tempo, através da seqüências de tempos que se repetem sistematicamente;
— ajudar a criança a controlar o seu tempo, sem necessidade de que o adulto lhe diga o que deve fazer ao acabar uma atividade;
— dar à criança a oportunidade de ter experiência de muitos tipos de interação seja com outras crianças, seja com adultos;
— dar-lhe a oportunidade de trabalhar sozinha, em dupla, em pequeno e grande grupo;
— proporcionar à criança oportunidades para trabalhar em diversos ambientes, dentro da aula da escola infantil, no recreio ao ar livre e, inclusive, na comunidade.

1. Momento de ACOLHIDA

No transcurso deste tempo, e enquanto se espera que todas as crianças cheguem à sala de aula, uma das pessoas adultas fica na porta para receber pais e mães. Desse momento de receber os pais e as crianças, estas também podem participar. Aconselha-se um sistema rotativo, no qual cada dia fique uma criança junto a um adulto.

O outro adulto inicia o processo de atividades com as crianças que vão chegando: falam, contam histórias, cantam canções, etc.

Às vezes, durante esse tempo, as crianças escolhem as tarefas pelas quais serão responsáveis nesse dia, por exemplo, distribuir os pratos do almoço, etc.

2. Tempo de PLANEJAMENTO

Este é o primeiro momento da seqüência planejar-fazer-revisar.

Para o tempo de planejamento as crianças são divididas em pequenos grupos de 8 a 10 crianças. Junto a cada grupo fica um adulto, que apóia e ajuda as crianças a planejarem. Como normalmente não existem dois professores(as) por aula, tal tarefa pode ser desempenhada pelo auxiliar educativo, por uma professora ou por uma estagiária.

Ajudar as crianças a criarem hábitos de planejamento é uma das metas do modelo *High/Scope*.

O planejamento é feito individualmente. Essa atividade permite a todas e a cada uma das crianças expressar opções e tomar decisões, ter consciência de seus interesses, prever problemas e procurar resolvê-los.

As crianças, portanto, decidem o que vão fazer no tempo de trabalho, quais os materiais que irão usar, em que área da aula irão trabalhar, se vão trabalhar sozinhas ou com outras crianças, com um adulto, ou com crianças e adultos.

É importante que cada criança tenha a oportunidade de iniciar uma atividade que desperte o seu interesse e, com a ajuda do adulto e dos colegas, comece a pensar como poderá realizar isso.

Para manter as crianças interessadas e motivadas no processo de planejamento podem ser usadas várias estratégias como, por exemplo:

— dizer ou indicar com o dedo a área onde quer ir trabalhar;
— deslocar-se até a área onde quer ir trabalhar;
— escolher um ou mais objetos das áreas onde pretendem trabalhar: os objetos são colocados em cima da mesa ou no chão;
— telefonar: podem ser usados dois telefones. Tanto o planejamento como a revisão podem ser feitos através de uma conversa telefônica;
— usar uma canção ou um monólogo;
— fazer um desenho;
— fazer roda em cima de um plano da aula;
— fazer mímica daquilo que se pretende fazer ou se fez e que as outras crianças devem tentar adivinhar;
— usar um telescópio: a criança aponta para a área onde quer trabalhar ou trabalhou.

Essas são algumas das estratégias que podem ser usadas.

As diferentes estratégias de planejamento são selecionadas de acordo com a idade e o nível de desenvolvimento das crianças. Assim, para um grupo de crianças de cinco anos, poderiam ser utilizadas estratégias mais abstratas como, por exemplo, pedir às crianças que desenhem os seus planos. Quanto às crianças menores, de três ou quatro anos, são usadas estratégias mais simples, com o uso de materiais.

Ao longo do planejamento, as crianças podem apresentar diferentes comportamentos. Tais planos são apresentados de diferentes forma: podem ser verbais ou não-verbais. Segundo os estudos da professora Kathy Silva, podem ser classificados da seguinte forma: vagos e difusos, rotineiros e elaborados.

Ao planejar, a criança está desenvolvendo atividades, tais como ouvir, falar, prever, seqüenciar, resolver problemas, dar idéias, expor pensamentos e tomar decisões.

A criança aprende que pode planejar a realização de diversas coisas, desenvolvendo assim um sentido de controle e responsabilidade das conseqüências de suas escolhas e decisões. Como o adulto vai planejando individualmente com cada criança, quando uma criança acaba o seu plano, sai da roda e vai começar a sua atuação na área escolhida.

À medida que fazem os seus planos, as crianças começam a trabalhar nas diferentes áreas.

Ao longo do planejamento, os adultos apóiam e encaminham as crianças para a realização dos seus planos, usando para isso diversas estratégias de interação, como conversar individualmente, ouvir com atenção a cada uma, fazer perguntas abertas, interpretar gestos e ações, repetir algumas frases das crianças, oferecer alternativas, fazer perguntas do tipo: *"Você acha que o seu plano vai durar todo o tempo de trabalho?"* ou *"O que você vai fazer em primeiro lugar?"*

Deste modo, o adulto ajuda a criança a fazer planos cada vez mais detalhados e demonstra que valoriza isso porque escuta com toda a atenção ou porque elas os escrevem.

Quando uma criança nega-se a planejar, o adulto deve procurar ajudá-la, falando com ela sobre as diversas possibilidades que lhe são oferecidas na sala de atividades (sala de aula), trabalhando ao seu lado nas diferentes áreas, descrevendo o que a criança está realizando e, às vezes, fazendo alguma sugestão.

3. Tempo de TRABALHO

Este é o momento mais longo da rotina diária, durando em torno de 45-60 minutos.

À medida que cada criança acaba o seu plano, começa a realizar aquilo que se propôs a fazer.

As duplas e os grupos de trabalho são formados espontaneamente. Cada criança tem oportunidade de vivenciar diferentes tipos de interação. Podem trabalhar sozinhas, com um colega, em pequeno grupo ou em grande grupo, com ou sem adulto.

Conforme vão completando os seus planos iniciais, as crianças fazem novos planos com o apoio dos adultos, planos que depois passam a executar.

A intenção essencial do tempo de trabalho é:

— divertir-se, pôr as idéias em prática;
— trabalhar;
— concentrar-se, identificar e resolver problemas, tomar decisões;
— relacionar-se com outras crianças e adultos;
— movimentar-se, falar, fazer e ver;
— realizar experiências-chave.

São muitos os motivos da sua importância, entre eles destacam-se:

— a criação de um ambiente agradável para que as crianças aprendam a fazer brincando;
— o reconhecimento da importância do jogo das crianças e da sua estimulação;
— a criação de um espaço de construção do conhecimento;
— a oportunidade de observação pelo adulto com tudo o que isso implica nos jogos.

As crianças podem realizar os seus planos nas diferentes áreas: área de construção, área de expressão plástica, área de música, etc.

Sintetizando, durante o tempo de trabalho as crianças:

— envolvem-se umas com as outras, trabalham, completam e modificam os seus planos;
— brincam sozinhas e/ou com outras crianças;
— envolvem-se em diferentes tipos de jogos;
— conversam e praticam experiências significativas.

Ao longo do tempo de trabalho, cabe ao educador(a) incentivar as crianças a conversarem e colaborarem umas com as outras, ajudá-las a concretizarem os seus planos, desenvolvendo-os ou alterando-os sempre que a criança não estiver interessada.

4. Tempo de ORGANIZAR

Terminado o tempo de trabalho, as crianças e os adultos recolhem os materiais usados e os trabalhos acabados. Os que não foram concluídos serão acabados mais tarde.

Para marcar a transição entre o tempo de trabalho e o tempo de organizar, os educadores(as) usam diversas estratégias com a finalidade de motivar e apoiar as crianças na transição de um momento da rotina para o seguinte...

Algumas das estratégias utilizadas são uma sineta, um pandeiro, uma canção, uma música, jogos, etc.

A seleção da estratégia é feita em conjunto pelas crianças e pelos adultos.

Esse momento da rotina é uma oportunidade excelente para que a criança realize experiências-chave de classificação ao colocar os materiais juntos pela semelhança (todos os blocos de madeira, todos os blocos de papelão); de seriações ao colocar primeiro os blocos grandes e depois os blocos pequenos; de desenvolvimento social e de cooperação (ao colaborar na limpeza das mesas que foram usadas para a pintura); de autonomia (ao recolher independentemente os trabalhos que acabam de realizar, reponsabilizando-se pela manutenção de um ambiente organizado e agradável onde todos se sintam bem).

Ao longo do tempo de organização, os adultos estimulam as crianças a juntarem os materiais, a cooperarem umas com as outras, participando de forma ativa em todo esse processo.[1]

5. Tempo de REVISÃO

Crianças e adultos reúnem-se em pequenos grupos (os mesmos que foram formados para o planejamento) para falar, refletir ou mostrar o que fizeram ao longo do tempo de trabalho.

As crianças têm a tendência de lembrar o que foi mais excitante e relevante para elas.

Revisar dá às crianças oportunidades para falarem com as outras sobre as suas experiências pessoais significativas (ao mostrar um pássaro que fez para um móvel); ajudarem as outras a encontrar soluções para os problemas; chegarem a estabelecer uma relação entre o plano e a atividade realizada (excelente oportunidade para realizar experiências-chave em relação à gestão do tempo: se tiveram ou não tempo para a realização dos seus planos); refletirem sobre as suas próprias idéias e ações; ajudarem a representar as suas ações e a verbalizá-las; aprenderem com as suas experiências a utilizar esses conhecimento em outras ocasiões; interagirem com outras crianças e adultos (Hohmann, Banet e Weikart, 1979).

Para fazer a revisão, normalmente são usadas as mesmas estratégias usadas no planejamento.

É função do adulto propor questões às crianças sobre os materiais usados, sobre a seqüência das atividades e sobre o tempo de duração de cada uma.

Quando a criança não é capaz de comunicar o que fez, o adulto pode ajudá-la ou pedir o apoio de outras crianças.

A revisão pode ser feita ao longo de outros momentos da rotina diária. Durante o tempo de organização, as crianças podem falar com os adultos sobre o que estiveram fazendo.

Às vezes, o tempo de revisão pode coincidir com o tempo do lanche rápido, no meio da manhã ou da tarde. Assim, à medida que vão acabando de comer, as crianças já falam sobre as experiências realizadas.

---

1. Adaptado de *High/Scope for Beginners: Daily Routine*, (1994). High/Scope Educational Research Foundation.

6. Tempo do LANCHE

Destina-se geralmente a um lanche rápido, no meio da manhã ou da tarde. Os adultos dividem esse tempo com as crianças, comendo junto a elas.

Novamente, temos oportunidades excelentes para introduzir experiências nas quais as crianças serão responsáveis pelas tarefas como distribuir os pratos ou o leite. Um prato para cada criança; têm ou não têm mais crianças do que caixinhas de leite (pois nem todas as crianças tomam leite), número, etc. Uma criança ou um adulto lava os pratos e outro limpa (colaboração/cooperação), etc.

7. Tempo de RECREIO AO AR LIVRE

É um momento favorável para a incorporação de experiências-chave na área do movimento, do desenvolvimento dos grandes músculos, etc. Geralmente, é realizado no recinto externo onde estão colocadas as estruturas que permitem que a criança realize experiências de atividade física, tais como balanços, tobogãs. Mas, além disso, o tempo de recreio ao ar livre pode ser usado para muitas outras atividades, como o contato com plantas e animais, experiências com água, terra, areia e atividades planejadas pelos adultos, tais como andar sobre o papel com os pés molhados de tinta, jogos diversos, etc.

É função do adulto animar, apoiar, ajudar, sugerir alternativas, participar ativamente nos jogos e atividades lúdicas das crianças.

8. Tempo de TRABALHO EM PEQUENOS GRUPOS

Formam-se grupos de oito a dez crianças e um adulto (os mesmos grupos formados no momento de planejamento e revisão).

Geralmente, dura de 15 a 20 minutos. Em certas ocasiões, e dependendo da atividade, pode prolongar-se até 30 minutos.

Este pode ser considerado o tempo mais estruturado da rotina diária, já que as atividades são propostas pelos adultos e eles também se encarregam da seleção e preparação dos materiais. Este planejamento é feito com base na observação e registros C.O.R. realizados pela equipe educativa.[2]

As experiências-chave constituem-se em organizadoras deste tempo.

As atividades selecionadas podem estar integradas em projetos que serão realizados na aula (por ex.: a preparação da festa de Natal, o desfile de Carna-

---

2. Ver o capítulo de Cristina Parente, neste mesmo livro, sobre o uso do C.O.R.

val, a festa de São João, etc.). Podem servir também para a introdução de novos materiais, para a montagem de uma nova área ou para a decoração de uma parede.

Esse tempo presta-se para uma observação individualizada que permite conhecer as crianças e é, ao mesmo tempo, a base para o planejamento individual. Antes de iniciar o trabalho de pequeno grupo, os adultos devem certificar-se de que existe material suficiente para todas as crianças e preparar algum material adicional que permita ampliar os trabalhos de algumas delas sempre que isso for apropriado.

No trabalho de pequenos grupos, pode-se considerar três momentos naturais: início, meio e fim.

Assim, antes de começar a atividade, o adulto deve fazer uma breve introdução para a apresentação dos materiais e dos possíveis meios de utilização.

Após o início da atividade, as crianças têm a oportunidade de usar e explorar os materiais. Os adultos motivam-nas a encontrarem novas formas de utilização dos materiais, falando com elas sobre o que estão fazendo, realizando perguntas abertas, motivando-as a interagirem umas com as outras (devolvendo ao grupo uma pergunta feita por uma das crianças, ampliando o que uma menina acabou de fazer...), escrevendo o que elas dizem. Às vezes, os próprios adultos usam os materiais, possibilitando às crianças ocasiões de aprenderem a observar. Quando o tempo aproxima-se do fim, os adultos devem prevenir as crianças para que estas tenham tempo de acabar os seus trabalhos.

Finalizado o trabalho de pequeno grupo, são as crianças que juntam os materiais usados.

Os adultos motivam-nas a comunicarem as suas experiências e idéias.

O trabalho em pequenos grupos é importante:

— para que o adulto possa observar as crianças;
— para que a criança descubra novas oportunidades e opções;
— para situar no grupo as crianças que tendem a trabalhar sempre sozinhas;
— para criar e diversificar os interesses das crianças que trabalham sempre na mesma área;
— para que o adulto conheça melhor as crianças e que tipo de apoio cada uma precisa, permitindo uma atenção mais individualizada.

A tarefa do adulto na seleção e no planejamento de atividades deve ser conduzida basicamente pela observação da criança e do grupo.

Questões tais como:

— quais são as experiências-chave que o grupo precisa realizar?
— que materiais ou processos parecem não conhecer?
— de que gostam as crianças?
— como reage cada criança diante da atividade proposta?
— quais são as crianças que podem precisar de materiais suplementares e de apoio especial?[3]

São questões básicas para a preparação do tempo do pequeno grupo que deverão ser situadas, necessariamente, no âmbito da observação individual e de grupo.

9. *Tempo de RODA*

Crianças e adultos reúnem-se em grande grupo para cantar canções, conversar, contar histórias, dançar ao som da música ou fazer diferentes ritmos, dramatizar histórias, planejar um passeio ou visita, etc.

Dura aproximadamente de 10 a 15 minutos.

São os adultos que planejam as atividades, mas ficam receptivos a sugestões das crianças para possíveis alterações.

Ao planejar as atividades, leva-se em consideração as preferências das crianças, identificadas através da atenciosa observação do adulto.

Sempre que possível, a atividade planejada está relacionada com os trabalhos ou projetos que estejam sendo realizados em aula.

As atividades devem ser realizadas em um espaço da aula no qual todas as crianças possam movimentar-se com facilidade. Pode ser a área central da sala, o canto dos jogos de construção, a área de música, etc.

Quando o tempo permitir, as atividades podem ser ao ar livre.

Os adultos participam das diferentes atividades, motivando as crianças a interagirem umas com as outras.

É um excelente momento para proporcionar à criança oportunidades de realizar experiências-chave de desenvolvimento sócio-emocional, representação, música, movimento, etc.

Considerações sobre as rotinas

Os adultos devem ajudar as crianças a internalizarem a rotina diária. Para isso, devem manter sempre a mesma seqüência de tempos, referir-se

---

3. Adaptado de *High/Scope for Beginners: Daily Routine*, 1994, High Scope Educational Research Foundation.

ao nome de cada um dos tempos sempre que o mesmo tiver início ("*agora vamos começar o planejamento. Hoje é João o primeiro a fazer o seu plano*"), ao longo de cada momento ("*estou vendo que hoje você resolveu fazer uma casa com legos no tempo de trabalho*") e na transição de uma fase para outra ("*o tempo de trabalho acabou, daqui a pouco vai começar o tempo de organizar*").

Sempre que se pretender alterar a seqüência dos momentos da rotina diária, deve-se avisar previamente as crianças, para que estas tenham tempo para assimilar as alterações.

É importante apontar bem claramente o final de cada fase, de modo que todas as crianças se dêem conta de que será iniciada uma nova atividade.

Os adultos devem estar atentos aos momentos de transição, para evitar que as crianças fiquem sem saber o que fazer quando acabam uma atividade e ainda não começou a seguinte. Assim, contribui-se para prevenir as situações de conflito.

As atividades planejadas pelos adultos para os diferentes tempos da rotina diária, como planejamento, revisão, trabalho de pequenos grupos ou tempo de rodinha, devem ser tão diversificados quanto possível e estar de acordo com as necessidades e os interesses das crianças. Dessa maneira, as crianças sentirão a escola como o lugar onde podem experimentar o sucesso com entusiasmo.

A rotina diária, como acabamos de apresentar, é um instrumento com utilidade educativa em vários níveis. Não podemos deixar de apontar agora que uma rotina é, principalmente, uma estrutura organizacional pedagógica que permite que o educador(a) promova atividades educativas diferenciadas e sistemáticas de acordo com as experiências que se quiser colocar em prática, além daquelas que surgem naturalmente, seja por sugestão de uma criança ou do grupo.

No Projeto Infância, a rotina diária também é um instrumento para a aprendizagem do que se refere à cultura do meio como fonte inspiradora de atividades educativas (Formosinho, 1994).[4]

AS EXPERIÊNCIAS-CHAVE

Enquanto se diverte, brinca, interage com pessoas e materiais, a criança realiza experiências que lhe permitem construir um conhecimento do mundo que a cerca.

Apropria-se progressivamente, desde o seu nascimento, de conhecimentos e desenvolve capacidades que lhe permitem realizar atividades próprias e com características diferenciadas.

---

4. Adaptado de *High/Scope for Beginners: Daily Routine*, 1994, High Scope Educational Research Foundation.

Diversos autores, como Piaget, Erickson, Kohlberg e Selman, entre outros, apresentam uma seqüência invariável de estágios ou níveis evolutivos segundo os quais caracterizam o desenvolvimento cognitivo, sócio-emocional e moral.

Em cada um dos estágios, a criança realiza naturalmente atividades que repete com freqüência em interações com os materiais e as pessoas. No entanto, em contextos mais favoráveis, nos quais sejam proporcionadas à criança muitas e diversas formas de pôr em prática essas atividades, realizar-se-ão mais facilmente e de uma forma mais sistemática.

No modelo *High/Scope*, tais atividades são designadas mediante a denominação de **experiências-chave**. Apresentam-se classificadas em domínios — o desenvolvimento sócio-emocional, cognitivo e físico — e descrevem comportamentos que as crianças realizam naturalmente entre os dois anos e meio e os cinco e seis anos.

As experiências-chave permitem que o adulto compreenda o tipo de conhecimento que as crianças estão construindo em um determinado momento.

São usadas como guia de observação do jogo e das atividades infantis, permitindo aos adultos identificarem interesses, talentos e dificuldades emergentes (Hohmann, 1991).

A informação obtida através da observação permite aos educadores(as), guiados pelas experiências-chave, planejarem as atividades educativas e apoiarem individualmente cada criança.

As múltiplas experiências-chave estão relacionadas ente si, podendo aparecer várias vezes simultaneamente. Assim, quando uma criança está organizando um conjunto de blocos de papelão do menor para o maior, colocando-os em cima de outro conjunto de blocos de madeira, está realizando experiências-chave na área da seriação (combinar diferentes coisas obedecendo a uma determinada dimensão), no domínio da classificação (escolher, selecionar e combinar) e no domínio do número (organizar os conjuntos de objetos com correspondência um a um).

As experiências-chave estão, portanto, ocorrendo a todo momento e é tarefa do educador(a) tanto identificar as que surgem naturalmente como planejar atividades para os diferentes tempos da rotina diária, de modo que possibilitem à criança realizar experiências que se revelem como prioritárias.

Assim, se um educador(a) verificar que no grupo de crianças com as quais trabalha algumas delas têm dificuldades para distinguir as formas (quadrado, retângulo e triângulo), pode planejar uma atividade de trabalho de pequenos grupos na qual as crianças possam ter um contato direto com tais formas, analisando-as, explorando-as e identificando as características de cada uma. Inclusive, poderá incluir na área de expressão plástica materiais com essas formas, como, por exemplo, caixas de papelão, papel para ser usado no desenho ou pintura, cortado na forma de quadrado, retângulo ou triângulo.

Como estão organizadas as experiências-chave

As experiências-chave estão organizadas em nove categorias: sócio-emocional, representação, linguagem, classificação, seriação, número, espaço, desenvolvimento físico e música (Anexo 1).

Dentro de cada uma dessas categorias ou domínios apresenta-se uma seqüência de comportamentos que vão do mais simples ao mais complexo.

Desenvolvimento sócio-emocional

Assim como a criança constrói o conhecimento do mundo que a cerca, ela também constrói o seu conhecimento social e emocional. Os conhecimentos que vai adquirindo e a forma como o faz irão afetar, provavelmente, a sua auto-imagem e as relações que vier a estabelecer com outras crianças e adultos, tanto no presente como no futuro.

As experiências-chave no domínio *sócio-emocional* são as seguintes:

— Fazer e expressar escolhas, planos e decisões.
— Reconhecer e resolver problemas.
— Cuidar das próprias necessidades.
— Compreender rotinas e expectativas.
— Ser sensível aos sentimentos, aos interesses, às necessidades e à origem sócio-emocional de outras pessoas.
— Construir relações com crianças e adultos.
— Criar e vivenciar o jogo em colaboração.
— Desenvolver estratégias para enfrentar os conflitos sociais.

Ao realizar experiências-chave no domínio sócio-emocional, a criança está exercitando atitudes como a confiança, a autonomia, a iniciativa, a empatia e a auto-estima.

A *confiança* é a capacidade de acreditar em si mesmo e nos outros. Permite à criança aventurar-se na exploração do mundo que a cerca, contando sempre com o apoio dos adultos que têm significado para ela.

Ao sentir confiança e segurança em si mesma e nos adultos, a criança vai progressivamente realizando ações de forma mais independente e *autônoma*.

A *iniciativa* é a capacidade para convencer e pôr em prática as suas intenções e escolhas.

A *empatia* permite às crianças compreenderem os sentimentos de outras pessoas, relacionando-os com os sentimentos que elas próprias têm vivenciado.

Tais atitudes surgem em ambientes onde os adultos proporcionam às crianças oportunidades de observar e de estabelecer interações sociais adequadas.

Aprendendo a verbalizar os sentimentos e a escutar o outro, a criança está desenvolvendo capacidades para enfrentar situações de conflito, reconhecendo pontos de vista diferentes do seu, respeitando-os e aceitando-os.

A vivência dessas experiências permite que a criança vivencie o sucesso no seu ambiente, tanto com outras crianças como com os adultos (Hohmann, 1991).

Linguagem e representação

Realizar experiências-chave no domínio da linguagem ajuda a criança a expressar e a comunicar aos outros as suas intenções, preferências e a conversar sobre acontecimentos e experiências pessoais e significativas.

As experiências-chave no domínio da *linguagem* são as seguintes:

— Falar com os outros sobre experiências pessoais significativas.
— Descrever objetos, acontecimentos e relatos.
— Divertir-se com a linguagem, fazendo rimas, inventando histórias e ouvindo poemas e histórias.
— Escrever de várias formas (desenhando, fazendo garatujas, usando formas semelhantes às letras, inventando ortografia e usando a escrita convencional).
— Ter a sua própria linguagem escrita e lê-la.
— Ler de várias maneiras. Reconhecer letras e palavras, ler livros de histórias e outros materiais impressos.

A linguagem infantil vai evoluindo de um sistema de formas muito simples e concretas para formas mais complexas e abstratas.

A criança começa a expressar-se através de vocábulos que vai balbuciando e sobre o que vai refletindo, dizendo os nomes dos objetos que vai observando, descrevendo ações que observa em um determinado momento para, mais tarde, ser capaz de relatar acontecimentos do passado e fazer planos para ações futuras.

Assim, vai aprendendo a dizer novas palavras, a construir frases gramaticalmente corretas, a expressar sentimentos, idéias, pensamentos e experiências com palavras, a perceber a importância e a funcionalidade da língua escrita. Tais aprendizagens ocorrem mais facilmente e tornam-se mais ricas se os adultos proporcionarem às crianças contextos nos quais elas possam exercitar e desenvolver as suas capacidades lingüísticas, seja de forma verbal ou escrita.

Usando suas próprias palavras, a criança torna-se mais consciente de suas descobertas e mais capaz de aplicá-las em situações futuras (Hohmann, 1991).

Realizar experiências-chave no domínio da representação permite às crianças expressarem conhecimentos, lembrarem e recriarem situações, vivências e experiências.

As experiências-chave do domínio da *representação* são as seguintes:

— Reconhecer os objetos pelo som, tato, sabor, olfato.
— Imitar ações e sons.
— Relacionar figuras, fotografias e modelos com lugares e coisas reais.
— Representar, imitar, atuar "como se".
— Desenhar e pintar.

A partir de um ano e meio a criança começa a compreender que pode representar o mundo que a cerca de diversas maneiras: desenhando, pintando, construindo, interpretando papéis, etc. A função simbólica desenvolve-se de forma gradativa, começando por simples imitações e tornando-se progressivamente mais elaborada.

Assim, os adultos deverão proporcionar contextos ricos em materiais que favoreçam o desenvolvimento da capacidade de representar, de simbolizar os conhecimentos e experiências de vida. Envolvendo-se nos jogos das crianças, no seu *"roleplay"*, trabalhando com elas, desenhando, pintando, construindo, as pessoas adultas estão estimulando a complexidade de suas representações.

Classificação

Ao realizar experiências-chave no domínio da classificação as crianças exercitam a sua capacidade de observar os atributos dos objetos, de perceber as semelhanças, de reunir objetos semelhantes e de distinguir o significado de *igual e diferente* (Hohmann, Banet e Weikart, 1979).

As experiências-chave no domínio da *classificação* são as seguintes:

— Pesquisar e definir os atributos das coisas.
— Observar e descrever semelhanças e diferenças.
— Separar e agrupar objetos.
— Utilizar e descrever qualquer coisa de diversas formas.

- Distinguir entre "alguns" e "todos".
- Considerar mais de um atributo ao mesmo tempo.
- Descrever as características que determinadas coisas não têm ou dizer a que categoria elas pertencem.

No período pré-operacional, dos dois anos e meio aos sete anos, a capacidade de classificar objetos evolui da seguinte forma: explorar objetos, utilizar designações de classe, fazer coleções gráficas, reunir por semelhança, juntar em dois grupos.

Assim, desde muito cedo, as crianças conseguem reunir os objetos, agrupando-os de uma forma que tem muito a ver com as suas semelhanças e diferenças. Isso é o que Piaget chama de *coleções gráficas*. À medida que vão se desenvolvendo, vão formando *conjuntos*: primeiro juntam os objetos iguais e somente depois dão atenção às suas semelhanças. Por exemplo, começam a formar conjuntos de flores vermelhas, amarelas e azuis.

Com o conjunto das flores vermelhas, e dando atenção às semelhanças, a criança é capaz de separar as flores vermelhas que possuem quatro pétalas daquelas que têm cinco.

Como já dissemos nas experiências-chave descritas anteriormente, os adultos deverão proporcionar à criança diversas oportunidades para explorar objetos, para identificar as suas características e semelhanças, o que facilitará o desenvolvimento da capacidade de classificar.

Seriação

Ser capaz de seriar é ser capaz de organizar as coisas segundo a sua dimensão (tamanhos, intensidades, etc.), estabelecendo relações (o maior, o menor). As experiências-chave do domínio da *seriação* são as seguintes:

- Comparar na mesma dimensão: mais longo/mais curto, mais áspero/mais suave, etc.
- Organizar diversas coisas segundo a mesma dimensão e descrever as relações: o maior, o menor, etc.
- Ajustar, através da tentativa e erro, um conjunto organizado de objetos.

A capacidade de seriar desenvolve-se a partir da capacidade de comparar.

Assim, os adultos deverão motivar as crianças a fazer comparações, como por exemplo: Qual é a mesa mais alta e a mais baixa?

Os contextos educacionais deverão apresentar uma diversidade de objetos idênticos de vários tamanhos (blocos grandes, médios e pequenos); de cores em diversos tons (tinta azul escura e azul clara para pintar), etc.

Número

As crianças desenvolverão a compreensão de conceitos numéricos ao realizarem experiências de contar objetos, combinar, agrupar e comparar (Hohmann, Banet e Weikart, 1979).

As experiências-chave do domínio do *número* são as seguintes:

— Comparar número e quantidade: mais/menos, mais coisas/menos coisas, a mesma quantidade.
— Organizar dois conjuntos de objetos por correspondência unívoca.
— Contar objetos, contar de cor.

Antes de perceber o conceito de número a criança precisa realizar experiências de *comparar número e quantidade* (qual é a caixa que tem mais ou menos botões); *fazer correspondências termo a termo* (ao distribuir as caixinhas de leite na hora do almoço, dar uma a cada criança).

Espaço

A criança desenvolve conceitos espaciais realizando experiências com as quais aprende coisas sobre o *seu próprio corpo* (como se encaixam as diversas partes do corpo), como esse corpo situa-se em um espaço cheio de objetos; quais são as *distâncias* e posições de um objeto com relação a outro; em que *direção* movimentam-se as coisas; compreender as formas que os objetos adquirem quando adotam diversas posições.

As experiências-chave do domínio do *espaço* são as seguintes:

— Juntar coisas e separá-las.
— Recompor e remodelar objetos (dobrar, torcer, esticar, empilhar) e observar as mudanças.
— Observar coisas e lugares a partir de diferentes perspectivas.
— Vivenciar e descrever posições, direções e distâncias relativas.
— Vivenciar e representar o próprio corpo.
— Aprender a localizar coisas na sala de aula, na escola e no meio ambiente.
— Interpretar representações de relações espaciais em desenhos e pinturas.
— Distinguir e descrever formas.

Os adultos deverão proporcionar à criança materiais que ela possa encaixar e separar, que possam ser transformados e utilizados de diversas formas; incentivá-la a localizar as áreas de trabalho de sua aula (qual é a área que está mais próxima da porta de entrada e a que está mais afastada da mesa de planejamento; ajudá-la a conhecer a área que está próxima a escola infantil; organizar passeios e visitas a diferentes locais da comunidade e depois falar com as crianças sobre a localização dos espaços visitados; estimulá-las a descrever as relações espaciais nos próprios desenhos e nos de outras crianças, etc.).

Tempo

Ao chegar à escola infantil, Rita olha para a professora e diz: *"Ana, você sabe que só preciso dormir três vezes e depois estou de aniversário?"*

Este é apenas um exemplo de como as crianças pequenas começam a compreender que o tempo é *contínuo*, existindo coisas antes e depois de um determinado *momento*. No entanto, no exemplo apresentado, a menina ainda não usa medidas de tempo convencionais, cria o seu próprio código para descrever uma seqüência de três dias.

As experiências-chave do domínio do *tempo* são as seguintes:

— Começar ou acabar uma ação ou um sinal.
— Vivenciar e descrever movimentos de diferentes velocidades.
— Vivenciar e comparar intervalos de tempo.
— Vivenciar mudanças.
— Recordar e antecipar acontecimentos e representar a sua ordem.
— Usar medidas de tempo convencionais e observar que os relógios e calendários marcam a passagem do tempo.

Para uma criança muito pequena as coisas somente existem em um momento determinado. Quando percebem que o tempo é contínuo, elas são capazes de voltar ao passado e reconstruir acontecimentos e experiências. Para as crianças em idade pré-escolar a passagem do tempo é algo difícil de compreender.

Mas é ainda mais difícil o uso de unidades convencionais de tempo utilizadas pelas pessoas adultas para falar sobre acontecimentos passados e futuros (minutos, horas, dias, etc.) (Hohmann, Banet e Weikart, 1979).

As experiências-chave do domínio do tempo ajudam os adultos a perceberem como as crianças concebem o tempo e como podem ajudá-las a consolidar os seus conhecimentos e a construir uma visão mais objetiva do tempo (Idem, ibidem).

Assim, deverão proporcionar-lhes materiais que possam usar para indicar o *começo* e o *fim* de períodos de tempo no âmbito da rotina diária; fazer jogos de começar e parar; dar-lhes oportunidades de vivenciar diferentes níveis de velocidade com seus próprios corpos; relacionar a *duração* dos períodos de tempo com ações ou acontecimentos verdadeiros, etc.

Movimento e desenvolvimento físico

Através das experiências-chave deste domínio as crianças aprendem a movimentar-se de diversas formas, desenvolvendo a coordenação motora, o conhecimento do seu corpo e um sentimento de prazer físico, o qual, por sua vez, apóia o desenvolvimento cognitivo e social (Hohmann, 1991).

As experiências-chave do domínio do *movimento e desenvolvimento físico* são as seguintes:

— Movimentar-se de diversas formas com deslocamento.
— Movimentar-se de forma a que não exista deslocamento.
— Movimentar-se com objetos.
— Descrever movimentos.
— Expressar criatividade no movimento.
— Sentir e expressar ritmos.
— Movimentar-se com outros seguindo o mesmo ritmo.

Para que a criança tenha oportunidade de realizar experiências-chave que lhe permitam desenvolver a coordenação motora e física, devem ser proporcionados contextos nos quais ela possa correr, pular, movimentar-se com os objetos, saltar obstáculos, subir, etc.

Assim, os professores(as) de idades pré-escolares deverão ter um cuidado especial com os espaços externos de sua escola infantil, equipando-os com materiais que permitam às crianças a realização de experiências-chave dentro desse domínio.

Contudo, não é só a coordenação motora dos grandes músculos que desperta o nosso interesse. As crianças deverão ter à disposição materiais que favoreçam o desenvolvimento da coordenação motora fina, como, por exemplo: botões e linhas para aviar, atividades de tapeçaria e costura, etc.

Conclusão

Para concluir, devo ressaltar que a rotina diária e as experiências-chave que se deseja realizar na mesma foram apresentadas de uma forma muito próxima à proposta do *High/Scope*, para permitir um apoio efetivo às práticas. Entretanto, parece importante destacar que a estrutura pedagógica apresentada é flexível e comporta um espaço de adaptação por cada profissional, levando em consideração fatores como o grupo de crianças, as suas famílias, as comunidades e a cultura que as cerca.

REFERÊNCIAS BIBLIOGRÁFICAS

Brickman, N.A. e Taylor, L.S. (1991). *Supporting Young Learners*. High/Scope Press, Ypsilanti. Michigan.

Formosinho, J. (1992). *Formação Pessoal e Social*. Sociedade Portuguesa de Ciências de Educação.

Formosinho, J. (1994). *The Social Emergence of Morality*. EECERA Conference — Gotteberg. Luveden.

Hohmann, M.; Banet, B. e Weikart, D.A. (1979) *Criança em Ação*. Fundação Calouste Gubelnkian.

ANEXO

AS EXPERIÊNCIAS-CHAVE NO MODELO HIGH/SCOPE

Desenvolvimento Social
1. Fazer e expressar escolhas, planos e decisões.
2. Reconhecer e resolver problemas.
3. Expressar e compreender sentimentos.
4. Cuidar das próprias necessidades.
5. Compreender rotinas e expectativas.
6. Ser sensível aos sentimentos, aos interesses, às necessidades e à origem sociocultural de outras pessoas.
7. Construir relações com crianças e adultos.
8. Criar e experimentar o jogo cooperativo.
9. Desenvolver estratégias para enfrentar os conflitos sociais.

Representação
1. Reconhecer objetos pelo som, tato, gosto e odor.
2. Imitar ações e sons.
3. Relacionar figuras, fotografias e modelos com lugares e coisas reais.
4. Representar, fazer graças ou imitar.
5. Fazer modelos com barro, blocos, etc.
6. Desenhar e pintar.

Linguagem
1. Falar com outros sobre experiências pessoais significativas.
2. Descrever objetos, acontecimentos e relações.
3. Divertir-se com a linguagem fazendo rimas, inventando histórias ou escutando poemas e histórias.
4. Escrever de várias formas (desenhando, fazendo garatujas, usando formas semelhantes a letras, inventando ortografia ou usando a escrita convencional).
5. Ter uma linguagem escrita própria e lê-la.
6. Ler de diversas formas. Reconhecer letras e palavras, ler livros de histórias e outros materiais impressos.

Classificação
1. Pesquisar e rotular os atributos das coisas.
2. Observar e descrever semelhanças e diferenças.
3. Separar e agrupar objetos.
4. Utilizar e distribuir qualquer coisa de diversas formas.
5. Distinguir entre "alguns" e "todos".
6. Considerar mais de um atributo ao mesmo tempo.
7. Descrever as características que determinadas coisas não têm ou dizer a que categoria elas pertencem.

Seriação
1. Comparar na mesma dimensão: mais longo/mais corto, mais áspero/mais suave, etc.

2. Organizar diversas coisas seguindo a mesma dimensão e descrever as relações: o mais longo, o mais curto, etc.
3. Ajustar, por tentativa e erro, um conjunto organizado de objetos a outro.

Número
1. Comparar número e quantidade: mais/menos, mais coisas/menos coisas, a mesma quantidade.
2. Organizar dois conjuntos de objetos por correspondência unívoca.
3. Contar objetos, contar de cor.

Espaço
1. Juntar coisas e separá-las.
2. Recompor e remodelar objetos (dobrar, torcer, esticar, empilhar) e observar as mudanças.
3. Observar coisas e lugares a partir de diferentes perspectivas.
4. Vivenciar e descrever posições, direções e distâncias relativas.
5. Vivenciar e representar o próprio corpo.
6. Aprender a localizar coisas na sala de aula, na escola, no bairro.
7. Interpretar representações de relações espaciais em desenhos e pinturas.
8. Distinguir e descrever formas.

Tempo
1. Começar ou acabar uma ação diante de um sinal.
2. Vivenciar e descrever movimentos de diferentes velocidades.
3. Vivenciar e comparar intervalos de tempo.
4. Vivenciar e representar mudanças.
5. Lembrar e prever acontecimentos e representar a sua ordem.
6. Usar medidas de tempo convencionais e observar que os relógios e os calendários marcam a passagem do tempo.

Movimento e desenvolvimento físico
1. Movimentar-se de diversas formas que envolvam deslocamento.
2. Movimentar-se sem deslocamentos.
3. Movimentar-se com objetos.
4. Seguir instruções referentes aos movimentos.
5. Descrever movimentos.
6. Expressar criatividade no movimento.
7. Sentir e expressar ritmos.
8. Movimentar-se com outros seguindo o mesmo ritmo.

CAPÍTULO 10

Uma Experiência de Formação de Professores(as) de Educação Infantil

CRISTINA PARENTE
CEFOPE, Universidad de Miño
Braga

INTRODUÇÃO: A OBSERVAÇÃO ATRAVÉS DO C.O.R.[1]

Desde 1988, data do início dos Bacharelados em Educação de Infância no Centro de Formação de Professores e Educadores de Infância (CEFOPE) da Universidade de Minho, a questão da observação e do desenvolvimento da capacidade de observação dos educadores(as) e, posteriormente, dos supervisores, vem assumindo uma importância fundamental. De fato, nos contextos de atenção à infância, a observação surge como uma questão básica, já que pode ser simultaneamente o ponto de partida para o processo de avaliação, permitindo obter informações objetivas sobre cada criança, para o desenvolvimento do projeto curricular e avaliação da sua eficiência e também a base para o trabalho em equipe, tanto se este for constituído pela educadora e a aluna estagiária, pela educadora e seu auxiliar ou pela educadora juntamente com a aluna estagiária e a auxiliar. Essa ampla questão — observação e desenvolvimento da capacidade de observação — precisa ser definida através das "especificações dos níveis esperados do exercício da capacidade de observação", identificados por Oliveira Formosinho (1984), a saber:

---

1. *CHILD OBSERVATION RECORD.* Propriedade da High/Scope Educational Research Foundation. Ypsilanti, Michigan.

1) A observação do desenvolvimento, centrada na criança individual e baseada nas descrições do seu processo de desenvolvimento.
2) A observação curricular, capaz de dar sentido à construção e à implementação de um projeto curricular.
3) A observação para a auto-avaliação, ou seja, a avaliação da atuação pedagógica do próprio educador(a), visando à promoção do seu desenvolvimento profissional.
4) A observação para a execução de um projeto previamente definido.
5) A observação para a pesquisa, como base da pesquisa educacional.

Essas questões da observação, do desenvolvimento da capacidade de observação e da especificação dos níveis esperados do exercício da mesma adquirem contornos mais nítidos quando ficam emoldurados dentro do âmbito do projeto educativo *High/Scope*. Assim, são estabelecidos no Diploma de Estudos Superiores Especializados em Educação Infantil e Básica Inicial, área de Metodologia e Supervisão em Educação da Infância. O currículo de formação deste DESE foi elaborado tendo como base uma perspectiva interacionista/construtivista. Como coloca Oliveira Formosinho (1984): *"Optamos por um modelo interacionista-construtivista que, ao definir o sujeito epistêmico como ativo construtor do seu conhecimento, obriga-nos a encontrar coerência entre o modelo de formação dos professores(as) e o modelo de atuação pedagógica para o qual os preparamos".*

Foi com esse modelo de referência que se desenvolveu o processo de ensino-aprendizagem da observação e o treinamento na utilização de um instrumento específico, o *Child Observation Record* (C.O.R.). Trata-se de um instrumento de avaliação baseado na observação. Optar por uma perspectiva interacionista/construtivista significa acentuar a dimensão do conhecimento como um processo interativo entre o sujeito e o objeto, o que exige um trabalho de elaboração do sujeito e envolve uma construção individual e pessoal do conhecimento. Construção essa que é realizada através da interação entre o sujeito e o seu meio, transformando um acontecimento observado em um processo de conhecimento construído a partir das estruturas de conhecimento existentes dentro do organismo que recebe os dados do meio e os transforma em conhecimento. Tal processo apela para os esquemas e novas relações. O conhecimento assim construído pode, posteriormente, ser aplicado a situações particulares. Como afirma Furth (1984), o conhecimento depende da atividade estruturadora do sujeito, podendo ser conceituado como uma capacidade interna e subjetiva, com uma dinâmica de desequilíbrio e novo equilíbrio que ocorre em muitos níveis na relação entre o sujeito e o acontecimento observado. Neste sentido, o conhecimento é uma atividade inferida a partir da organização e da coordenação dos acontecimentos que são observados. Alguns desses acontecimentos observados vão suscitar a capacidade organizadora do sujeito, possibilitando com isso a produção de um conhecimento construído, pessoal e individualizado. Outros acontecimentos observados, ao contrário, não vão suscitar a capacidade organizadora do sujeito, não havendo oportunidade, por isso, para a produção de um desequilíbrio suscetível de levar a novos conhecimentos. Isso ocorre porque neste processo de conhecimento são vários os fatores que intervêm e, portanto, não basta que se produza alguma modificação no ambiente para que tal modificação cause impacto no sujeito.

É necessário que essa informação que chega do ambiente esteja adaptada ao nível de desenvolvimento do sujeito e que, portanto, ele possa organizar essa informação, ou seja, que o sujeito possa implementar processos individuais de organização da informação. Esta é uma questão crucial no modelo *High/Scope* que acentua a necessidade de oferecimento de experiências-chave adequadas à fase de desenvolvimento em que a criança se encontra.

As experiências-chave constituem um dos dois aspectos centrais no currículo *High/Scope* já que, de certa forma, elas representam a forma como o currículo concebe o trabalho educativo com relação às crianças pequenas. Segundo Brickman *et al.* (1991), *"As experiências-chave são atividades nas quais as crianças menores se desenvolvem naturalmente"*, traduzidas em uma série de frases que descrevem o desenvolvimento social, cognitivo e físico das criança de dois anos e meio aos seis anos de idade. Como coloca Mary Hohmann *et al.* (1984): *"No seu conjunto, estas experiências oferecem um quadro pormenorizado das ações típicas das crianças e dos diversos tipos de conhecimento que essas crianças estão construindo"*. À medida que descrevem coisas que os menores se sentem naturalmente predispostos a fazer, as experiências-chave são um elemento importante na interação adulto-criança, tornando-se o elemento facilitador da compreensão e do incentivo dos interesses infantis. As experiências-chave também são um guia para a observação, são um organizador fundamental na observação das ações das crianças, porque ajudam a orientar e a delimitar tais observações. A observação das atividades presentes é fundamental para identificar o nível de desenvolvimento de cada criança e das experiências-chave que devem ser proporcionadas a ela. O educador(a) deve saber, em cada momento, qual é o nível de desenvolvimento de cada criança para ser capaz de criar um ambiente no qual vão sendo produzidas as atividades esperadas e para apoiá-las quando elas ocorrerem espontaneamente.

A importância da observação nos diversos contextos de atenção à infância, o papel que desempenha na construção dos conhecimentos e a função privilegiada que exerce no momento de possibilitar a identificação do nível de desenvolvimento de cada criança permitindo, conseqüentemente, o planejamento e o fornecimento de experiências-chave adequadas ao desenvolvimento infantil constituem a razão do processo de ensino e treinamento que será descrito nos itens seguintes.

CARACTERÍSTICAS DO INSTRUMENTO DE OBSERVAÇÃO

O *Child Observation Record* (C.O.R.) é um instrumento de avaliação desenvolvido pela Fundação de Pesquisa *High/Scope*. Nesse instrumento toda a avaliação está baseada, fundamentalmente, no conjunto de observações e registros dos episódios relevantes, realizados diariamente, quando as crianças estão desenvolvendo as suas atividades, mas também em elementos como mostras do seu trabalho: desenhos, construções, histórias, canções, etc. É, então, crucial que cada equipe de trabalho encontre uma forma sistemática de realizar e registrar as observações de cada criança, que seja, além disso, acessível e eficaz para toda a equipe.

Um sistema eficaz para toda a equipe implica não apenas escolher uma forma sistemática de observar e registrar, mas também a tomada de decisões em relação a quando, como e o que registrar e, ainda, encontrar tempo para reunir e discutir. A cooperação de toda a equipe é fundamental nos registros das observações. Normalmente, quem usa o currículo *High/Scope* escolhe como organizador dessa forma sistemática de registro as experiências-chave, elaborando uma ficha de experiências-chave, na qual registra as observações realizadas. Observar e registrar de uma forma eficaz pressupõe também um processo de treinamento, levando em consideração que os registros de observação devem ter algumas características. Devem ser registros breves, mas conter informação que ajude a reconstruir a situação, se for preciso. Devem incluir toda a informação necessária: contextualizar, descrever e terminar indicando o resultado do comportamento observado.

Todos os registros devem estar fechados, já que o que se pretende é conhecer a evolução da criança ao longo do tempo.

E, finalmente, embora não por isso seja menos importante, devem descrever o comportamento e não interpretá-lo.

Trata-se, como afirma o manual, de *"um instrumento de avaliação que pode ser utilizado por um observador treinado, em crianças de dois anos e meio a seis anos, sempre que estiverem envolvidas em atividades típicas de contextos de atenção à infância"*. Possui como característica importante o fato de que os registros de informação são fundamentalmente registros de comportamento, iniciados pelas crianças durante as suas atividades do dia-a-dia, com exceção dos itens que pretendem avaliar as respostas das crianças a indicações das pessoas adultas.

Os diversos comportamentos observados e registrados estão organizados em seis categorias de desenvolvimento. Cada categoria inclui de três a oito itens, com um total de 30 dimensões. Para cada dimensão são definidos comportamentos típicos que são numerados de um a cinco, correspondendo cada um deles a níveis diferentes e sucessivos de desenvolvimento. As seis categorias de desenvolvimento são:

1. Iniciativa
2. Relações Sociais
3. Representação criativa
4. Música e Movimento
5. Linguagem e competência na leitura e na escrita
6. Lógica e Matemática

O instrumento pode ser consultado no Anexo.

A categoria INICIATIVA refere-se à *"capacidade da criança para iniciar e continuar o desenvolvimento de tarefas. É o poder de tomar e levar adiante decisões"* (Fundação *High/Scope*, 1992). Relaciona-se, portanto, com a iniciativa, a confiança e a autoconfiança, que vão aparecendo à medida que a criança passa a interagir de forma adequada com as pessoas e com os materiais.

A categoria RELAÇÕES SOCIAIS refere-se ao estabelecimento de relações com os outros, sejam os seus colegas ou sejam os adultos capazes de proporcionar-lhe aprendizagens fundamentais (como: *"... saber quando tomar iniciativas e quando colocá-las em prática e durante quanto tempo manter-se nelas, saber quando trabalhar com outros para um objetivo comum, saber lidar com os conflitos, saber expressar os seus sentimentos de forma natural e corretamente"*) e capazes de proporcionar à criança a capacidade de resolver os diversos problemas que ela enfrenta (Fundação *High/Scope*, 1992).

A REPRESENTAÇÃO CRIATIVA tem relação com a possibilidade das crianças de recordarem e interpretarem as suas próprias experiências através de representação, construções, jogos, desenhos, pinturas, etc. A representação implica uma aplicação do conhecimento adquirido pelas experiências traduzidas de uma forma diferente. *"Ao observar como as crianças desenham, pintam e pulam, os adultos podem dar-se conta do que elas conhecem do meio que as cerca"* (Fundação *High/Scope*, 1992).

A categoria MÚSICA E MOVIMENTO refere-se à diversidade de formas, de movimento que as crianças utilizam no seu dia-a-dia, capazes de proporcionar aquisições essenciais. Como defende a Fundação *High/Scope* (1992), *"as crianças desenvolvem capacidades físicas importantes, ao terem consciência do que os seus corpos são capazes de fazer, quando se movimentam com ou sem objetos"*. Trata-se de aquisições que vão contribuir e apoiar o crescimento social e cognitivo, *"à medida que se movimentam de muitas maneiras, as crianças adquirem e compreendem conceitos e linguagens que estão ligados a ações e a posições"* (Fundação *High/Scope*, 1992).

LINGUAGEM E COMPETÊNCIA NA LEITURA E NA ESCRITA é a categoria que abrange as diversas capacidades lingüísticas: ouvir, falar, ler e escrever.

Refere-se à capacidade da criança de falar sobre o que está fazendo, sobre o que sente, sobre ouvir e contar histórias, cantar canções, etc., tornando-se com isso mais consciente das suas descobertas e, portanto, mais capaz de aplicar esses conhecimentos a outras situações. *"Nesta seção os itens ajudam os adultos a avaliar as capacidades das crianças e seus níveis de competência em cada um desses diversos aspectos da comunicação"* (Fundação *High/Scope*, 1992).

A categoria LÓGICA E MATEMÁTICA refere-se, segundo a Fundação *High/Scope* (1992), às *"capacidades desenvolvidas pelas crianças nas áreas de classificação, seriação, número, espaço e tempo"*. Tem relação com as possibilidades de que, ao interagir com as pessoas e materiais, a criança vá compreendendo as relações entre as coisas e, conseqüentemente, vá desenvolvendo o seu próprio controle e do meio que a cerca. *"A capacidade de pensamento das crianças desenvolvida através destas experiências é crucial para toda a aprendizagem futura"*. (Fundação *High/Scope*, 1992).

Relativa a cada uma dessas seis categorias de desenvolvimento encontra-se definida uma série de experiências-chave que guia as observações e os registros das mesmas. O conjunto desses registros, referentes a cada crianças e a mostra de trabalhos das crianças, constituem a fonte de informação para a comparação dos 30 itens. As anotações são realizadas em uma folha de síntese que possibilita um resumo das anotações feitas em cada categoria. Na folha de síntese das notas *"abre-se um espaço para incluir a anotação de cada item e o resumo por itens em cada área geral"* (Fundação *HIgh/Scope*, 1992). A pontuação final é estabelecida a partir dos registros das observações, sendo tarefa do observador selecionar para cada item o comportamento do nível mais elevado dos anotados (níveis 1,2,3,4, ou 5), sendo esse o valor a atribuir a cada item. É esse o procedimento em relação ao conjunto dos 30 itens. Posteriormente, é possível calcular as notas de cada subescala.

DESCRIÇÃO DO PROCESSO

A seguir, descreve-se o processo de ensino e treinamento para o desenvolvimento e a aprendizagem prática da capacidade de observação da forma como se realizou no curso superior de Metodologia e Supervisão em Educação da Infância, no CEFOPE, da Universidade do Minho. O processo de ensino e treinamento desenvolvido pode ser dividido em três grandes etapas:

1ª etapa: etapa de formação e treinamento na observação em geral.

2ª etapa: etapa de treinamento na utilização do C.O.R.

Nesta etapa, foi trabalhada toda a especificidade do sistema de observação utilizado no C.O.R. e a forma de pôr em prática o sistema adequadamente.

3ª etapa: etapa de aplicação prática do treinamento na observação em geral e na administração do C.O.R. como forma de favorecer o trabalho de reflexão crítica e de generalização dos conhecimentos sobre a utilização do C.O.R. como instrumento de observação.

Primeira etapa

Corresponde ao primeiro momento, no qual se pretendeu abordar algumas questões iniciais referentes à observação, tais como: situar a observação no contexto de outras técnicas de coleta de dados, identificar um conjunto de razões e de vantagens da observação, conhecer alguns critérios de observação sistemática e enfatizar a importância do treinamento na observação.

Nesse contexto, foram trabalhados aspectos como:

— a capacidade de isolar os aspectos da situação que são significativos para o objetivo em estudo, em contextos educacionais normalmente complexos e nos quais o observador deve enfrentar uma grande quantidade de fenômenos que ocorrem simultaneamente;
— a necessidade de planejar as observações e a atenção dada à objetividade das observações.

Tais questões foram trabalhadas através da utilização de uma gravação de uma sala de uma escola infantil. Assim, foram apresentados dois fragmentos do vídeo, com três minutos e meio de duração cada, com a proposta de alguns exercícios práticos de observação seguidos de discussão e debate.

O primeiro exercício proposto foi a realização de um *registro contínuo* da situação, tornando as estudantes conscientes das dificuldades do registro contínuo e do nível de objetividade.

Registro de acontecimentos — relativos a uma criança que se indicava previamente, com a orientação de registrar tudo o que ela fizesse. O exercício era seguido de uma análise de critérios de acordo/desacordo no registro realizado das condutas e de uma revisão do nível de objetividade.

Registro por intervalos de tempo — relativo à mesma criança anteriormente indicada, indicando-se o tempo através de um sinal sonoro e seguindo-se uma discussão sobre os pontos de acordo/desacordo e o nível de objetividade alcançado.

Novo registro por intervalos de tempo — nesta ocasião, com o segundo fragmento do vídeo e indicando uma nova criança como objeto da observação. Discussão dos resultados segundo critérios de acordo/desacordo e nível de objetividade.

A repetição do mesmo método de registro com outro fragmento do vídeo tinha como objetivo demonstrar que a melhoria constatada no nível de acordo e no nível de objetividade não são devido somente ao fato de observar ou registrar pela segunda vez a mesma criança, mas, principalmente, pelo próprio método de registro.

Registro de acontecimentos — em relação ao segundo fragmento do vídeo, com a orientação de que fossem descritos o comportamento das crianças quando fazem perguntas à professora. Novamente, discussão e análise segundo critérios de acordo/desacordo e nível de objetividade e concordância.

Registro por intervalos de tempo com estrutura — explicadas as variáveis e explicitado o seu significado, indicou-se que o registro seria feito através de uma visão específica, ou seja, sempre que um determinado comportamento acontecesse no momento do sinal sonoro e indicando a sua relação com as outras crianças. Seguiu-se uma discussão sobre os obstáculos da observação estruturada e sobre o nível de acordo/desacordo existente e sobre a importância do treinamento dos observadores.

O desenvolvimento da discussão final demonstrou que tinha havido, da parte das estudantes, uma compreensão crítica dos processos desenvolvidos nos diferentes métodos de registro. As estudantes puderam experimentar desde um registro mais casual (registro contínuo) até um registro mais sistemático e preciso (registro de intervalos de tempo com estrutura) e, assim, apreciar os resultados que os diversos métodos iam produzindo. Também puderam aprender que qualquer um dos métodos têm vantagens e desvantagens, dependendo do objetivo da observação e que, seja qual for o método escolhido, sempre deverá existir uma atitude de flexibilidade — por exemplo, um observador deverá anotar à margem, se em um registro por intervalos de tempo ocorreu alguma coisa muito significativa entre esses intervalos. Embora tal observação não contribua para os resultados formais da observação da mesma forma que as observações registradas nos momentos pré-determinados, podem eventualmente enriquecer a descrição da situação que se procura observar.

Mais adiante, foram dadas as indicações oportunas para que as estudantes fizessem em suas aulas uma observação com registro contínuo da atividade de uma ou mais crianças durante um período de tempo significativo.

Segunda etapa

O grande objetivo desta etapa foi dar a conhecer e aprender a usar o *Child Observation Record*. Assim, começou-se com a explicação das características do C.O.R. como um instrumento de avaliação baseado na observação de crianças com idades entre dois anos e meio e seis anos, o qual introduz um método de observação sistemática dos comportamentos das crianças e de suas atividades nos contextos diários de sua vida. Analisou-se a sua organização em torno de seis categorias de desenvolvimento, cada uma dividida entre três e oito itens, com um total de 30 dimensões organizadas por linhas. Cada linha recebe uma numeração de um a cinco, representando diferentes níveis de desenvolvimento. Foram abordadas as fontes de informação para preencher o caderno de anotações, com incidência especial nos registros de episódios relevantes nas atividades das crianças e algumas condições consideradas fundamentais para o preenchimento do C.O.R.

Simultaneamente, trabalhou-se com os registros contínuos realizados pelas estudantes. Começou-se pela análise quanto ao nível de interpretações e objetividade, continuando pela divisão da totalidade dos registros em pequenas unidades de comportamento que logo foram integradas nas categorias do C.O.R. e, posteriormente, nas categorias das experiências-chave. Deve-se destacar que as estudantes já haviam trabalhado anteriormente com a noção de experiências-chave e já haviam aplicado-as no seu trabalho na escola infantil. Seguiu-se um debate e uma reflexão sobre o trabalho realizado.

Constatou-se, então, um maior nível de clareza de todo o processo; pode-se apreciar, neste momento, uma importante atribuição de significado a todo o processo de ensino e treinamento da observação realizado até o momento. As estudantes, agora, estavam capacitadas para perceber melhor o sentido do que estavam observando e para que o faziam, o que podiam concluir dessas observações, o que não era nem pertinente nem muito significativo nessas observações, o processo a seguir para a inclusão das unidades de comportamento nas categorias do CO.R. e nas categorias das experiências-chave.

Se este processo de registrar isolando os aspectos significativos da situação, e de fazê-lo de forma adequada, e a posterior integração das observações nas categorias do C.O.R. e das experiências-chave realizarem-se nestes termos práticos, isso permite que se torne coerente e claro para as estudantes a importância e a necessidade de encontrarem uma forma de registro de episódios relevantes que seja, ao mesmo tempo, sistemática e significativa para a equipe de trabalho da escola infantil, no seu esforço de compreensão do comportamento das crianças observadas e no seu esforço para dar às atividades curriculares uma orientação baseada no desenvolvimento evolutivo das crianças. A percepção da necessidade de uma forma de registro sistemática e o fato de que as experiências-chave se constituem em uma espécie de "palco de observação" preferencial pela sua capacidade inclusiva foram a razão para apresentar uma folha de registro de episódios relevantes, F.R.E.E., que é uma adaptação da Ficha de Anotações de Experiências-chave da *High/Scope*.

Na folha de registro de episódios relevantes podem encontrar-se registros do tipo que exemplificamos abaixo:

REGISTRO: Ana e Rita estavam fazendo letras com moldes. Ana disse a Rita: *"Vamos escrever a palavra mãe; já temos o M, agora é o A e depois o E"*.
EXPERIÊNCIA-CHAVE: Escrever de diversas formas (desenhando, com garatujas, fazendo as letras com moldes, inventando uma maneira de soletrar).
CATEGORIA: Linguagem e competência em leitura e escrita.

REGISTRO: No momento de acolhida (na entrada na sala de aula), Ângela levantou-se, foi ao quadro de tarefas e colocou o seu símbolo no espaço correspondente à distribuição dos pratos na hora do lanche e disse: *"Hoje eu vou colocar os pratos"*.
EXPERIÊNCIA-CHAVE: Fazer e expressar opções, planos ou decisões.
CATEGORIA: Iniciativa.

REGISTRO: Nunho e Pedro construíam uma casa com tábuas e blocos. Nunho diz a Pedro: *"Vamos ver se consigo entrar bem nesta casinha"*.
EXPERIÊNCIA-CHAVE: Experimentar e descrever posições relativas, direções e distâncias (Espaço).
CATEGORIA: Lógica e matemática.

REGISTRO: Duarte, José e Ricardo escolheram fazer uma construção. Começaram separando os blocos azuis e amarelos. Colocaram todos os amarelos uns em cima dos outros e colocaram os azuis uns em cima dos outros. Depois colocaram tábuas por cima dos blocos e disseram: *"Esta é a ponte da Vila de Prado"*.
EXPERIÊNCIA-CHAVE: Escolher, separar e combinar (Classificação).
CATEGORIA: Lógica e matemática.

Terminado esse momento, as estudantes tornaram a observar e a registrar o comportamento de duas ou três crianças, agora em uma situação na qual a observação está mais pré-determinada e o registro deve ser feito com uma organização mais sistematizada. Novamente, começamos pela análise desses registros quanto ao nível de interpretações, pertinência, relevância e objetividade, passando depois à sua integração no diferentes nível do C.O.R. Antes do trabalho de inserir os registros nos diferentes níveis, realizou-se um exercício de treinamento sobre os diferentes níveis de cada linha em cada categoria do C.O.R. Para isso, foi utilizada uma série de rótulos nos quais estavam os comportamentos típicos correspondentes aos diferentes níveis de todas as linhas de cada categoria. Pedia-se às estudantes que colocassem em ordem aqueles comportamentos e justificassem as razões para tal ordem.

Nesse momento, a segunda etapa foi considerada como terminada. As estudantes foram para o seu trabalho quotidiano, em que realizaram registros durante algum tempo, e foi essa realização de registros diários que fez surgir um novo conjunto de necessidades.

Terceira etapa

Começamos esta etapa registrando as dificuldades consideradas de maior relevância pelas estudantes no treinamento/utilização do C.O.R., através da análise de conteúdo realizada sobre um conjunto de respostas solicitadas a essas estudantes. Dessa análise de conteúdo surgiu a identificação das seguintes dificuldades:

— A dificuldade para registrar os episódios no momento em que ocorrem, o que nos conduz ao dilema entre a realização simultânea dos registros, com o possível prejuízo da continuidade da orientação da atividade, e a realização posterior do registro, com o que isso pode significar em termos de perdas de informação.

— A dificuldade para observar, ao mesmo tempo, o grupo e cada criança em particular, o que nos conduz à questão de quando e quantas crianças temos condições de observar diariamente.

— A dificuldade de concentrar a observação, em outros momentos da rotina, em aspectos que ultrapassam a atividade dos pequenos grupos.

— A dificuldade para obter registros de algumas crianças.

— As dificuldades surgidas pelo fato de haver registros de observação que não se encaixam nem nas categorias do C.O.R., nem nas categorias das experiências-chave.

— As dificuldades relativas às decisões para integrar alguns registros nas categorias.

— E, finalmente, as dificuldades relativas à questão da fundamentação real das anotações feitas no caderno de notas e que se baseiam no que os profissionais afirmam "saber e conhecer" sobre as crianças.

Na tentativa de encontrar respostas para tais dificuldades, respostas que fossem também significativas para a prática das estudantes, foram organizados momentos de colocação e comparação em grupo de experiências/estratégias para a resolução das dificuldades apresentadas. Assim, foram sendo feitas reformulações de assuntos, como as características do instrumento, as vantagens da observação, os registros de episódios relevantes como fonte de informação do C.O.R., as diretrizes para anotações, em relação às quais as estudantes iam manifestando também os seus conhecimentos e as suas experiências.

Reiniciou-se um treinamento na identificação de episódios relevantes através de exercícios variados que foram propostos às estudantes. Foi possível constatar, nessas condições, uma ampla participação de todas as estudantes, o que revelou uma abertura a estratégias colaborativas de aprendizagem traduzida na discussão em grupo das dificuldades/dúvidas, experiências e conhecimentos, algo normalmente difícil de ser obtido entre os profissionais em atividade, mas que nesta ocasião tornou-se um aspecto fundamental do processo de domínio dos registros, na compreensão do seu significado para o conhecimento infantil e na fundamentação da sua própria prática pedagógica. Pode-se constatar, também, que se trata de um momento que é igualmente importante para a própria auto-avaliação dos profissionais sobre as aprendizagens adquiridas até o momento.

Para a continuidade do processo de aprendizagem, e aproveitando a abertura existente entre as estudantes, foi proposta a criação de um banco de registros que possibilitasse a continuidade do debate, do confronto e da reflexão.

Parece que foi dado mais um passo no que se refere à aprendizagem de estratégias de apoio que podem ser utilizadas com profissionais da formação inicial com os quais, entre outros, constituem uma equipe pedagógica. O processo continuou, foram mantidos os momentos de discussão e intercâmbio de experiências, permitindo a abordagem de outros temas, como o índice de concordância entre os registros dos membros da equipe. Também prosseguiu-se o treinamento tanto no registro de episódios relevantes como na integração de tais registros nos diferentes níveis e categorias do C.O.R.

As folhas-resumo de pontuações foram preenchidas pelo menos duas vezes, e as modificações no desenvolvimento foram verificadas e documentadas. Os dados resultantes foram fundamentais para o planejamento das atividades, oferecendo informações realmente úteis para a prática pedagógica. Dessa forma, o C.O.R. converteu-se em um instrumento muito mais proveitoso para as estudantes.

CONCLUSÃO

A importância e a necessidade do treinamento de observadores é uma questão amplamente destacada na literatura especializada. Mesmo assim, raramente são dadas a conhecer informações precisas sobre a forma de realizar esse treinamento.

No processo de treinamento desenvolvido para a utilização do C.O.R., as opções tomadas coincidiram com as opções previamente adotadas para o currículo do DESE, ou seja, adotou-se como base o modelo interacionista/construtivista. Tal opção influiu, logicamente, na própria escolha desse instrumento — *Child Observation Record* —, um instrumento de avaliação capaz de colher os dados para avaliação enquanto crianças e educadores(as) estão colocando em prática as atividades normais do dia-a-dia e capaz, ao mesmo tempo, de oferecer informações úteis para a atividade de ensino. Assim, a avaliação realizada através do C.O.R. — baseada na observação — adota realmente uma forma fácil e útil, porque é capaz de oferecer informações objetivas sobre cada criança, bem como contribuir de forma significativa para a avaliação da eficácia do programa que está sendo desenvolvido e da própria intervenção/atuação de educadores(as).

Em todo o processo de treinamento na utilização do C.O.R., parece importante destacar algumas circunstâncias capazes de contribuir para uma melhor compreensão desse processo. Constatou-se que não foi no momento em que se deu por finalizada a terceira etapa do processo de treinamento que o instrumento adquiriu sentido e significado plenos para as estudantes. Nesse momento, ainda era possível observar, em algumas estudantes, comportamentos que manifestavam dúvidas em relação à utilidade do instrumento que, por outro lado, exigia um grande esforço tanto para a realização dos registros como para a passagem desses para a Folha de Registros de Episódios Relevantes (F.R.E.R.) individual de cada criança, o que já pressupõe a integração de registros nas categorias de experiências-chave. Demonstrou-se, então, que apesar de a formação ter um papel fundamental para a mudança, a formação por si só não é, de forma alguma, suficiente. A mudança parece ter surgido nos momentos colaboradores de debate e quando eram compartilhadas as experiências e os conhecimentos adquiridos através da utilização individual desse instrumento por cada estudante. Foi justamente o trabalho de reflexão sobre a prática que permitiu a necessária (re)construção do potencial de aplicabilidade e de utilidade desse instrumento de avaliação. Agora podemos observar comportamentos que manifestam a aceitação desse instrumento como um instrumento de avaliação que tinha utilidade para elas e que queriam utilizar com toda a segurança. A partir daí, as próprias estudantes passaram a marcar os seminários e a trazer materiais para trocar entre elas (material que constituiu o material de trabalho para os respectivos seminários). Dessa forma, elas passaram a atribuir uma importância decisiva a esse instrumento, que surge com as vantagens que a própria Fundação *High/*

Scope (1992) atribui a ele: "...ajudar a identificar as competências de cada criança. Isto lhe permitirá planejar e adequar os seus materiais de ensino, técnicas e atividades para que tenham relação com os interesses individuais e necessidades de desenvolvimento das crianças".

REFERÊNCIAS BIBLIOGRÁFICAS

Brickman, N.A. e Taylor, L.S. (1991). *Supporting Young Learners*. High/Scope Press, Ypsilanti, Michigan.
Furth, H. (1984). "Perspectivas Piagetianas". *In:* Marchesi, A., Carretero, M. e Palacios, J. *Psicologia Evolutiva-Teoria y Métodos*. Editorial Alianza, Madrid.
Graves, M. (1989). *The Teacher's Idea Book*. High/Scope Press, Ypsilanti, Michigan.
High/Scope Educational Research Foundation. (1992). *Manual Child Observation Record*. High/Scope Press, Ypsilanti. Michigan.
Hohmann, N., Banet, B. e Weikart, D. (1984). *A Criança em Ação*. 3ª Edição da Fundação Calouste Gulbekian, Lisboa.
Oliveira-Formosinho, J. (1984). *A Formação Psicopedagógica de Educadores Para a Intervenção Comunitária*. Apresentado no Congresso sobre Psicologia da Educação e Intervenção Comunitária — ISPA, Lisboa.

ANEXO

CHILD OBSERVATION RECORD
(C.O.R.)[1]

High/Scope Educational Research Foundation

YSPSILANTI, MICHIGAN

I. **Iniciativa**

A. *Expressão de escolhas*
— A criança ainda não expressa escolhas para os outros.
— A criança indica uma atividade desejada ou o lugar onde é realizada a atividade dizendo uma palavra, apontando ou realizando a ação.
— A criança indica uma atividade, o lugar onde se realiza, os materiais ou os colegas de jogo com uma frase curta.
— A criança indica com uma frase curta como vai orientar o seu trabalho ("quero dirigir o caminhão pela estrada").
— A criança faz uma descrição detalhada de ações que pretende realizar ("quero fazer uma estrada de cubos com a Sara e dirigir o caminhão por ela").

B. *Resolução de problemas*
— A criança ainda não identifica problemas.
— A criança identifica problemas, mas não tenta resolvê-los, dirigindo-se a outra atividade.
— A criança usa um método para tentar resolver um problema, mas, se o resultado não for satisfatório, abandona-o depois de uma ou duas tentativas.
— A criança manifesta alguma persistência, tentando vários métodos alternativos para resolver um problema.
— A criança tenta métodos alternativos para resolver um problema e mantém-se envolvida na ação durante algum tempo.

C. *Envolvimento em atividades complexas*
— A criança ainda não toma a iniciativa na escolha de materiais ou atividades.
— A criança mostra interesse na manipulação de materiais ou na simples participação em atividades.
— A criança, atuando sozinha, usa somente materiais e organiza jogos ativos que envolvam duas ou mais fases de realização.
— A criança, atuando sozinha, dirige seqüências de atividades complexas e variadas.
— A criança junta-se aos outros para dirigir seqüências variadas de atividades.

D. *Cooperação em rotinas do programa*
— A criança ainda não segue as rotinas do programa.
— A criança segue irregularmente as rotinas do programa.

1. NOTA IMPORTANTE: Este instrumento de observação é propriedade da Fundação de Pesquisa Educacional *High/Scope*. Não pode ser utilizado sem contar com autorização da mesma.

— A criança participa na rotina do programa quando lhe é sugerido que o faça.
— A criança participa voluntariamente nas rotinas do programa.
— A criança dá continuidade às rotinas, inclusive quando um adulto não está perto dela.

II. Relações Sociais

E. *Relações com os adultos*
— A criança ainda não interage com os adultos do programa.
— A criança responde, quando adultos que ela conhece iniciam as intervenções.
— A criança inicia interações com adultos conhecidos.
— A criança mantém interações com adultos conhecidos.
— A criança trabalha em projetos complexos com adultos conhecidos (divide trabalhos, segue regras, etc.).

F. *Relações com outras crianças*
— A criança ainda não brinca com outras crianças.
— A criança responde quando outras crianças iniciam interações.
— A criança inicia interações com outras crianças.
— A criança mantém interações com outras crianças.
— A criança trabalha em projetos complexos com outras crianças (divide trabalhos, segue regras, etc.).

G. *Criação de relações de amizade com outras crianças*
— A criança ainda não identifica os colegas pelos seus nomes.
— A criança identifica algumas das crianças pelo nome e fala delas ocasionalmente.
— A criança identifica algum colega como amigo.
— A criança é identificada por algum colega como amiga.
— A criança parece receber apoio social de um amigo e mostra lealdade a ele.

H. *Envolvimento na resolução de problemas sociais*
— A criança ainda não colabora com as outras para resolver um conflito. Em vez disso, foge ou usa a força.
— A criança encontra formas aceitáveis de chamar a atenção dos outros (não bate ou dá pontapés para chamar a atenção).
— A criança solicita a ajuda do adulto para resolver problemas com outras crianças.
— A criança tenta, às vezes, resolver problemas com outras crianças de forma autônoma, através da negociação ou por outros meios socialmente aceitáveis.
— A criança resolve, geralmente com autonomia, problemas com outras crianças (dividir os materiais, esperar a sua vez, etc.).

I. *Compreensão e expressão de sentimentos*
— A criança ainda não expressa nem verbaliza seus sentimentos.

— A criança expressa ou verbaliza sentimentos socialmente inaceitáveis.
— A criança demonstra consciência dos sentimentos dos outros.
— A criança expressa seus sentimentos de forma geralmente aceitável.
— A criança responde apropriadamente aos sentimentos dos outros.

III. Representação criativa

J. *Confecção e construção*
— A criança ainda não explora nem usa materiais de elaboração ou construção, como barro, areia ou blocos.
— A criança explora materiais de elaboração e construção.
— A criança usa materiais para fazer algo (uma pilha de blocos, um monte de areia), mas não diz o que está fazendo.
— A criança usa materiais para fazer uma representação simples e diz ou demonstra o seu significado (diz sobre uma pilha de blocos: "é uma torre", ou sobre um monte de bolas: "é um boneco de neve").
— A criança usa materiais para fazer ou construir coisas com, pelo menos, três elementos representados (uma casa com porta, janelas e uma chaminé).

K. *Desenho e pintura*
— A criança ainda não desenha nem pinta.
— A criança explora os materiais de desenho e pintura.
— A criança desenha ou pinta representações simples (uma bola, uma casa).
— A criança desenha ou pinta representações com poucos detalhes.
— A criança desenha ou pinta representações com muitos detalhes.

L. *"Fazer de conta..." (Simulação)*
— A criança ainda não sabe "fazer de conta".
— A criança usa um objeto para representar outro ou usa ações ou sons para fingir.
— A criança assume o papel de alguém ou de alguma coisa, ou fala usando uma linguagem apropriada para o papel assumido.
— A criança envolve-se com outra em jogos de simulação cooperativa.
— A criança sai fora do jogo de "fazer de conta" para dar instruções a outra crianças ("quando você for o bebê Urso, você tem que falar com uma voz assim").

IV. Música e Movimento

M. *Demonstração de coordenação física*
— Os movimentos da criança ainda não são coordenados.
— A criança mostra coordenação quando sobe desníveis e quando, ao andar, raramente bate nos objetos ou nas pessoas.
— A criança alterna os pés quando sobre escadas, sem segurar-se no corrimão, joga e segura uma bola ou um saco cheio.

- A criança anda enquanto manipula objetos.
- A criança envolve-se em movimentos complexos: dar pulos, fazer movimentos diversos jogando uma bola, etc.

N. *Demonstração de coordenação manual*
- A criança usa toda a mão para alcançar e pegar objetos pequenos.
- A criança usa os movimentos do dedo e da mão para alcançar ou pegar objetos pequenos.
- A criança junta materiais e os separa: ganchos, peças de encaixe, parafusos, etc.
- A criança manipula pequenos objetos com precisão (enfiar uma agulha larga, encaixar peças pequenas, enfiar parafusos em orifícios minúsculos, etc.).
- A criança realiza ações precisas que envolvem movimentos de oposição das mãos (abotoar, abrir e fechar um fecho).

O. *Imitação de movimentos com um ritmo constante*
- A criança ainda não imita ações realizadas mediante movimentos rítmicos.
- A criança imita movimentos isolados apresentados um de cada vez (coloca as mãos nos joelhos).
- A criança reage ao ritmo de percussão de canções ou à música instrumental com movimentos simples (palmas rítmicas nos joelhos).
- A criança reage ao ritmo de canções ou à música instrumental com movimentos mais complexos (andar ou pular no ritmo).
- A criança canta em coro ou sozinha enquanto executa uma seqüência de movimentos segundo o ritmo.

P. *Seguir a música ou as orientações do movimento*
- A criança não segue instruções orais para música e movimento.
- A criança segue instruções orais para um movimento único ("levante as mãos").
- A criança segue instruções orais para um movimento seqüencial (coloque as mãos na cabeça, agora coloque as mãos nos ombros").
- A criança segue instruções orais para seqüências mais complexas de movimentos ("coloque as suas mão sobre a cabeça, agora coloque uma mão na orelha e a outra no nariz").
- A criança descreve e dirige seqüências de movimentos (ritmos dizendo o nome de partes do corpo, duas de cada vez: cabeça, cabeça, ombros, ombros, joelho, joelho).

V. Linguagem e Competência em Leitura e Escrita

Q. *Compreensão da linguagem*
- A criança raramente responde quando outros falam.
- A criança segue orientações simples ("venha para a roda").
- A criança responde a frases de conversações simples e diretas.
- A criança participa de conversações normais na aula.
- A criança segue as orientações dadas que incluem etapas ou orientações complexas.

R. *Fala*
- A criança ainda não fala ou usa somente frases com uma ou duas palavras.
- A criança usa frases simples com mais de duas palavras.
- A criança usa frases que incluem duas ou mais idéias separadas.
- A criança usa frases que incluem duas ou mais idéias com detalhes descritivos ("*e amontoei os blocos vermelhos muito altos e caíram*").
- A criança inventa e declama histórias, ritmos e canções bem desenvolvidas, com detalhes.

S. *Demonstração de interesse por atividades de leitura*
- A criança ainda não demonstra interesse por atividades de leitura.
- A criança demonstra interesse quando as histórias são lidas.
- A criança pede às pessoas que leiam histórias, sinais ou notas.
- A criança responde a perguntas sobre a história que foi lida ou repete parte dessa história.
- A criança lê regularmente um livro ou conta uma história enquanto vira as páginas.

T. *Demonstração de conhecimentos sobre os livros*
- A criança ainda não segura bem os livros.
- A criança não segura os livros convencionalmente, segura-os folheando as páginas e virando-as.
- A criança lê lâminas, contando a história a partir das imagens da capa ou do próprio livro.
- A criança segue uma página, movimentando os olhos na direção correta (geralmente da esquerda para a direita e de cima para baixo).
- A criança parece ler, ou lê de fato um livro, apontando as palavras e contando a história.

U. *Iniciação à leitura*
- A criança ainda não identifica letras ou números.
- A criança identifica algumas letras e números.
- A criança lê muitas palavras, mas poucas frases simples ("*eu gosto da mamãe*").
- A criança lê uma variedade de frases.
- A criança lê histórias simples ou livros.

V. *Iniciação à escrita*
- A criança ainda não consegue escrever.
- A criança escreve usando riscos e marcas como letras.
- A criança copia ou escreve letras identificáveis, incluindo, talvez, o próprio nome.
- A criança escreve algumas palavras ou frases curtas, além do seu nome.
- A criança escreve uma variedade de frases.

VI. Lógica e Matemática

W. Classificação
- A criança ainda não classifica objetos em grupos.
- A criança reúne objetos idênticos.
- Ao selecionar, a criança reúne objetos que são semelhantes em alguma coisa e diferentes em outras (combina estrelas vermelhas com círculos vermelhos).
- Ao selecionar, a criança reúne objetos que são semelhantes em alguma coisa e ocasionalmente descreve o que pretende fazer.
- Ao selecionar, a criança reúne objetos tomando como base duas ou mais características (inclui todos os círculos vermelhos grandes, mas não as estrelas grandes vermelhas nem os círculos grandes azuis).

X. Utilização de palavras: não, alguns, todos
- A criança ainda não usa as palavras *não, alguns e todos* ou as utiliza de maneira incorreta.
- A criança usa as palavras *não, alguns e todos* na conversação, mas às vezes as usa incorretamente.
- A criança usa corretamente as palavras *não, alguns e todos* na conversação.
- A criança usa a palavra *não* para identificar a característica que exclui um objeto de uma categoria (*"este bloco não é vermelho como os outros, por isso não está neste grupo"*).
- A criança distingue entre *alguns* e *todos* e usa tais termos na categorização (*"nós todos somos crianças, mas algumas são meninos e algumas são meninas"*).

Y. Organização de materiais por ordem de graduação
- A criança ainda não organiza as coisas por ordem de graduação.
- A criança organiza dois ou três elementos por ordem de graduação, baseando-se em uma característica como o tamanho, a tonalidade da cor, a textura, etc.
- A criança organiza quatro ou mais elementos no seu lugar adequado dentro de um conjunto ordenado de objetos (não no início ou no final da série).
- A criança faz coincidir um conjunto organizado de elementos com outro conjunto organizado (coloca um conjunto de bolas ordenado, segundo o seu tamanho, junto a um conjunto de blocos também ordenado, segundo o seu tamanho).

Z. Utilização de comparativos
- A criança ainda não usa palavras de comparação ou responde a elas (*maior, o maior de todos*).
- A criança usa palavras de comparação, mas nem sempre corretamente.
- A criança usa corretamente comparativos (*"este é maior do que aquele".)*
- A criança compara três ou mais coisas usando, apropriadamente, algumas palavras de comparação (*menor, o menor de todos*).

AA. *Comparação do número de objetos*
- A criança ainda não compara corretamente os números de objetos de dois grupos.
- A criança compara as quantidades de pequenos grupos de objetos usando corretamente palavras como *mais, menos,* etc.
- A criança avalia corretamente se dois grupos com mais de cinco objetos (ganchos, blocos, carros, crianças, etc.) contêm, cada um, o mesmo número de objetos.
- A criança usa correspondências unívocas para dizer se um grupo com mais de cinco objetos tem mais, menos ou o mesmo número de objetos que outro grupo.
- A criança compara corretamente os tamanhos dos grupos com mais de cinco objetos.

BB. *Contar objetos*
- A criança ainda não relaciona número, palavra e objetos.
- A criança toca os objetos e dá um número a cada um, embora os números não sigam a ordem correta.
- A criança conta corretamente até três objetos.
- A criança conta corretamente de quatro a 10 objetos.
- A criança conta corretamente mais de 10 objetos.

CC. *Descrição de relações espaciais*
- A criança ainda não segue instruções que descrevem as posições relativas das pessoas ou das coisas (*em cima de, sobre, por baixo, atrás*) nem a orientação do movimento das coisas (*para cima, para baixo, para a frente, para trás, para dentro, para fora,* etc.).
- A criança segue orientações que incluem as palavras mencionadas, mas não as utiliza corretamente.
- A criança usa palavras que descrevem as posições relativas das coisas (*em cima de, por baixo de, por trás de, na frente de,* etc.).
- A criança usa palavras que descrevem a orientação do movimento das coisas (*para cima, para baixo, para a frente, para trás, para dentro, para fora*).
- A criança usa palavras que descrevem as distâncias relativas entre as coisas (*mais perto, mais longe,* etc.).

DD. *Descrição de seqüência e tempo*
- A criança não mostra ainda uma compreensão do tempo ou das seqüência de rotina dos acontecimentos.
- A criança planeja ou antecipa o acontecimento seguinte em uma seqüência.
- A criança descreve ou representa uma série de acontecimentos na seqüência correta.
- A criança compara corretamente períodos de tempo ("*um tempo curto é mais curto que um tempo longo*").
- A criança usa palavras para períodos de tempo convencional (*amanhã, ontem*) para descrever ou representar uma série de acontecimentos na seqüência correta.

CAPÍTULO 11

A Organização dos Espaços na Educação Infantil

LINA IGLESIAS FORNEIRO[1]

INTRODUÇÃO

Sem chegar a constituir uma descoberta de última hora, não há dúvida que o tema dos espaços é uma novidade na educação. E o é ainda mais no âmbito da Educação Infantil.

Com a chegada dos "cantos" e a organização funcional das salas de aula aconteceu uma verdadeira revolução na forma de conceber uma aula de Educação Infantil e na forma de organizar o trabalho na mesma.

Nos últimos anos, foram dados muitos passos à frente e hoje faz parte da "cultura" profissional dos professores(as) dessa etapa educacional que o espaço de suas aulas seja um recurso polivalente que podem utilizar de muitas maneira e do qual podem extrair grandes possibilidades para a formação.

O tema do espaço escolar e as possibilidades de formação que oferece estruturam-se, do nosso ponto de vista, em torno de quatro questões básicas: O que é o espaço? Como deve ser organizado? Como os professores(as) e as crianças o utilizam? Como e quem o avalia? (Ver Figura 11.1 adiante.)

Nessa oportunidade, para não nos alongarmos, abordamos somente as duas primeiras questões. Assim, este capítulo foi organizado em dois grandes itens.

No primeiro, depois de uma breve abordagem do conceito de espaço, falamos do espaço escolar como ambiente de aprendizagem e como ele-

---

1. Quero expressar o meu agradecimento ao professor Miguel A. Zabalza pela sua inestimável ajuda na realização deste trabalho. Obrigada.

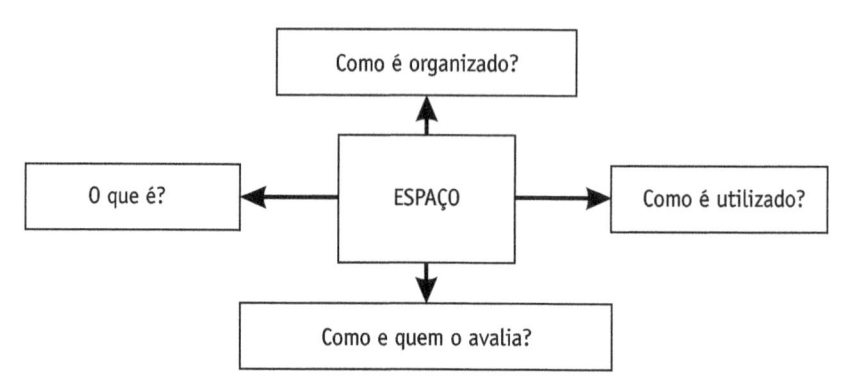

```
                    ┌─────────────────┐
                    │ Como é organizado? │
                    └─────────────────┘
                              ▲
                              │
┌──────────┐          ┌──────────┐          ┌──────────────┐
│ O que é? │ ◄──────► │  ESPAÇO  │ ◄──────► │ Como é utilizado? │
└──────────┘          └──────────┘          └──────────────┘
                              │
                              ▼
                    ┌─────────────────┐
                    │ Como e quem o avalia? │
                    └─────────────────┘
```

Figura 11.1. As grandes questões sobre o espaço escolar

mento curricular. No segundo, abordamos de uma maneira mais extensa a questão da organização do espaço. Fazemos referência, primeiramente, aos elementos que condicionam a organização. Depois indicamos alguns critérios que devem ser levados em consideração no momento de organizar o espaço da sala de aula e falamos do papel dos professores(as) nesse processo. Finalmente, oferecemos alguns modelos de organização do espaço que os professores(as) de Educação infantil costumam utilizar.

1. ABORDAGEM DO CONCEITO DE ESPAÇO: O ESPAÇO ESCOLAR

1.1. De que falamos quando falamos de espaço?

O termo "espaço" tem diversas concepções. Da sua definição e sentido ocuparam-se, e ainda se ocupam, profissionais de diversas áreas: filósofos, sociólogos, economistas, arquitetos, pedagogos, etc.

Na sua concepção mais comum, o temo espaço significa: "Extensão indefinida, meio sem limites que contém todas as extensões finitas. Parte dessa extensão que ocupa cada corpo".[2]

Tal definição dá-nos uma idéia do espaço como algo "físico", ligado aos objetos que são os elementos que ocupam o espaço.

Segundo o professor Enrico Battini, da Faculdade de Arquitetura da Universidade de Turim, estamos acostumados a considerar o espaço como um volume, uma caixa que poderíamos até encher. No entanto, o mesmo autor

---

2. Dicionário Enciclopédico Larousse, vol. 8, p. 3874.

diz que "é necessário entender o espaço como um *espaço de vida*, no qual a vida acontece e se desenvolve: é um conjunto completo" (p. 24).[3]

Essa concepção do espaço como *caixa* é uma abstração dos adultos. No entanto, "para as crianças pequenas o espaço é aquilo que nós chamamos de espaço *equipado*, ou seja, espaço com tudo o que efetivamente o compõe: móveis, objetos, odores, cores, coisas duras e moles, coisas longas e curtas, coisas frias e coisas quentes, etc." (p. 24). "O espaço é antes de mais nada luz: a luz que nos permite tanto a nós como à criança vê-lo, conhecê-lo e, portanto, ao mesmo tempo, compreendê-lo, recordá-lo, talvez para sempre" (p. 24).

Battini apresenta uma visão muito vitalista do espaço. Visão que se adapta bem à forma que as crianças têm de abordar o mesmo.

> "Para a criança, o espaço é o que sente, o que vê, o que faz nele. Portanto, o espaço é *sombra* e *escuridão*; é *grande, enorme* ou, pelo contrário, *pequeno*; é *poder correr* ou *ter que ficar quieto*, é esse lugar onde ela pode ir para *olhar, ler, pensar*.
>
> O espaço é *em cima, embaixo*, é *tocar* ou não chegar a tocar; é *barulho forte, forte demais* ou, pelo contrário, *silêncio*, é *tantas cores*, todas juntas ao mesmo tempo ou uma única cor grande ou nenhuma cor...
>
> O espaço, então, começa quando abrimos os olhos pela manhã em cada despertar do sono; desde quando, com a luz, retornamos ao espaço" (p. 24).

O espaço escolar como *ambiente* de aprendizagem

> "Quando entramos pela primeira vez na casa de alguém, podemos descobrir muitas facetas da sua personalidade e do seu modo de vida simplesmente observando como é o lugar onde vive. O tipo de móveis, a decoração, os livros e discos, os quadros ou fotografias, os pequenos detalhes pendurados nas paredes ou que estão sobre os móveis ou o piso. A presença ou a ausência desses elementos, o modo de organizar tudo isso no espaço são mensagens que recebemos de uma maneira direta.
>
> Se tudo estiver escrupulosamente organizado, medindo todas as distâncias, controlando que todas as combinações sejam harmoniosas segundo a estética "atual", isso estará dizendo-nos alguma coisa. Se, pelo contrário, os elementos se distribuem no espaço de uma forma original, em função de nossas preferências e necessidades, sem nenhuma ordem aparente, criando contrastes que chamam a nossa atenção, mas que refletem um ambiente "cheio de personalidade", isso nos diz algo diferente. Há casas que eu chamo de "loja de móveis", nas quais parece não morar ninguém ou nas quais poderia morar qualquer pessoa, que não possuem uma identidade; outras, no entanto, refle-

---

3. Battini, E. (1982): "Modifiazione, eliminazione, cambiamento riguardante gli spazi attuali, fli arredi attuali in funzione della attivitá e della natura della vita scolastica". In: AAVV: *L'organizzazione materiale dello spazio scolastico*. Documento mimeografado. Comune di Módena, p. 23-30.

tem claramente a personalidade daqueles que as habitam, têm uma identidade própria.

    De tudo isso, pode-se intuir uma sensibilidade estética, espiritual, um modo de conceber a vida e a funcionalidade dos elementos dos quais nos cercamos. O ambiente fala mesmo que nós nos mantenhamos calados".

O mesmo pode ser aplicado ao ambiente escolar. Quando entramos em uma escola, as paredes, os móveis e a sua distribuição, os espaços mortos, as pessoas, a decoração, etc., tudo nos fala do tipo de atividades que se realizam, da comunicação entre os alunos(as) dos diferentes grupos, das relações com o mundo externo, dos interesses dos alunos(as) e dos professores(as)...

Há dois termos que costumam ser utilizados de maneira equivalente no momento de fazer referência ao espaço das salas de aula: *espaço* e *ambiente*. No entanto, acho que poderíamos estabelecer uma diferença entre eles, apesar de que precisamos considerar que estão intimamente relacionados.

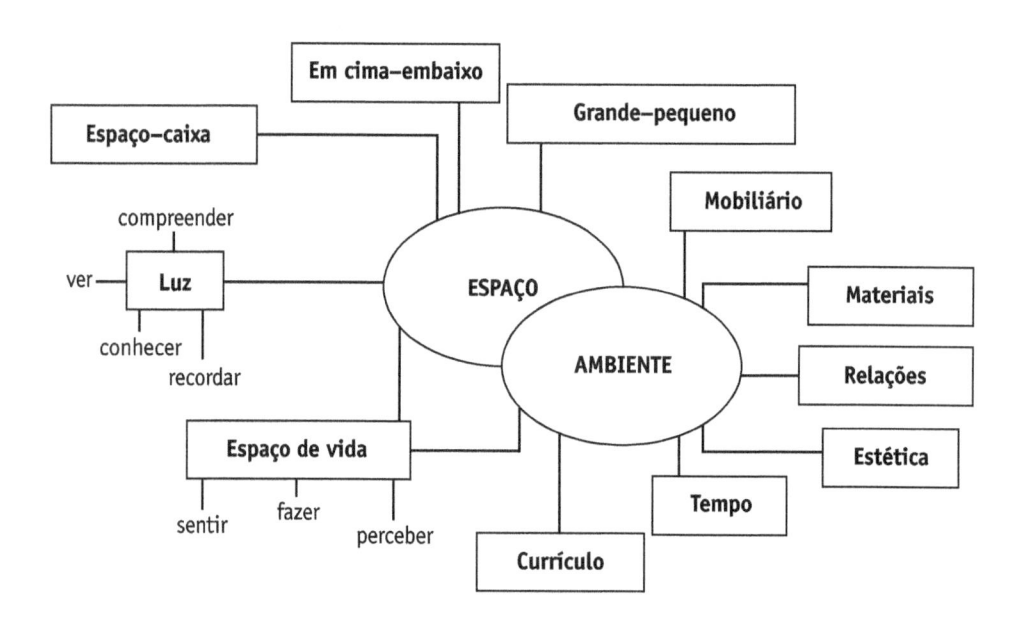

Figura 11.2. Elementos associados ao conceito de espaço e ambiente

O termo *espaço* refere-se ao espaço físico, ou seja, aos locais para a atividade caracterizados pelos objetos, pelos materiais didáticos, pelo mobiliário e pela decoração.

Já, o termo *ambiente* refere-se ao conjunto do espaço físico e às relações que se estabelecem no mesmo (os afetos, as relações interpessoais entre as crianças, entre crianças e adultos, entre crianças e sociedade em seu conjunto).

Uma idéia bastante próxima a essa é a que expõem Cano e Lledó (1990).[4]

> "Atualmente, por espaço ou meio escolar — iremos referir-nos indistintamente a uma ou outra denominação — não se considera somente o meio físico ou material, mas também as interações que se produzem nesse meio. São consideradas, então, a organização e a disposição espacial, as relações estabelecidas entre os elementos da sua estrutura — dimensões e proporções, forma, localização, qualidade do material, etc. — e, também, as pautas de conduta que nele são desenvolvidas, o tipo de relações que as pessoas mantêm com os objetos, as interações que se produzem entre as pessoas com os objetos, os papéis que se estabelecem, os critérios que prevalecem, as atividades que procuram, etc." (p. 9-10).

O termo ambiente é procedente do latim e faz referência "*ao que cerca ou envolve*". Também pode ter a acepção de "*circunstâncias que cercam as pessoas ou as coisas*". De um modo mais amplo, poderíamos definir o ambiente como um todo indissociável de objetos, odores, formas, cores, sons e pessoas que habitam e se relacionam dentro de uma estrutura física determinada que contém tudo e que, ao mesmo tempo, é contida por todos esses elementos que pulsam dentro dele como se tivessem vida. Por isso, dizemos que o ambiente "fala", transmite-nos sensações, evoca recordações, passa-nos segurança ou inquietação, mas nunca nos deixa indiferentes.

Do ponto de vista escolar podemos entender o ambiente como uma estrutura com quatro dimensões claramente definidas, mas inter-relacionadas entre si. (Ver Figura 11.3 adiante.)

Dimensão física

Refere-se ao aspecto material do ambiente. É o espaço físico (a escola, a sala de aula e os espaços anexos) e suas condições estruturais (dimensões, tipo de piso, janelas, etc.). Também compreende os objetos do espaço (materiais, mobiliário, elementos decorativos, etc.) e a sua organização (diferentes formas de distribuição do mobiliário e dos materiais dentro do espaço).

Dimensão funcional

Relaciona-se com a forma de utilização dos espaços, a sua polivalência e o tipo de atividade à qual se destinam. Quanto ao modo de utilização, os

---

4. Cano, M.I. e Lledó, A. (1990): *Espacio, comunicación y aprendizaje*. Diada, Sevilla.

```
        ┌─────────────────────────┐
        │    Dimensão temporal    │
        │ Quando e como é utilizada? │
        └─────────────────────────┘
```

```
┌──────────────────┐                      ┌──────────────────┐
│  Dimensão física │      AMBIENTE        │ Dimensão funcional │
│ O que há e como se organiza? │          │ Como se utiliza e para quê? │
└──────────────────┘                      └──────────────────┘
```

```
        ┌─────────────────────────┐
        │   Dimensão relacional   │
        │ Quem e em que circunstâncias? │
        └─────────────────────────┘
```

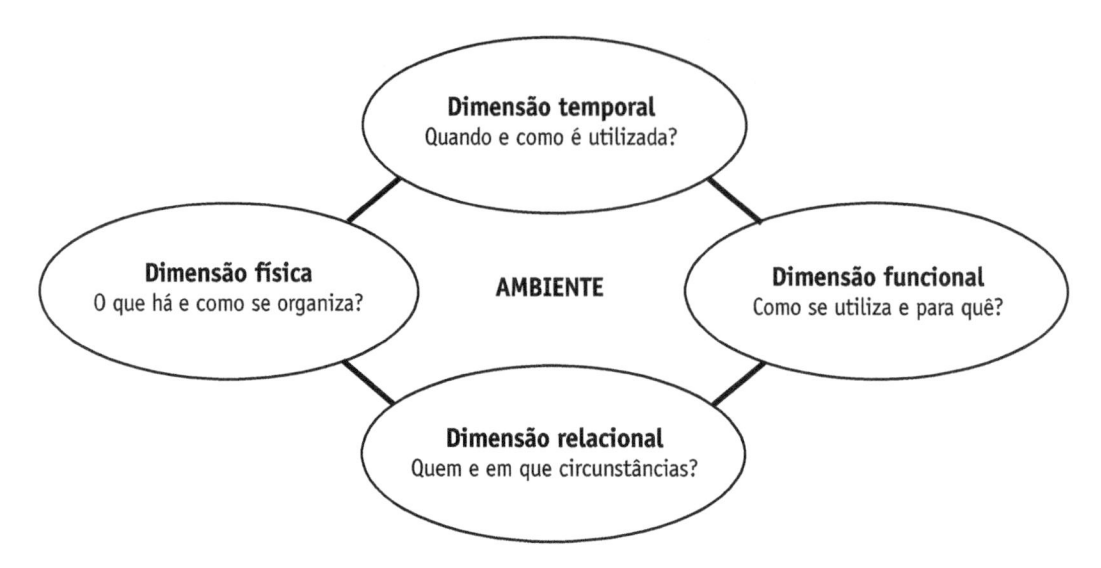

Figura 11.3. Dimensões do ambiente escolar

espaços e materiais da sala de aula podem ser usados autonomamente pela criança e também com a orientação do professor(a). A polivalência refere-se às diferentes funções que um mesmo espaço físico pode assumir (o tapete é lugar de encontro e comunicação durante a assembléia e, mais tarde, é o canto das construções). Finalmente, dependendo ao tipo de atividades que as crianças possam realizar em um determinado espaço físico, ele adquire uma ou outra dimensão funcional. Assim, falamos de canto das construções, do canto do jogo simbólico, do canto da música, da biblioteca, etc.

Dimensão temporal

Refere-se à organização do tempo e, portanto, aos momentos em que serão utilizados os diferentes espaços. O tempo das diferentes atividades está necessariamente ligado ao espaço onde se realiza cada uma delas. O tempo de brincar nos cantos, o tempo de comunicar-se com os outros na assembléia, o tempo de contar histórias, o tempo do lanche, o tempo do recreio, o tempo de trabalho individual ou em pequenos grupos, etc. Ou, também, o tempo da atividade livre e autônoma e o tempo da atividade planejada e/ou dirigida. De qualquer forma, devemos ter em mente que a organização do espaço precisa ser coerente com a nossa organização do tempo e vice-versa.

Mas, além disso, a dimensão temporal também faz referência ao ritmo, vertiginoso ou moderado, com que se desenvolve a aula, o *"tempo"*. Assim, encontramos aulas com um tempo *"allegro vivace"* e outras com um tempo "*andante*". O tempo, ou a velocidade com que são executadas as diferentes atividades, pode dar origem a um ambiente estressante ou, ao contrário, relaxante e sossegado.

Dimensão relacional

Refere-se às diferentes relações que se estabelecem dentro da sala de aula. Tais relações têm a ver com aspectos como os diferentes modos de ter acesso aos espaços (livremente ou por ordem do professor(a)), as normas e o modo como se estabelecem (impostas pelo professor(a) ou pelo consenso do grupo), os diferentes agrupamentos para a realização das atividades (grande grupo, pequeno grupo, duplas, individual), a participação do professor(a) nos diferentes espaços e nas atividades que as crianças realizam (sugere, estimula, dirige, impõe, observa, não participa...). Todas essas questões e mais algumas configuram uma determinada dimensão relacional do ambiente.

Contudo, o ambiente não é algo estático ou que exista *a priori*. Embora todos os elementos que compõem o ambiente e que reunimos nessas quatro dimensões possam existir independentemente, cada um por si. O ambiente somente existe na inter-relação de todos eles. Não possui uma existência material, como o espaço físico. O ambiente existe à medida que os elementos que o compõem interagem entre si. Por isso, cada pessoa o percebe de uma maneira diferente.

O espaço como elemento curricular

Se nos concentrarmos na dimensão física do espaço (condições de infra-estrutura, mobiliário, materiais, etc.), ou se nos detivermos no ambiente de aprendizagem na sua totalidade (dimensão relacional, temporal, didática, etc.), verificamos que existem muitos elementos que fazem parte do ambiente e que constituem em si mesmos conteúdo de aprendizagem.

Como afirmam Pol e Morales:[5]

"O espaço jamais é neutro. A sua estruturação, os elementos que o formam, comunicam ao indivíduo uma mensagem que pode ser coerente ou contraditória com o que o educador(a) quer fazer chegar à criança. O educador(a) não pode conformar-se com o meio tal como lhe é oferecido, deve comprome-

---

5. Pol, E. e Morales, M. (1982): "El espacio escolar, un problema interdisciplinar". In: *Cuadernos de Pedagogía*, nº 86, p. 5.

ter-se com ele, deve incidir, transformar, personalizar o espaço onde desenvolve a sua tarefa, torná-lo seu, projetar-se, fazendo deste espaço um lugar onde a criança encontre o ambiente necessário para desenvolver-se."

Zabalza[6] fala do espaço como *estrutura de oportunidades* e *contexto de aprendizagem e de significados*:

"O espaço na educação é constituído como uma estrutura de oportunidades, É uma condição externa que favorecerá ou dificultará o processo de crescimento pessoal e o desenvolvimento das atividades instrutivas. Será estimulante ou, pelo contrário, limitante, em função do nível de congruência em relação aos objetivos e dinâmica geral das atividades que forem colocadas em prática ou em relação aos métodos educacionais e instrutivos que caracterizem o nosso estilo de trabalho.

O ambiente de aula, enquanto contexto de aprendizagem, constitui uma rede de estruturas espaciais, de linguagens, de instrumentos e, finalmente, de possibilidades ou limitações para o desenvolvimento das atividades formadoras" (p. 120-121).

O aparecimento do espaço como conteúdo curricular aconteceu com um avanço cada vez mais firme no processo de "tomada de posse" pelos professores(as) dessa variável do sistema curricular. Acho que poderíamos diferenciar três grandes etapas nesse processo:

- Uma **primeira etapa** na qual o espaço aparecia e funcionava como uma *variável dada* diante da qual os professores(as) nada podiam fazer. A impossibilidade não era física ou legal, mas de cultura curricular: o espaço não era tomado como algo que fizesse parte das coisas que os professores(as) tivessem que *manipular*.
  Nesta primeira fase, o espaço é *o lugar onde se ensina*. Assim, a ação dos professores(as) era dirigida a adaptar-se, da melhor maneira possível, ao espaço no qual deviam atuar.

- Uma **segunda etapa** na qual o espaço converte-se em um *componente instrumental* que o professor(a) altera da forma que achar conveniente para o desenvolvimento do trabalho formativo que deseja realizar. Faz parte do projeto de formação como elemento facilitador. Os professores(as) sabem que devem tomar decisões sobre tal componente curricular. Isso já representa um avanço notável.

---

6. Zabalza, M.A.(1987): *Didáctica de la Educación Infantil*. Narcea, Madrid.

- Uma **terceira etapa** na qual o espaço passa a fazer parte substantiva do projeto formativo: transforma-se em uma das variáveis básicas do projeto.
  Essa terceira fase produziu-se fundamentalmente na etapa da Educação Infantil. O espaço já não é o *lugar* onde se trabalha, nem tampouco é somente um *elemento facilitador*, mas constitui um fator de aprendizagem. O espaço e os elementos que o configuram constituem, em si mesmos, recursos educativos e constam como tais do projeto de formação do professor(a).

É bem verdade que nem todos os professores(as) chegaram a tal nível de integração curricular dos espaços. Ainda restam alguns que perambulam pelos níveis anteriores. Contudo, os professores(as) de educação Infantil que chegaram ao terceiro nível sabem bem que, quando fazem o seu plano de trabalho, uma parte importante do seu esforço e das suas decisões irão referir-se aos espaços: como organizá-los, como equipá-los e enriquecê-los para que se transformem em fatores estimulantes da atividade, como facilitar o acesso das crianças, como estruturar o projeto formativo em torno dos espaços disponíveis e os recursos incorporados a eles, etc.

Na Educação Infantil, a forma de organização do espaço e a dinâmica que for gerada da relação entre os seus diversos componentes irão definir o *cenário* das aprendizagens.

> "O ambiente da sala de aula é muito mais do que um lugar para armazenar livros, mesas e materiais. Cuidadosamente e organizadamente disposto, acrescenta uma dimensão significativa à experiência educativa do estudante, atraindo o seu interesse, oferecendo informação, estimulando o emprego de destrezas, comunicando limites e expectativas, facilitando as atividades de aprendizagem, promovendo a própria orientação e apoiando e fortalecendo através destes efeitos o desejo de aprender" (Loughlin e Suina, 1987, p. 16).[7]

Existem elementos do espaço físico da sala de aula que, dependendo de como estiverem organizados, irão constituir um determinado *ambiente de aprendizagem* que condicionará necessariamente a dinâmica de trabalho e as aprendizagens que são possíveis nesse cenário.

> "O ambiente de aprendizagem influi nas condutas de maneiras muito diferentes. As mensagens ambientais incitam ao movimento, chamam a atenção sobre alguns materiais de aprendizagem, mas não sobre outros, estimulam um envolvimento profundo ou superficial, convidam as crianças a apressarem-se ou a movimentarem-se lentamente. As disposições ambientais também podem

---

7. Loughlin, C.E. e Suina, J.H. (1987): *El ambiente de aprendizaje. Diseño y Organización*. Morata/MEC. Madrid.

promover a independência e a orientação própria, estimular o emprego de destrezas e prolongar ou encurtar o período de atenção. Com ou sem o conhecimento do professor(a), o ambiente envia mensagens e os que aprendem respondem. A influência do meio é contínua e penetrante, sejam quais forem o estilo do programa ou as expectativas de conduta do professor(a). Uma visão conceitual do ambiente oferece instrumentos que os professores(as) podem empregar para reconhecer um certo número de problemas cuja causa é ambiental." (Idem, ibidem).

Os elementos do espaço transformam-se, assim, em componentes curriculares. Qualquer observador externo que tenha acesso a uma sala de aula pode perceber quase de imediato o ambiente de aprendizagem que existe na mesma. Praticamente poderíamos dizer: *"diga-me como organiza os espaços de sua aula e lhe direi que tipo de professor(a) você é e que tipo de trabalho você realiza"*.

Apresentamos aqui alguns possíveis *flashes* em relação à organização do espaço:

Mobiliário

Um espaço delimitado em áreas diversas ou um espaço aberto com mobiliário disperso, sem uma estrutura clara, propiciam não apenas dinâmicas de trabalho diferentes, mas também uma diferente relação da professora com as crianças (trabalhar com todas as crianças ao mesmo tempo, ou trabalhar por grupos diversificando a atividade). Desse modo, a forma de organização dos espaços pode ser o reflexo da sua concepção metodológica.

Nos modelos cognitivos de Educação Infantil como *High/Scope*, a estruturação do espaço em áreas diversas e claramente delimitadas é um elemento fundamental, já que contribui enormemente para que a criança construa a sua própria noção de espaço. Assim, a maneira de organizar o espaço constitui, em si mesma, um conteúdo de aprendizagem

Materiais didáticos

Constituem outro indicador válido do tipo de atividades que as crianças realizam e da forma como a escola infantil enfrenta as necessidades das crianças pequenas.

Alguns atributos dos materiais constituem um código completo de valores formativos na Educação Infantil:

a) *A procedência*. Pela sua procedência (materiais comercializados, materiais recuperados do meio, materiais trazidos do lar, etc.) os materiais carregam implícitos alguns valores e uma determinada concepção metodológica.

Com freqüência, os materiais impressos (comercializados ou criados pela própria professora) estão carregados de estereótipos, tanto pela presença de certas representações como pela ausência de outras.

A utilização de materiais descartáveis (caixas, garrafas, botões, copinhos de iogurte, etc.), ou do meio ambiente (pedras, folhas, pinhas, sementes, etc.), ou da família para a realização de diversas atividades também traz implícitos valores relacionados com a educação ambiental e a educação para o consumo, além de desenvolver a criatividade para a procura de novas alternativas no uso educativo de materiais concebidos inicialmente para outros fins, ou de explicitar uma atitude de reconhecimento do valor de certas coisas que constituem o patrimônio cultural de nossos antepassados.

b) *Pelo tipo de interações que facilitam nas crianças.* O fato de os materiais terem uma estruturação aberta ou fechada (que possibilite operações divergentes, e não somente a ação pré-determinada que o objeto marca), poderem ser usados por diversas crianças ou serem de uso individual cria diferentes dinâmicas de trabalho na sala de aula.

c) *Pelo tipo de atividades que sugerem e estimulam.* Os materiais são provocadores da atividade infantil e, portanto, a leitura do tipo de materiais que há dentro da sala de aula oferece uma boa idéia do tipo de trabalho que é realizado na mesma.

Quando entramos em uma sala de aula e vemos uma caixa com areia, copos, garrafas, tubos, coadores, etc., ou vemos uma mesa de água com diversos recipientes e objetos para fazer experiências, podemos deduzir o tipo de atividades que as crianças realizam em tais espaços.

d) *A localização e a disposição dos materiais no espaço.* A localização e a disposição dos materiais no espaço é outro importante indicador do modo como se organiza a vida dentro da sala de aula. O fato de os materiais estarem ao alcance das crianças, estarem organizados seguindo uma estrutura lógica, estarem rotulados, etc., marca uma relação diferente com os objetos.

Decoração

A sala de aula pode estar decorada de tal modo que eduque a sensibilidade estética infantil. A decoração transforma-se, assim, em conteúdo de aprendizagem: a harmonia de cores, a apresentação estética dos trabalhos, etc.

Também pode haver elementos decorativos que sejam réplicas de obras de arte, lâminas de quadros famosos, de esculturas, etc., que além de educar a sensibilidade das crianças introduzem-nas na cultura artística.

Como afirmam Sergio Neri e Vea Vecchi[8], na hora de falar do espaço escolar é conveniente esclarecer as questões seguintes:

1. A escola é um lugar artificial. Um lugar que as crianças não escolhem, mas que outros escolhem por elas, e tampouco escolhem as pessoas com as quais convivem nesse lugar Além disso, é um dos poucos lugares nos quais estamos obrigados a estar.

2. A escola é um lugar artificial que tem um objetivo muito preciso: conseguir aproximar as crianças da cultura. Se não fizer isso, a escola não serve para nada.

Portanto, a cultura deve ser entendida como:

"Todos aqueles comportamentos, aquelas maneiras de viver, aquelas maneiras de compreender as coisas, aquelas maneiras de organizar o pensamento, aquelas maneiras de expressar os sentimentos, aquelas maneiras de viver em meio aos outros, aquelas maneiras através das quais nós aprendemos as regras da vida, aquelas maneira através das quais a pessoa se enriquece e que não são inatas" (p. 18).

A escola deve ser o lugar privilegiado no qual se tem acesso à cultura. O cenário formador onde toda a série de hábitos, atitudes, competências, conhecimentos são abordados de uma maneira explícita.

"O espaço-escola, o prédio escolar, o salão, o pátio, a cozinha, as salas de aula, o depósito, todos os espaços que estão presentes na escola pertencem a esses âmbito, ou seja, deverão ser dos lugares que ajudam a criança a enfrentar a construção das atitudes, comportamentos, procedimentos, conhecimentos que formam a cultura. Quando falo em ambiente, refiro-me às pessoas, aos objetos, ao espaço e a tudo aquilo que está dentro (os sons, as imagens, as formas, as cores), tudo o que constitui a vida normal. O resultado disso é que devemos ver o ambiente escolar como um lugar onde estamos.
Não é um recipiente, um lugar no qual nos defendemos da chuva, do frio ou onde estamos resguardados, mas um lugar que oferece, que dá, que gera toda uma série de comunicações para a criança e para os adultos."

---

8. Neri, S. e Vecchi, V. (1982): "Spazio, arredo, attivitá, lo svogliamento dell'attivitá, la sistemazione e la tenuta degli arredi". In: AA.VV. (1982): *L'organizzazione materiale dello spazio scolastico*. Comune di Módena. Documento fotocopiado.

De tudo isso podemos concluir que o ambiente é, por si mesmo, um "educador(a)" tanto das crianças como dos adultos. Daí, a sua importância como componente curricular.

ORGANIZAÇÃO DO ESPAÇO

Como no item anterior, quando falamos de espaço não estamos fazendo referência simplesmente a um acúmulo de objetos situados em um lugar. A idéia de espaço faz alusão, mais do que aos componentes isolados que o formam, à particular relação que se estabelece entre ele e as pessoas que o freqüentam.

Na sua consideração educativa, o espaço é um acúmulo de recursos de aprendizagem e desenvolvimento pessoal. Justamente por isso é tão importante a organização dos espaços de forma tal que constituam um ambiente rico e estimulante de aprendizagem. Como colocam Neri e Vecchi:[9]

"O ambiente é um educador(a) à disposição tanto da criança como do adulto. Mas só será isso se estiver organizado de um certo modo. Só será isso se estiver equipado de uma determinada maneira" (p. 19).

A organização dos espaços da sala de aula de Educação Infantil exige que sejam considerados os seguintes aspectos:

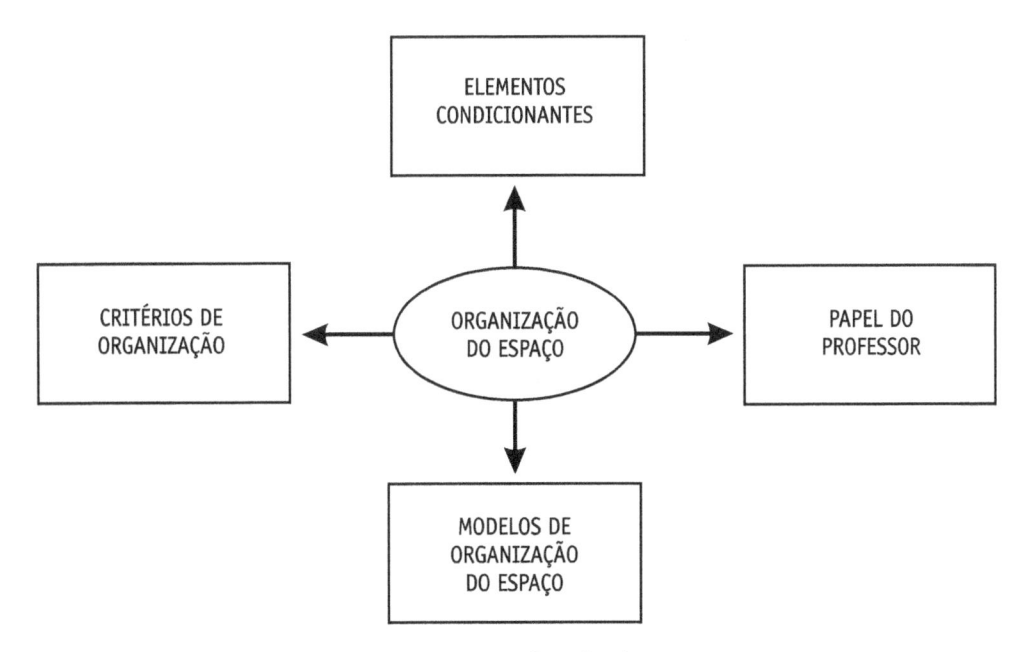

Figura 11.4. A organização do espaço

9. Op. cit.

Como podemos observar, na organização do espaço devem ser considerados quatro aspectos: os elementos que condicionam as possibilidades de organizar o espaço, os critérios a serem levados em consideração para a implementação de uma organização adequada, o papel do professor(a) na organização do espaço e os modelos habituais de organização dos espaços nas salas de aulas de Educação Infantil.

Analisarei cada um desses aspectos nos itens a seguir.

Elementos que condicionam a organização dos espaços

Organizar os espaços da sala de aula é um processo complexo que exige a ativação de conhecimentos e habilidades de diversos tipos.

Os aspectos que abordarei condicionam a forma como os professores(as) organizam os espaços de suas salas de aula. Condicionam-nos tanto no sentido de limitar as suas possíveis decisões (pólo negativo) como no de abrir-lhes novas possibilidades (pólo positivo). Condicionam-nos tanto se eles estiverem conscientes da sua existência como se os ignorarem. O que ocorre é que, se eles conhecem a natureza de tais condicionantes, encontram-se em melhor situação para poder neutralizá-los (pólo negativo) ou para aproveitá-los e tirar deles o máximo proveito (pólo positivo).

Por isso, é importante ter consciência de quais são os aspectos que irão condicionar a tomada de decisões dos professores(as) (ver Figura 11.5, adiante).

Elementos contextuais

Entre os elementos contextuais, podemos referir-nos ao *macrocontexto* (ambiente e escola) e ao *microcontexto* (sala de aula e espaços anexos).

O ambiente

No que se refere ao ambiente há dois aspectos que podem condicionar-nos:

a) *As condições climáticas*. Questões como o clima atuam como condicionante no momento de organizar o espaço. Por exemplo, em lugares de muita chuva (como é o nosso caso na Galícia) ou de temperaturas fortes (frio ou calor) é necessário prever a existência de espaços cobertos para rea-

```
                    MODELOS PEDAGÓGICOS
                     • Modelo Educativo


ELEMENTOS         ELEMENTOS CONDICIONANTES       ELEMENTOS
CONTEXTUAIS            DA ORGANIZAÇÃO            PESSOAIS
• Macrocontexto         DO ESPAÇO EM             • Professor(a)
• Microcontexto          SALA DE AULA            • Alunos(as)


                   PLANEJAMENTOS DIDÁTICOS
                         • Método
```

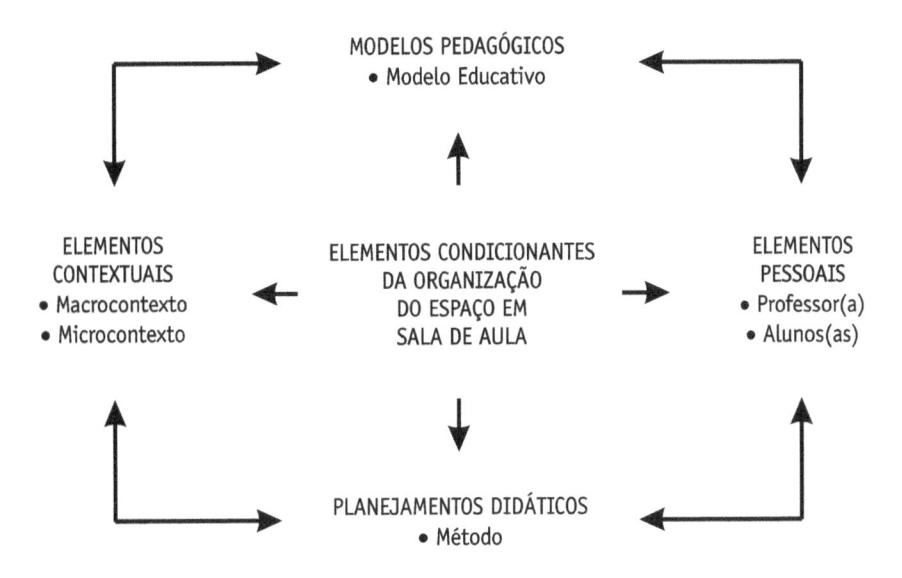

Figura 11.5. Condicionantes da organização dos espaços

lizar os recreios. De qualquer forma, é preciso contar também com espaços abertos onde as crianças possam movimentar-se com liberdade e uma certa amplidão. Ou, então, distribuir o espaço de uma maneira tão flexível (com um mobiliário leve ou com rodinhas) que as coisas possam ser retiradas rapidamente de uma lugar deixando espaço livre para as atividades de lazer que deveriam ser realizadas no pátio.

b) *Os recursos do ambiente.* O ambiente pode fornecer-nos *espaços* (naturais ou construídos) que podem ser usados como espaços alternativos ou complementares para a realização de certas atividades. São espaços que passam a fazer parte do cenário formativo habitual com o qual o professor(a) trabalha: o espaço de que ele dispõe transcende, assim, as quatro paredes da sala de aula. Pode ser o parque próximo, a biblioteca perto da escola, o mato, o rio ou a praia vizinhos, etc.

O ambiente também fornece *materiais* (naturais ou artificiais) que se somam ao equipamento da sala de aula e permitem enriquecer as atividades a desenvolver, tanto dentro como fora da mesma. Pode ser a simples incorporação de elementos naturais, como as pinhas, as plantas, as pedras, etc. dos arredores. Mas pode também existir a possibilidade de dispor de elementos para a adequação dos espaços (materiais oferecidos por uma fábrica próxima, por uma loja, etc.) ou para a realização de atividades.

A Escola

A Escola oferece-nos três tipos de condicionantes:

a) *As próprias condições arquitetônicas*. Três aspectos são especialmente relevantes neste tema: a maior ou menor antigüidade do edifício, a concepção da Escola em seu conjunto e a localização da sala de aula.

As escolas antigas não costumam contar com salas de aula adequadas para a Educação Infantil. As crianças pequenas são instaladas em uma sala convencional que não possui as condições ideais: falta a pia, as instalações de higiene estão localizadas longe da sala de aula, há pouca luz, etc. Como esses são elementos estruturais, há pouca possibilidade de combater tal deficiência sem enfrentar reformas de grandes proporções.

A concepção da Escola em seu conjunto é outra variável importante. Como colocou Gairín (1994)[10], as soluções arquitetônicas respondem a diversos modelos de concepção de Escola. As tipologias mais comuns são os agrupamentos lineares (com salas de um lado ou dos dois), agrupamentos nucleares (que distribuem as salas de aula a partir de um espaço comum) e agrupamentos mistos (que procuram combinar os modelos anteriores). Poderíamos, ainda, acrescentar a esses modelos os agrupamentos de tipo modular, nas quais a escola é constituída por diferentes edifícios.

A Educação Infantil precisa de espaços abertos amplos, com possibilidade de áreas de encontro de crianças de diversos grupos (aquilo que os italianos denominam de espaços de *intersecção*) e eliminação de barreiras arquitetônicas. Dispor de espaços diferenciados possibilita uma organização muito mais polivalente da dinâmica de trabalho.

Finalmente, a questão da localização das salas de aula de Educação Infantil causa diversos problemas nas escolas antigas. Salas de aula situadas no primeiro andar, por exemplo, ou de pequenas dimensões, etc., geram diversos problemas, principalmente para as crianças menores. Pelo contrário, nas escolas mais modernas as salas de aula de Educação Infantil costumam ser localizadas em módulos independentes, o que abre novas possibilidades de organização diferenciada (há maior liberdade, pode-se fazer mais barulho, etc.).

b) *Os espaços externos e a sua adequação*. Fazemos referência aqui somente ao espaço externo adjunto à escola e que constitui os "pátios de recreio" (aos espaços do ambiente já nos referimos no item anterior). Existe uma grande diversidade no que se refere às dimensões e às condições de equipamento oferecidos pelos pátios de recreio nas escolas.

---

10. Gairín, J. (1994): "Organización de los recursos materiales". In: Gairín, J. e Darder, P.: *Organización y gestión de Centros educativos*. Praxis, Barcelona, p. 139-159.

Há escolas que dispõem de grandes pátios de recreio, nos quais podemos, inclusive, encontrar amplos espaços anexos para uso exclusivo da Educação Infantil e com equipamento adequado para que as crianças possam realizar uma grande diversidade de atividades. Outros, ao contrário, dispõem de um pequeno espaço ou este está pobremente equipado, devido ao fato de que as possibilidades de jogo ficam extremamente limitadas. Até mesmo existem escolas que dispõem somente de um espaço reduzido e sem nenhum tipo de equipamento.

Tanto as dimensões e as características do espaço (de terra, calçado, com grama e árvores, etc.) como o seu equipamento (balanços, tobogãs, estruturas para subir, cabanas, pistas, etc.) condicionam enormemente o tipo de atividades que as crianças podem realizar livremente no pátio, mas condicionam também as possibilidade de planejamento do professor(a), de atividades de aprendizagem específicas integradas em um projeto de trabalho.

Como dissemos anteriormente, tal condicionamento pode referir-se tanto ao sentido de limitar como de enriquecer as possibilidades de utilização.

c) *Outros espaços de uso comum.* A possibilidade de contar, no prédio, com espaços de uso comum para a realização de determinadas atividades que requerem algumas condições específicas no espaço e das quais nem sempre se dispõe (sala para realizar psicomotricidade, sala de artes plásticas, sala de projeções audiovisuais, etc.) condiciona, em boa parte, o tipo de organização e distribuição de espaço que for realizado na sala de aula. Se dispusermos de um lugar adequado (ginásio, sala de múltiplas atividades, etc.) para a realização das atividades de psicomotricidade, por exemplo, talvez possamos organizar mais áreas de atividade dentro da sala de aula, já que não precisaremos dispor de tanto espaço livre.

Além disso, a existência de alguns espaços de uso comum, que possamos organizar adequadamente, podem "provocar" a realização de determinadas atividades que, em outras circunstâncias, não realizaríamos.

A sala de aula

No que se refere à sala de aula são três os elementos que podem condicionar-nos no momento de projetar e organizar o espaço: os elementos estruturais, o mobiliário e os materiais de que dispomos.

a) *Os elementos estruturais.* É o que Hall denomina de espaço fixo[11], fazendo referência àqueles elementos permanentes na estrutura do edifício,

---

11. Hall, E.T. (1960): *The Children dimension.* Doubleday. Garden City, p. 97.

aos quais necessariamente deverá acomodar-se o modo de organizar as atividades que as pessoas realizam, individualmente ou em grupos, e que uma vez determinados não podem ser modificados pelos participantes na atividade. Alguns desses elementos estruturais são:

— *a dimensão da sala de aula*: afeta, em primeiro lugar, a quantidade e o tipo de mobiliário que podemos introduzir nela para criar espaços diferenciados sem que, com isso, venha a tornar-se "opressiva";
— *dispor apenas da sala de aula ou de algum outro espaço anexo*: isso pode facilitar a criação de outros espaços de atividade (canto de artes plásticas, área de descanso, canto de jogo simbólico, etc);
— *a posição das janelas:* condiciona a colocação de determinadas áreas de atividade que precisam de um espaço com boa iluminação, como a biblioteca ou a área de atividades gráficas;
— *a existência ou não de pontos de água e a sua localização*: condiciona a criação ou não de uma área para jogos de água, assim como a localização da área de atividades de artes plásticas, como a pintura ou a modelagem com barro, que precisam de uma área de água próxima;
— *a presença de armários embutidos ou de estantes fixas:* condicionam a localização das áreas de estoque dos materiais e criam ao seu redor um espaço morto, por ser preciso deixar o acesso livre.
— *o tipo de piso* (de cimento, madeira, cortiça, etc.): pode condicionar muito a realização de certas atividades. Muitas delas podem ser feitas diretamente no piso, se este for de madeira, cortiça ou carpete, mas se for de cimento ou de lajota precisaremos dispor de tapetes ou colchonetes.

Hennings (1978)[12] diz que o planejamento do espaço, no que se refere aos elementos estruturais, "fixa de modo permanente as atividades a realizar, já que afeta o comportamento das pessoas dentro desse espaço e a maneira como se comunicarão umas com as outras" (p. 182).

b) *O mobiliário*. Pode condicionar em dois aspectos: a *quantidade* e o *tipo*.

No que se refere à **quantidade,** tanto o seu excesso como a sua falta são condicionantes no momento de organizar o espaço da sala de aula para criar diferentes ambientes ou áreas de atividade.

Quanto ao ***tipo*** de mobiliário, devemos levar em consideração aspectos como:

---

12. Hennings, D. (1978): *El dominio de la comunicación educativa*. Anaya Madrid.

— A *leveza:* se é um mobiliário leve ou com rodinhas ou se, ao contrário, é um mobiliário pesado difícil de se transportado. Isso condiciona em dois sentidos. Por um lado, condiciona o dinamismo-estaticismo da aula, já que o mobiliário pesado, difícil de ser transportado, atua como elemento fixo, impedindo a fácil transformação da sala de aula e tornando o espaço estático. Já, o mobiliário leve ou com rodas transforma a sala de aula em um espaço dinâmico, pois é possível uma rápida e fácil transformação dos espaços para adequá-los a novas necessidades. Por outro lado, dispor de mobiliário leve contribui para aumentar a participação das crianças nas tarefas de definição e transformação do espaço, uma vez que elas mesmas podem ser capazes, em muitos casos, de transportar os móveis.

— A *polivalência:* um mobiliário que, com pequenas transformações, possa ser utilizado com diferentes finalidades.

— A *funcionalidade:* refere-se principalmente à sua adaptação às características específicas das crianças: ser acessível a elas, possibilitar a autonomia na sua utilização, não significar riscos (cair das cadeiras, tropeçar com mesas, biombos ou estantes, etc.).

c) *Os materiais.* Condicionam tanto o seu *tipo* como a sua *quantidade.*

No que se refere ao **tipo** de materiais é conveniente destacar três aspectos fundamentais:

— A *variedade de materiais* está relacionada com a sua capacidade para estimular, "provocar" um determinado tipo de atividades. Normalmente os materiais condicionam muito, já que as crianças costumam usá-los de um modo muito diversificado. É freqüente observar como os blocos lógicos e até as réguas transformam-se em caminhões e estradas ou em material de carga. De qualquer forma, a professora deve saber que a forma como preenche o espaço de materiais e o tipo de materiais que deixa à disposição das crianças irá condicionar as iniciativas das mesmas.

— A *segurança* característica dos materiais com os quais trabalhamos. Devemos contar com materiais que não representem um risco à segurança das crianças.

— A *organização.* Já que um dos nossos objetivos básicos é potencializar a autonomia das crianças, ou seja, que possam trabalhar sozinhas, os materiais devem estar organizados de tal forma que favoreçam a sua utilização autônoma.

> "A maneira de situar os elementos de jogo e as instalações para jogar com eles favorece ou inibe a sua utilização pelas crianças.
> As estantes para materiais que são acessíveis às crianças oferecem a elas maiores possibilidades de independência e autonomia."[13]

No que se refere à **quantidade** é conveniente ressaltar que este é um conceito relativo. Não é tão importante que existam muitos materiais, mas que os materiais existentes sejam suficientes para possibilitar um trabalho rico. A carência de materiais é tão negativa quanto o seu excesso.

Por isso, é aconselhável começar o ano com a sala de aula quase vazia de materiais e ir enchendo-a à medida que vão sendo abordados projetos com as próprias crianças ou estas vão sentindo novas necessidades. Assim, no início do curso, pode-se ir orientando a atividade infantil para um uso rico dos materiais.

Por outro lado, como os materiais vão sendo introduzidos a partir das necessidades que vão surgindo, seja por solicitação das crianças para seus jogos, seja por necessidades dos projetos de trabalho, elas se tornam mais "donas" da sala de aula e dos materiais e vão usando os mesmos de forma cada vez mais significativa.

A quantidade também relaciona-se com o modelo educativo. Como coloca Read (1982), a existência de dois ou mais elementos do mesmo tipo favorece a atividade social. Uns quantos cavaletes de pintura colocados um do lado do outro favorecem a relação interpessoal.

Modelos pedagógicos

Um dos aspectos básicos do espaço é justamente que, de alguma maneira, constitui um indicador claro da idéia educativa daqueles que são responsáveis pelo seu projeto e organização. Neste sentido, a responsabilidade vai desde a administração educativa (que dita as normas para a construção dos prédios escolares) até os arquitetos que os constroem e, logicamente, os professores(as) na medida em que tomam decisões que afetam a sua distribuição, equipamento e utilização.

Portanto, é importante considerar a relação existente entre o modelo educativo subjacente e a organização dos espaços, embora somente sirva como elemento de reflexão.

---

13. Read, K. H. (1982): *La scuola materna. Relazioni umane e apprendimento.* Armando, Roma, p. 126.

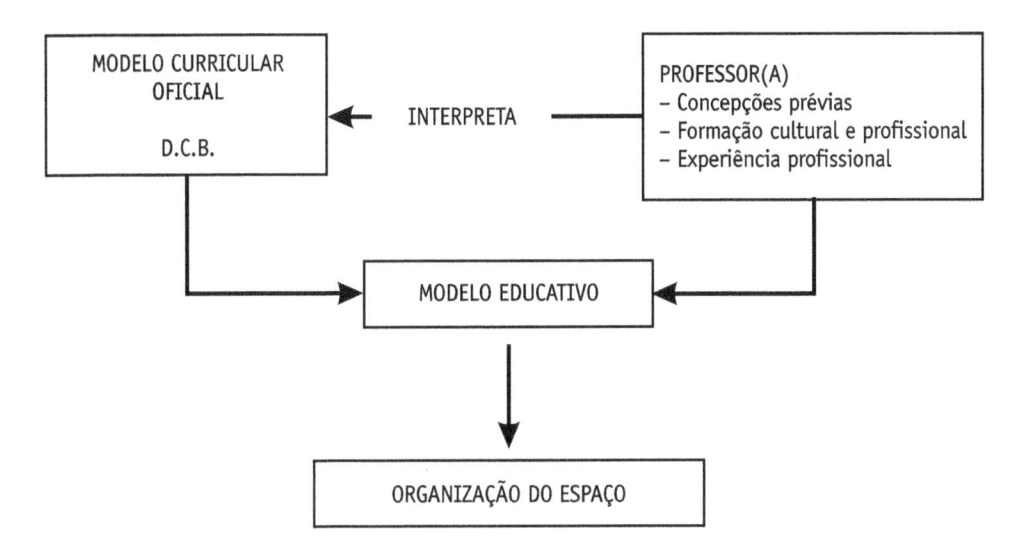

```
┌─────────────────┐                    ┌──────────────────────────────┐
│ MODELO CURRICULAR│                    │ PROFESSOR(A)                 │
│     OFICIAL     │◄──── INTERPRETA ────│ – Concepções prévias         │
│                 │                    │ – Formação cultural e profissional│
│     D.C.B.      │                    │ – Experiência profissional   │
└────────┬────────┘                    └──────────────┬───────────────┘
         │                                            │
         │           ┌──────────────────┐             │
         └──────────►│ MODELO EDUCATIVO │◄────────────┘
                     └─────────┬────────┘
                               │
                               ▼
                     ┌──────────────────────┐
                     │ ORGANIZAÇÃO DO ESPAÇO│
                     └──────────────────────┘
```

Figura 11.6. Interação modelo educativo — organização do espaço

A relação espaços-modelo educativo ocorre em dois níveis (Figura 11.6):

a) **O modelo educativo implícito** que um professor(a) possui e que está muito relacionado com as suas concepções sobre o ensino, a sua formação cultural e profissional e a sua experiência como docente. Com toda essa bagagem o professor(a) irá interpretar o D.C.B. e configurar, assim, o seu modelo educativo. Esse modelo educativo irá manifestar-se, entre outras coisas, na forma como ele organiza os espaços de sua sala de aula.

> "A forma como organizarmos e administrarmos o espaço físico de nossa sala de aula constitui, por si só, uma mensagem curricular, reflete o nosso modelo educativo (...) A forma como organizamos os espaços e cada uma de suas áreas e elementos reflete direta e indiretamente o valor que lhe damos e a função que lhe outorgamos e, além disso, diz muito em relação ao tipo de comportamento instrutivo e transmite o que esperamos de nossos alunos(as)."[14]

Se eu considero que as crianças são os verdadeiros protagonistas da sua aprendizagem, que aprendem a partir da manipulação e da experimentação ativa da realidade e através das descobertas pessoais; se, além disso, entendo que "os outros" também são uma fonte importante de conhecimento, tudo isso terá reflexos na organização de minha sala de aula: tendo espaços para o trabalho em pequenos grupos, distribuindo o mobiliário e os materiais

---

14. Zabalza, M.A. (1987): *Didáctica de la Educación Infantil. Op. cit.*, p. 124.

para que as crianças tenham autonomia e "enchendo" o espaço de materiais que despertem o interesse infantil para manipular, experimentar e descobrir.

Com um ponto de vista diferente, Maria Teresa Aguado[15] faz uma classificação dos modelos de Educação Infantil adotando como critério diferenciador a base teórica ou a concepção da aprendizagem que cada modelo possui. Segundo esta autora, podemos distinguir três tipos de modelos de Educação Infantil: maturacionista, pré-acadêmico ou de transmissão cultural-cognitivo-interacionista. Cada um desses modelos corresponde às grandes teorias do desenvolvimento infantil: *maturacionista, condutivista e cognitivo*. Em todos eles o ambiente desempenha um papel importante, mas por diferentes motivos.

No **modelo maturacionista,** o ambiente atua como um estímulo, facilitando o desdobramento dos estados inatos, pré-modelados e pré-determinados.

O objetivo básico desse modelo é favorecer a espontaneidade, criatividade e autoconfiança, já que se considera que o mais importante no desenvolvimento da criança é aquilo que é proveniente do interior da mesma.

O ambiente influi na aprendizagem somente porque facilita a manifestação das diferentes etapas do desenvolvimento. Os materiais devem ser variados e a sua utilização deve estar adaptada ao nível de desenvolvimento das crianças. (*Op. cit.*, p. 165.)

No **modelo pré-acadêmico,** também denominado de transmissão cultural, o ambiente é concebido como um *input*, informação ou energia transmitida e acumulada no organismo, o qual emite respostas, *output*.

Neste modelo, a organização do ambiente e os materiais estão a serviço dos objetivos de aprendizagem estabelecidos e que se baseiam na aquisição de habilidades acadêmicas básicas, já que o seu objetivo fundamental é a preparação para o sucesso escolar. O material é selecionado em função dos objetivos pré-acadêmicos fixados. (*Op. cit.*, p. 172.)

No **modelo de orientação cognitiva,** o ambiente tem um papel ativo no desenvolvimento infantil. A criança atua sobre o meio interpretando-o e essa atuação é que contribui para a construção do conhecimento através dos processos de assimilação e acomodação.

Nas salas de aula que adotam este modelo educativo, o espaço está projetado para o auto-ensino e a aprendizagem por descobrimento. "Os materiais e espaços são variados e a usa utilização é flexível, já que devem aumentar a exploração, experimentação e o descobrimento autônomos." (*Op. cit.*, p. 182.)

b) O **modelo educativo "oficial"** deve projetar-se necessariamente, sobretudo na Educação Infantil, na configuração, no equipamento e no uso dos espaços da sala de aula.

---

15. Aguado, M.T. (1993): "Modelos y programas de Educación Infantil". In: García Hoz, V. (Coord.) (1993): *Educación Infantil personalizada*. Rialp. Madrid, p. 159-194.

Há quase 20 anos, sob os novos ventos pedagógicos gerados pela Lei Geral de Educação e de seus desenvolvimentos posteriores, Prado fazia uma consideração importante em relação a essa questão:

> "Nos últimos anos a renovação dos modelos educativos representou uma virada copérnica da práxis escolar mediante a generalização da metodologia ativa baseada no princípio de que o aluno(a), e não o professor(a), é o próprio agente do seu processo de aprendizagem. Isto implica assumir publicamente: Que cada criança é diferente e assimila de maneira e com velocidade diferente. Que o desenvolvimento formativo e intelectual é gerado mediante a tarefa de procura e descobrimento pessoal. Que neste processo é básico experimentar em primeira mão e não reter os fatos na memória. Transferidas estas suposições teóricas para a prática da utilização do espaço físico significam: que os alunos(as) desenvolvem atividades diferentes agrupando-se de forma diferente e escolhendo o espaço mais adequado para cada trabalho. Que existe uma simultaneidade no desenvolvimento da multiforme tipologia de atividades. Que se produz uma dinâmica grupal que arrasta o movimento do professor(a) que, portanto, deixa de ser um instrutor a partir de um ponto fixo" (p. 126).[16]

O que chama a atenção para esse fato é que a argumentação de Prado continua sendo válida depois de tanto tempo e após uma reforma ainda em fase inicial. Parece que a interação entre o modelo educativo e os espaços constitui uma questão sempre permanente.

Neste momento, com o surgimento da LOGSE (Lei Orgânica de Ordenação Geral do Sistema Educativo), estamos diante de novos desafios que são apresentados às escolas. Desafios que precisam de adequações espaciais. Basta pensar, por exemplo, no ingresso das crianças de três anos às escolas, na generalização dos programas de integração escolar, etc.

Como diz Gairín:

> "O espaço escolar é o 'locus' onde o aluno(a) desenvolve a maior parte de sua atividade, Por isso, deve adaptar-se às condições determinadas pela idéia de educação que se pretende desenvolver."[17]

Devemos pensar na organização e na estruturação do espaço de modo que responda aos modelos pedagógicos atuais, ou seja, ao modelo curricular da reforma que se traduz no D.C.B. (Deseño Curricular Básico) de Educação Infantil.

---

16. Prado, J.I. (1979): "La investigación del espacio en la escuela". In: AA.VV: *Temas de investigación Educativa*. Madrid, Servicio de publicaciones del MEC.
17. Gairíni, J. (1995): El reto de la organización de los espacios, *Aula de Innovación Educativa*, 39, Junho, p. 45-50.

Elementos pessoais

Entre os componentes pessoais que condicionam a organização dos espaços devemos mencionar tanto as crianças como os professores(as) que as atendem.

As crianças

No que se refere às *crianças*, seria conveniente levar em consideração pelos menos os seguintes aspectos:

a) *A idade:* A idade condiciona fortemente o nível de *autonomia* e o seu equipamento de competências (aquilo que são capazes de fazer). Em função disso, teremos que adaptar os espaços e os materiais de forma tal que sejam acessíveis para elas, que sejam de fácil utilização, que ofereçam segurança e que estimulem a sua atividade.

Freqüentemente, as Escolas e o mobiliário não se adequam ao ingresso de crianças pequenas. Isso obriga os professores(as) a fazerem pequenas adaptações em suas aulas, como prepararem um estrado para que possam alcançar a pia, baixar os cabides, adaptar as estantes altas demais, etc.

b) *As necessidades que apresentam:* As necessidades das crianças pequenas são muito variadas — desde as afetivas até as biológicas e sociais.

Por exemplo, é preciso organizar os espaços de maneira que permitam o descanso e, ao mesmo tempo, espaços que permitam uma atividade intensa e enérgica. Espaços para estar com outros e espaços para estar sozinho ou isolado. Espaços que sejam muito semelhantes ao lar e com muitos elementos familiares, para que não notem tanto a "ruptura afetiva", e espaços que "rompam os seus esquemas", que despertem a sua curiosidade por serem incomuns.

Loris Malaguzzi[18] fazia alusão também à diferença existente entre as crianças pequenas na hora de avaliar o espaço de que precisam para desenvolver as suas atividades. As conclusões a que chegou era de que os meninos precisavam de muito espaço livre para seus jogos: precisavam movimentar-se, realizar atividades "hiperbólicas" que os ocupavam bastante como brigas, perseguições, jogos no espaço sideral (aviões, naves espaciais, personagens de ficção), etc. As meninas, no entanto, costumavam desenvolver jogos mais estáticos ou que precisavam de menos espaço: são jogos mais intelectuais e intimistas, construções, leitura, bonecas, jogos simbólicos, etc.

---

18. Conversação com Loris Malaguzzi e Reggio Emilia (17 de maio de 1991). A conversa está gravada em fita cassete.

De qualquer forma, isso não implica, em absoluto, que seja preciso adotar critérios sexistas no momento de organizar os espaços, mas sim levar em consideração as formas habituais de atuar que menino e meninas costumam adotar.

c) *As características do ambiente do qual procedem:* A escola infantil deve procurar desenvolver uma dupla função: vincular os interesses e as atividades habituais das crianças e, ao mesmo tempo, abrir novos horizontes.

Quando introduzimos materiais e atividades habituais para a criança, desenvolvemos a primeira dessas funções: podemos ajudá-las a ver as coisas de um ponto de vista diferente ao que elas estão acostumadas. Com isso, a experiência quotidiana é elevada a outra categoria, convertendo-a em conhecimento.

Quando incorporamos novos elementos, estamos trabalhando a segunda dessas funções. Quando trabalhamos com crianças de uma área rural, talvez não seja tão importante contar com uma horta escolar, já que a mesma existe em suas casas e faz parte da sua experiência diária. No entanto, a horta escolar é muito mais significativa para as crianças da cidade, para as quais ver e tratar das plantas representa uma novidade muito estimulante.

Os professores(as)

Uma das coisas que influi muito nos professores(as) é o modelo educativo que adotarem, o que já comentamos no ponto anterior.

a) Influem, sem dúvida, os seus *valores* e *ideologia.* É esse conjunto de características, que faz parte da sensibilidade, que cada um é capaz de levar para o seu trabalho educativo. Uma professora muito sensível ao tema da co-educação irá estruturar a sala de aula de uma maneira tal que favoreça ao máximo a igualdade entre os meninos e as meninas. Uma professora especialmente sensível a questões artísticas irá dotar a sua aula de um grande conteúdo estético, cuidando muito as formas, o equilíbrio e harmonia dos diversos componentes da sala de aula. Um professor(a) com uma grande preocupação com o meio ambiente tentará fazer com que as suas idéias não fiquem em questões filosóficas, mas fará com que a natureza esteja presente de muitas maneira na sua aula por meio de plantas, aromas, recursos do ambiente, etc.

b) Outro aspecto importante é a *experiência profissional anterior.* A experiência leva a pessoa a um tipo de inércia que, às vezes, é difícil interromper. Alguns professores(as) manifestam abertamente a sua boa disposição para introduzir mudanças na organização da sala de aula, mas confessam que os costumes com os quais estão habituados pesam muito e, além do mais, não se atrevem a romper com a segurança que isso lhes dá. Introduzir mudanças significa romper com o habitual e submergir na incerteza das coisas novas. Muitos professores(as) manifestam que gostariam de trabalhar com o método de cantos, mas têm medo de enfrentar as mudanças metodológicas que isso representa.

c) Influi, ainda, a maior ou menor *criatividade* que o professor(a) possui no momento de criar alternativas para projetar o espaço.

d) Sem dúvida, existem outros *aspectos pessoais* que irão afetar também de maneira palpável a organização da sala de aula. Uma professora muito meticulosa e preocupada com a organização terá a sua sala de aula como um espelho e as coisas perfeitamente organizadas. Outra que seja um pouco menos cuidadosa dará menor importância a esse aspecto ou o deixará subordinado a outras questões que são mais importantes para ela.

Modelo didático

Outro fator que condiciona a organização dos espaços em uma sala de aula infantil é o modelo de trabalho que se pretenda realizar. A relação entre os espaços e as atividades que forem desenvolvidas é bi-direcional: poderemos fazer algumas coisas ou outras dependendo da organização e do equipamento dos espaços, mas podemos dizer o mesmo na ordem inversa. Dependendo do nosso enfoque educativo, tomaremos as decisões e faremos as disposições dentro de nossas salas de aula.

A idéia da qual qualquer professor(a) de Educação Infantil deve partir é a de que os espaços fazem parte do seu projeto educativo e, portanto, da mesma maneira que assumir um modelo de educação significa priorizar alguns objetivos sobre outros, algumas formas de trabalho sobre outras, alguns materiais sobre outros, etc., o nosso *modelo didático* deverá condicionar a forma em que dispusermos, equiparmos e utilizarmos os espaços na sala de aula.

Neste item, devemos destacar vários aspectos:

Método

Se formos trabalhar com cantos, oficinas, unidades didáticas, centros de interesse, método de projetos, etc., isto irá condicionar a maneira de organizar o espaço, já que ele deve poder responder às exigências apresentadas pelos diferentes métodos quanto à realização de atividades, agrupamentos, etc.

Atividades

Parece óbvio que o espaço deve estar organizado, em primeiro lugar, em função da atividade que será desenvolvida no mesmo. A atividade é, sem dúvida, o elemento que condiciona mais claramente a estrutura do espaço. De fato, quando designamos os espaços de uma sala de aula, fazemô-lo quase sempre em função das atividades: canto do jogo simbólico, canto da atividade gráfica, canto de artes plásticas, canto dos jogos de construção, etc.

Gairín (1995)[19] diz a esse respeito que a organização do espaço a partir das atividades é a mais adequada, pois permite uma distribuição flexível das crianças em função do tipo de atividade que devem realizar.

Uma idéia parecida era sustentada por De la Orden[20] para quem "o núcleo básico de uma modelo de funcionamento não está constituído pela sala de aula nem pelas matérias, e sim pelas atividades". Segundo este autor, são as atividades que devem constituir o ponto de referência básico para definir e caracterizar o tipo de espaços, de instalações e de relações estruturais e funcionais de todo o conjunto.

Metodologia

Se levarmos em consideração o grande poder do ambiente como facilitador — inibidor da aprendizagem (Zabalza, 1987), constataremos a importância de fazer um planejamento dos espaços que seja coerente com os nossos modelos metodológicos.

Um dos grandes objetivos da educação nestes primeiros anos é a aquisição de estratégias cognitivas que permitam à criança abordar de maneira autônoma as novas aprendizagens. Justamente por isso, torna-se cada vez mais necessária a criação de "cenários estimulantes", que convidem a criança a aprender, a descobrir, a pesquisar.

Por isso, ao planejar cada novo projeto de trabalho, centro de interesse ou unidade didática, devemos pensar em como vamos estabelecer e organizar os espaços de modo a que se transformem no ambiente adequado e facilitador daquilo que pretendemos fazer, mantendo-se, ao mesmo tempo, como uma estrutura de estímulos e oportunidades de expansão da experiência para as crianças.

---

19. Gairín, J. (1995): *Op. cit.*
20. De la Orden, A. (1974): Implicaciones pedagógicas en el diseño y organización del espacio escolar. *Revista de Educación*, ano XXII, p. 233-34. Citado por Prada, J.I. (1979), p. 132.

Critérios para uma adequada organização dos espaços

As perguntas sobre o espaço que todos nós fazemos com freqüência são as seguintes: *Como eu poderia introduzir mudanças na minha sala de aula? Por onde deveria começar? Que princípios ou critérios poderia adotar para que não fossem mudanças "sem sentido"?*

Mesmo tendo conhecimento de que não cabe estabelecer regras fixas sobre essa questão, acredito que poderíamos pensar em uma série de critérios capazes de orientar a organização dos espaços da sala de aula (Figura 11.7).

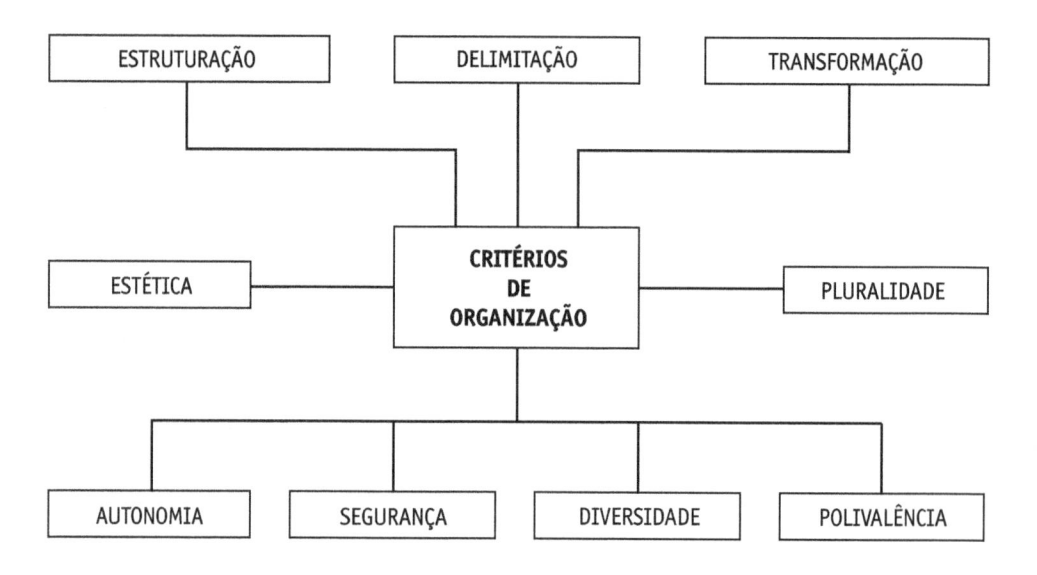

Figura 11.7. Critérios para organizar os espaços da sala de aula

Na minha opinião, para obter uma organização do espaço da sala de aula que favoreça a criação de um ambiente de aprendizagem estimulante e rico, devemos levar em consideração os seguintes critérios:

1. *Estruturação por áreas*

A sala de aula deve estar organizada em diferentes áreas de jogo — trabalho que favoreçam a diversidade de opções e, portanto, a escolha por parte da criança.

"O espaço da sala de aula funciona melhor para as crianças quando está dividido em diferentes áreas de trabalho. Estas áreas ajudam às crianças a verem quais são as suas opções, já que cada área oferece um conjunto único de materiais e oportunidades de trabalho."[21]

2. Delimitação clara das áreas

As áreas de jogo — trabalho devem estar claramente delimitadas, de modo a que a criança possa distinguir facilmente os limites de cada uma. Isso não significa que as áreas tenham que ser compartimentos estanques, mas uma clara delimitação das áreas contribui para a organização mais definida do espaço, o que, por sua vez, favorece a sua utilização autônoma pelas crianças e contribui para que possam construir mentalmente o espaço.

Nos modelos de orientação cognitiva, como o modelo *High/Scope*, tal é a premissa básica na organização do espaço:

> "A disposição de uma sala de aula orientada cognoscitivamente reflete a crença de que as crianças aprendem melhor em um ambiente estimulante, mas organizado, no qual podem escolher e agir por sua conta. **A sala está dividida em áreas de trabalho bem definidas** e os materiais de cada área estão organizados de forma lógica e claramente rotulados, o que permite às crianças atuarem independentemente e com o maior controle possível sobre o ambiente da sala" (*Op. cit.*, p. 57).

Para *delimitar* as áreas que forem introduzidas na sala de aula, podemos usar diversos elementos, como o mobiliário, as marcas no piso ou nas paredes, etc. Em função dos elementos que usarmos, poderemos obter dois tipos de delimitação:

a) **Delimitação forte:** quando a delimitação do espaço é dada pela posição de mobiliário de grandes dimensões, como, por exemplo, estantes colocadas perpendicularmente à parede, tapetes, mesas, painéis de madeira, etc. Considera-se que uma delimitação é forte quando os elementos empregados são fixos ou então se comportam como tais por serem elementos pesados, difíceis de serem transportados.

b) **Delimitação fraca:** quando as áreas estão delimitadas com marcas no piso ou paredes ou, então, com móveis leves (bancos suecos, caixas com material, etc.) ou com rodinhas, que permitem a sua fácil movimentação.

De qualquer forma, e apesar das evidentes vantagens que representa uma clara delimitação e definição das áreas, considero que é positivo existir

---

21. Hohmann, M.; Bannet, B.E. e Wikart, D.P. (1990): *Niños pequeños en acción*. Trillas, México, p. 58.

na sala de aula alguma área indefinida da qual as crianças possam "apropriar-se" de um modo criativo no momento do jogo. Isso também pode ser facilitado com a existência de áreas com uma delimitação fraca que as próprias crianças possam modificar/transformar no momento do jogo, conforme os seus interesses ou as suas necessidades.

3. Transformação (conversibilidade)

Este critério está muito ligado ao anterior e faz referência ao fato de que a organização da sala de aula deve ser flexível o suficiente para permitir uma rápida e fácil transformação do espaço, a qual responda às necessidades imprevisíveis que possam surgir (seja ao longo da jornada ou durante a semana ou quinzena, por exemplo, fazer o recreio dentro da sala de aula durante um dia de chuva). Também é interessante para a realização de atividades previstas e planejadas de antemão que precisam de uma organização espacial diferente da habitual (por exemplo, a realização de atividades psicomotoras e de expressão corporal quando não dispomos de outro espaço específico para isso).

Para que a sala de aula seja facilmente transformada, é conveniente que a delimitação entre as áreas seja fraca, de modo que os limites possam ser eliminados rapidamente.

4. Favorecimento da autonomia das crianças

Tanto o mobiliário como os materiais devem ser acessíveis às crianças para que elas possam usá-los sozinhas.

Além de favorecer o desenvolvimento autônomo da criança, isso permitirá aos professores(as) uma maior liberdade de ação para trabalharem com grupos pequenos, atenderem demandas individuais ou oferecerem ajuda. Permitirá também que o professor(a) dedique o seu tempo a observar a atividade e o comportamento dos alunos(as) nas diferentes áreas.

5. Segurança

Tanto o mobiliário como os materiais com que cada área está equipada devem garantir total segurança ausência de riscos para as crianças até onde nós possamos prever. O mobiliário deve ser estável, sem arestas que possam produzir cortes em casos de quedas, e o material deve cumprir as garantias exigidas quanto à salubridade e à higiene.

6. Diversidade

Deve existir uma grande variedade de áreas que permitam dar resposta às muitas necessidades das crianças, assim como à diversidade de sua forma de ser e de suas preferências.

A diversidade possui várias vertentes:

a) **Diversidade quanto à estruturação:** combinando áreas muito estruturadas com materiais específicos que provocam ou sugerem a realização de atividades concretas (área de pintura, área de atividades gráficas, etc.), junto a áreas pouco estruturadas que permitam a realização de múltiplas experiências tanto por iniciativa das crianças como sugeridas pela professora (área de construções, área de água e areia, etc.).

b) **Diversidade de agrupamentos:** é preciso que existam na sala de aula áreas para atividades com todo o grupo, áreas de atividade em pequenos grupos, áreas de atividade individual e áreas de isolamento.

c) **Diversidade quanto à posição corporal:** é conveniente que organizemos espaços nos quais a criança possa realizar a atividade em diferentes posições corporais. Áreas para trabalhar sobre a mesa sentada, áreas para trabalhar em pé, sobre uma mesa ou sobre a parede, áreas para sentar-se ou deitar-se no chão. Essa diversidade nas posições para a realização das atividades adapta-se melhor às características das crianças nestas idades que cansam com facilidade, se precisarem permanecer muito tempo na mesma posição. Além disso, favorece a experimentação na realização de algumas atividades (não é a mesma coisa pintar com pincel sobre um plano horizontal que sobre um plano vertical).

d) **Diversidade de conteúdo:** é preciso que exista uma grande diversidade de áreas que ofereçam aos alunos(as) a realização de diferentes atividades. De uma modo genérico podemos distinguir:

d.1. *Áreas de atividade curricular:*
— áreas de encontro e comunicação;
— áreas de jogo simbólico;
— áreas de trabalho — expressão — manipulação e representação. Pode existir uma grande diversidade: área de linguagem, lógico-matemática, expressão plástica, movimento e expressão corporal; observação, experimentação e manipulação (área de água e areia, área de experiências, área de "artefatos mecânicos, etc.).

d.2. *Áreas de gestão e serviços:*
— painéis de registros (de assistência, de controle dos cantos, do tempo, etc.);
— áreas de exposição de trabalhos;
— áreas de armazenamento de materiais;
— áreas de arquivo de trabalhos;
— áreas do lavabo e dos banheiros, etc.

7. Polivalência

Refere-se às possibilidades de utilização que as diferentes áreas da sala de aula oferecem. Uma sala de aula polivalente é aquela em que as diferentes áreas (na sua totalidade ou em parte) oferecem várias possibilidades de utilização nos diferentes momentos da jornada, de tal modo que se amplia a sua funcionalidade, aproveitando ao máximo as possibilidades oferecidas pelo espaço que, na maioria dos casos, é pouco. Assim, por exemplo, a área usada para as reuniões de grande grupo, como a assembléia, pode ser em um outro momento a área de jogos de construção.

8. Sensibilidade estética

É importante que a sala de aula esteja organizada e ambientada com uma certa sensibilidade estética que, além de tornar agradável a permanência na mesma, "eduque" a sensibilidade estética e artística das crianças.

Alguns dos critérios que devemos levar em consideração no que se refere a esse ponto são:

a) **Ser muito colorida:** as cores vivas são atraentes para as crianças e chamam a sua atenção. Além disso, está provado que certas cores estimulam certos tipos de atividades e inibem outras. Segundo Mehrabian (1976)[22], as tonalidades mais prazerosas são, por ordem, o azul, o verde, o violeta, o roxo e o amarelo, enquanto as mais excitantes são o vermelho, seguido pelo laranja, o amarelo, o violeta, o azul e o verde.

Devemos ter cuidado para manter a harmonia de cores na sala de aula e evitar que seja "berrante".

b) **Ser original e criativa:** procurar a originalidade nos elementos decorativos chamará a atenção das crianças e será um estímulo para a sua criatividade.

---

22. Mehrabian, A. (1976): *Public Places and Private Spaces*. Basic Books, Nova York, p. 90.

c) **Ser personalizada:** é importante que os próprios alunos(as) participem da decoração da sala de aula para que se reflita a sua identidade pessoal. Devemos reservar lugares para colocar os trabalhos das crianças e cuidar a sua apresentação a fim de que realce o seu valor estético e afetivo.

d) **Incluir réplicas de obras de arte:** é importante que as crianças vão se acostumando de pequenas com a visão de obras de arte (pintura, escultura, etc.). Podemos incluir na decoração da sala de aula lâminas de quadros e esculturas, tanto atuais como de outros momentos da história da arte.

9. *Pluralidade*

Nas diversas áreas da sala de aula devem ser incluídos elementos que mostrem a diversidade pessoal, étnica, social e cultural de modo que se torne, ao mesmo tempo, pessoal e plural.

Através da decoração, por exemplo, podemos incluir lâminas e fotografias com imagens de crianças de outras raças ou com outras características físicas (meninos e meninas em cadeiras de rodas ou com muletas, com óculos, com próteses, etc.) diferentes das nossas. E, também, imagens que reflitam outros modos de vida (casas, meios de transporte, alimentos, etc.) procedentes de diferentes países do mundo.

Sem dúvida, isso as ajudará na integração da diversidade das pessoas nas culturas e, portanto, a serem mais tolerantes com aquilo que é diferente.

A pluralidade se dá através dos materiais, incluindo elementos do ambiente natural e social que reflitam claramente as raízes culturais das crianças da sala de aula, e também de elementos procedentes de outros ambientes afastados no espaço e/ou no tempo.

O papel dos professores(as) na organização do espaço

Para uma adequada organização do espaço da sala de aula e um projeto ideal do ambiente de aprendizagem, é fundamental que o professor(a) exerça um papel ativo em todo o processo que envolve a organização e que começa com a concretização das intenções educativas e do método ou métodos de trabalho que irá utilizar (trabalho por cantos, oficinas, unidades didáticas, projetos de trabalho, etc.), já que isto irá incidir diretamente na tomada de decisões para o planejamento e a posterior organização do espaço.

As tarefas dos professores(as) neste processo poderiam ser agrupadas em quatro: concretizar as intenções educativas e método de trabalho, planejar e organizar o espaço, observar e avaliar o seu funcionamento e, finalmente, introduzir as modificações que forem necessárias (Figura 11.8).

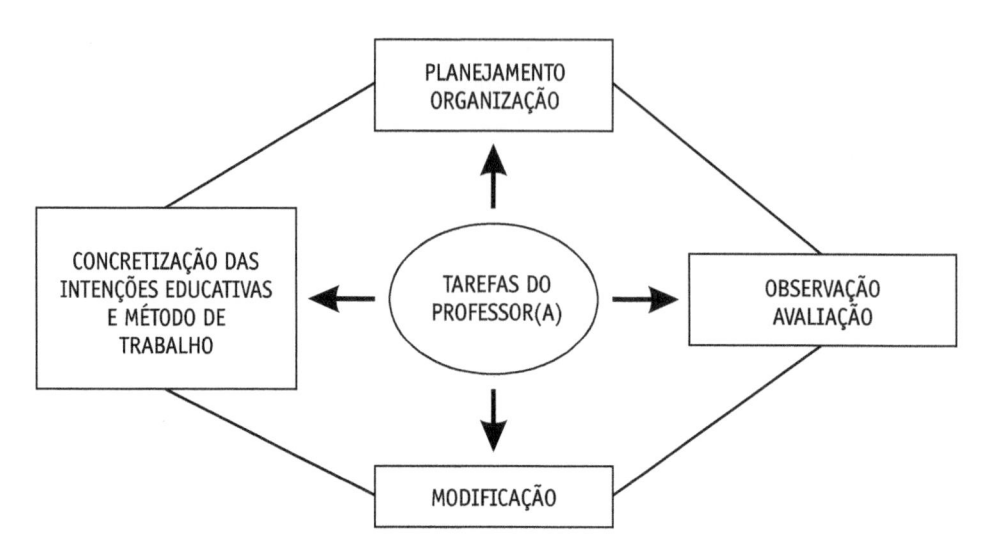

```
                    ┌─────────────────┐
                    │  PLANEJAMENTO   │
                    │  ORGANIZAÇÃO    │
                    └─────────────────┘
                             ▲
                             │
┌──────────────────┐    ┌─────────────┐    ┌──────────────┐
│ CONCRETIZAÇÃO DAS│    │  TAREFAS DO │    │  OBSERVAÇÃO  │
│INTENÇÕES EDUCATIVAS│◄──│ PROFESSOR(A)│──►│  AVALIAÇÃO   │
│    E MÉTODO DE   │    │             │    │              │
│     TRABALHO     │    └─────────────┘    └──────────────┘
└──────────────────┘          │
                              ▼
                    ┌─────────────────┐
                    │   MODIFICAÇÃO   │
                    └─────────────────┘
```

Figura 11.8. A atuação do professor(a) com respeito ao espaço da sala de aula

Concretizar as intenções educativas e o método de trabalho

"Seja qual for a organização da sala de aula (oficinas, cantos, ...) será preciso que os espaços estejam dispostos em função das necessidades das crianças, tornando possível, junto à sua atividade autônoma, a ação compartilhada em grupo. De qualquer forma, o professor(a) deve ter consciência de que uma determinada estrutura da sala de aula favorece determinadas atividades. Se o que interessa é promover a troca, a relação, a possibilidade de observar e de intervir de forma individualizada, mas também as interações entre colegas, o jogo coletivo e outras atividades em grupo, o educador(a) terá que encontrar meios que tornem possíveis ambas as coisas, evitando sempre a adoção de organizações rígidas e inflexíveis" (D.C.B. de Educação Infantil, MEC, p. 96).

Antes de começar a planejar a organização do espaço da sala de aula, é preciso que o professor(a) reflita sobre os princípios básicos que devem reger a sua ação educativa e de que maneira podem concretizar-se na prática da sala de aula, projetando, assim, um ambiente de aprendizagem que seja coerente com a consecução de tais princípios.

Analisemos alguns desses princípios básicos e vejamos de que modo podem repercutir na organização do ambiente de aprendizagem:

- Considerar que a construção do conhecimento é um processo ativo que a criança realiza e que envolve a sua atuação direta sobre a realidade e a elaboração de interpretações sobre os aspectos que deseja conhecer; significa, pelo menos, organizar a sala de aula de modo a que ofereça à criança uma grande variedade de situações que ela possa explorar, manipular, experimentar e descobrir por si mesma as propriedades dos objetos, a sua reação diante determinadas atuações, etc. Isso lhe trará autênticas situações de aprendizagem construtiva. Adotar tais princípios implica organizar espaços diversos, com materiais que "provoquem" a atividade infantil, que sejam um convite a sua manipulação e experimentação com eles. E implica, também, a existência de espaços nos quais a criança possa atuar sozinha e por iniciativa própria de tal modo que o professor(a) tenha uma maior disponibilidade para atuar com outras crianças.

- O desenvolvimento da autonomia, tanto física como moral e intelectual, possui também várias implicações na organização e posterior utilização do espaço:
  ... que os cabides, pias, lugares de exposição de trabalhos e outras áreas de serviços estejam ao alcance das crianças e que elas tenham a possibilidade e o compromisso de usá-los de forma autônoma.
  ... que existam diversas áreas de atividade para que a criança possa escolher aonde ir, com quem, que tipo de atividades deseja realizar e com que materiais.

- O respeito à diversidade pressupõe aceitar as diferenças individuais e, portanto, a criação na sala de aula de espaços diferentes que possam dar resposta à variedade de necessidades que as crianças sentem (movimento, repouso, socialização, isolamento, etc.).[23]

Se, além disso, tivermos crianças com necessidades especiais integradas à sala de aula, devemos levar em consideração, além das suas peculiaridades, quais são as metas que nos propusemos alcançar com elas e de que modo a organização do espaço poderá ajudar-nos nesta tarefa.

É igualmente importante que o professor(a) tome decisões sobre o método ou os métodos que irá utilizar prioritariamente, já que isto condicionará imensamente a sua organização. Irá trabalhar principalmente com o método de cantos ou os cantos terão uma função de "coringa" complementar e, inclusive, subsidiária de outro método? Alguns professores(as), que baseiam a sua atuação no trabalho por fichas, organizam cantos de jogo com a única finalidade de que as crianças que "acabam antes as suas tarefas" tenham um lugar para onde ir.

Pretende organizar oficinas em tempo parcial com ajuda das mães e de outros colegas? Usará um método de fichas comercializado? Desenvolverá as suas próprias unidades didáticas? Trabalhará com o método de projetos?

23. Saussois, N. (1989): *Actividades en talleres para guarderías y preescolar.* Cincel, Madrid, p. 14-15. Saussois, N.; Dutilleul, B. e Gilabert, H. (1991): *Los niños de 2 a 4 años en la Escuela Infantil* e (1992): *Los niños de 4 a 6 años en la Escuela Infantil.* Narcea, Madrid.
Santos, M. e González, J. (1996): *Talleres pedagógicos.* Narcea, Madrid.

Tais questões deverão ser resolvidas pelo professor(a) antes de planejar a organização de sua sala de aula, de modo que esta seja coerente com os seus modelos metodológicos e com as suas intenções educativas. Ou seja, é preciso que exista uma adaptação perfeita entre meio e programa (Gump e Ross, 1985; Cano e Lledó, 1990).[24]

Planejar e organizar os espaços

Segundo Loughlin e Suina (1987)[25] o professor(a) tem quatro tarefas principais na disposição da estrutura básica do ambiente de aprendizagem:

a) **Organização espacial:** É a tarefa de dispor os móveis para criar espaços para o movimento e as atividades de aprendizagem. A distribuição do mobiliário terá uma grande influência nos deslocamentos dentro da sala de aula e na conduta das crianças.

> "Os professores(as) que percebem o ambiente da sala de aula de um modo correto podem empregá-lo deliberadamente, organizando-o para facilitar os movimentos das crianças e respaldar a atividade física em prol da aprendizagem" (*Op. cit.*, p. 26).

A tarefa de organização do espaço implica, do nosso ponto de vista, o seguinte:

— Analisar os elementos estruturais da sala de aula e o mobiliário de que dispomos para criar diferentes áreas dentro da mesma.
— Determinar o tipo de atividades que serão realizadas para concretizar as nossas intenções educativas.
— Estabelecer quais dessas atividades deverão ser realizadas na sala de aula e quais poderão ser realizadas em outros espaços (outras dependências da escola, pátio de recreio, espaços circundantes, etc.), de modo, que tenhamos conhecimento de qual o espaço real de que dispomos.
— Determinar que condições de espaço, iluminação, tipo de piso, mobiliário (para realizar a atividade e para guardar — expor os materiais), proximidade de um ponto de água, etc., devem possuir as diferentes áreas para que sejam eficazes para o tipo de atividades que serão realizadas nas mesmas.
— Prever quantas crianças utilizarão o espaço ao mesmo tempo.

---

24. Gump, P.V. e Ross, R. (1985): El ajuste de medio y programa en los entornos escolares. *Infancia y Aprendizaje*, 29, p. 57-67.
Cano, M.I. e Lledó, A. (1990): *Espacio, comunicación y aprendizaje*. Diada, Sevilla.
25. Loughlin, C.E. e Suina, J.H. (1987): *Op. cit.*

— Prever em que momentos da jornada cada espaço será usado e quais os outros espaços que serão usados simultaneamente. É preciso levar em consideração as relações entre espaços próximos e as áreas de acesso e trânsito. É conveniente situar perto aquelas áreas cujas atividades se relacionam e podem dar lugar a experiências e jogos compartilhados, como o canto da casa e construções, mercado, etc., e isolar e afastar as áreas de barulho e movimento daquelas nas quais serão realizadas as atividades tranqüilas ou que requerem concentração.
— Determinar os espaços que precisamos para a gestão da aula: painéis de informação e documentação, expositores de trabalhos, painéis de registros de atividades, etc., e estabelecer quais as rotinas e tarefas relacionadas com a gestão da aula deverão ser realizadas pelas crianças e do que elas precisarão para fazê-lo.

b) **Equipamento do espaço para a aprendizagem:** É a tarefa de selecionar, reunir e elaborar os materiais e o equipamento e colocá-los no ambiente para que as crianças tenham acesso direto aos mesmos.

A disponibilidade de materiais para a aprendizagem influi enormemente no tipo de atividades e experiências que a criança pode realizar e, portanto, no conteúdo das aprendizagens que são trabalhadas. Diferentes materiais favorecem a aquisição de diferentes destrezas e habilidades e colocam em funcionamento diferentes tipos de processos mentais.

De modo geral, poderíamos dizer que no momento de planejar a aquisição de materiais para a aprendizagem devemos levar em consideração o seguinte:

— *Procedência:* o material que é utilizado na sala de aula não tem que ser todo ele comprado. E, além disso, o material comercializado não é o melhor. Existem materiais procedentes do meio circundante que podem cumprir as mesmas finalidades que o comercializado, mas a sua utilização possui um valor agregado intrínseco que é o valor ecológico que representa e o valor afetivo (se forem coisas do ambiente familiar da criança).
— *Qualidade física:* está relacionada com as condições de segurança (que não sejam tóxicos nem cortantes) e resistência que fazem com que o material seja durável e não seja perigoso.
— *Qualidade pedagógica:* faz referência às capacidades que pode desenvolver nas crianças que o usarem, a sua facilidade de manejo, polivalência, nível de estruturação, etc., e que o transformam em um material idôneo para a consecução de determinados objetivos. No

Guía Documental y de Recursos[26] encontramos uma ampla classificação de materiais para as diferentes idades no qual se inclui, também, o tipo de capacidades que podem desenvolver.
— *Qualidade estética:* relaciona-se com a beleza dos materiais — cores vivas e formas agradáveis que sejam atraentes e chamativas para as crianças.

c) **Disposição dos materiais:** É o processo de decidir onde colocar os objetos do ambiente e como combiná-los e exibi-los.

Assim como é importante a organização do espaço dentro da sala de aula, também o é a organização dos materiais dentro de cada espaço/área. Segundo Loughlin e Suina:

"A disposição de materiais possui uma intensa influência no nível de compromisso dos alunos(as) nas atividades de aprendizagem. A disposição dos materiais é causa de acontecimentos muito diferentes na sala de aula, alguns relacionados com a gestão e a conduta e outros com a amplitude e a profundidade da aprendizagem no ambiente."[27]

Como norma geral, podemos dizer em relação à disposição dos materiais que:

— é importante que estejam organizados seguindo algum critério lógico (forma, cor, tamanho, utilidade, etc.);
— a sua exposição deve ser "provocadora" para a realização de atividades;
— deve favorecer a associação e a relação entre materiais diversos;
— devem ser colocados em um lugar acessível que favoreça a autonomia no uso.

d) **Organização para finalidades especiais:** Implica levar em consideração todos os nossos conhecimentos sobre a organização do ambiente e colocá-lo a serviços de determinados propósitos, seja pela presença na sala de aula de crianças com necessidades educativas especiais que precisam de algumas exigências específicas (espaços para deslocar-se em cadeiras de rodas, organizar a informação e os materiais para crianças com deficiências visuais ou auditivas, ou com problemas de coordenação, etc.), ou, então, porque o professor(a) deseja fazer alguns ensinamentos específicos (trabalhar a co-educação, implementar um programa de imersão lingüística, etc.), ou dar atenção a diferentes níveis de ensino, como é o caso de muitas escolas unitárias no meio rural.

---

26. Ministerio de Educación y Ciencia (1992): "Cajas rojas". *Educación Infantil.*
27. *Op. cit.*

Observar e avaliar

Assim como em muitos outros aspectos do planejamento do ensino, também na organização do espaço é preciso que o professor(a) tenha uma atitude de observação que o mantenha informado da influência que o projeto do ambiente está exercendo sobre a conduta das crianças e sobre a sua aprendizagem. Já que esta influência será exercida de qualquer forma, é necessário que o professor(a) tenha consciência da mesma e a conheça em toda a sua dimensão para poder atuar de acordo com a mesma.

> "Em qualquer circunstância, seja concedida por nós ou não, o espaço físico exerce sempre um papel ativo no processo de ensino. A único resposta didaticamente válida é aproveitar essa capacidade de influência para potencializar um desenvolvimento integrado de nossos alunos(as). Não podemos estar na nossa sala de aula como quem está em uma casa alugado na qual nada pode ser modificado. Muito pelo contrário, a sala de aula é um dos principais instrumentos com os quais contamos para desempenhar a nossa tarefa de educadores(as). E um dos compromissos fundamentais, talvez o mais importante, no nível de ensino infantil é criar um ambiente adequado: não se trata de ensinar nada no sentido convencional e sim de criar ambientes ricos e estimulantes que permitam e estimulem o desenvolvimento global das crianças. Seja qual for o meio no qual nos encontremos, a nossa tarefa básica será a de aumentar a capacidade motivacional da nossa sala de aula, ampliar o espectro de experiências possíveis na mesma, enriquecer os seus componentes quanto à variedade de estímulos, diversidade de situações, integração de níveis de desenvolvimento (o cognitivo, o fantástico, o motriz, o social, etc.), e complementação de linguagens e modos de relação."[28]

Assim, então, para aproveitar ao máximo essa capacidade de influência de que fala Zabalza e projetar um ambiente de aprendizagem tão ideal quanto possível, é preciso que o professor(a) seja um observador reflexivo, disposto a analisar e a avaliar em todos os momentos se a disposição do ambiente responde de maneira eficaz às intenções educativas que nos impulsionavam e, se não for assim, ter a disposição de fazer todas as transformações que forem necessária.

Segundo Paloma de Pablo e Beatriz Trueba (1994)[29], para que o professor(a) aborde essa tarefa de um modo profissional deverá estabelecer critérios que orientem a análise e a avaliação de tal modo que o planejamento da seleção e da organização do espaço e dos materiais fique afastado da improvisação, do acaso, da rotina e da imitação sem reflexão nem fundamentação.

---

28. Zabalza, M.A. (1987): *Op. cit.*, p. 122.
29. De Pablo, P. e Trueba, B. (1994): *Espacios y recursos para mí, para tí, para todos*. Escuela. Madrid.

No que se refere à freqüência com que deve ser realizada uma revisão da adequação do ambiente, as autoras mencionadas recomendam que a mesma seja realizada:

- no início do ano;
- quando da determinação do orçamento para a aquisição de material;
- ao visitar outra escola;
- ao assistir a um vídeo, a filme, etc.;
- quando um espaço não o satisfaz;
- ao ler um artigo ou um livro no qual são sugeridas propostas de organização espacial, etc.;
- ao projetar uma unidade didática;
- durante uma reunião da equipe de trabalho;
- na elaboração do projeto educativo e curricular, etc.

No último item desenvolvemos mais extensamente esse aspecto da avaliação do ambiente de aprendizagem.

A modificação ou a transformação do ambiente

Depois de observar e analisar a eficácia dos espaços para dar resposta às necessidades infantis e aos objetivos educacionais, o passo seguinte é proceder às modificações que considerarmos oportunas.

A tarefa de modificação pode seguir duas vertentes:

— Rever as nossas intenções educacionais, com a finalidade de redefini-las ou modificá-las ou para confirmar a sua importância.
— Planejar novamente a organização do espaço, levando em consideração os resultados de nossas observações e análises e introduzindo novas idéias e recursos organizacionais.

Paloma de Pablo e Beatriz Trueba (1994, p. 51-52) oferecem-nos o seguinte esquema para projetar — transformar um espaço:

É claro que a análise do ambiente, das suas características e possibilidades, das relações que pode promover, das experiências e encontros, etc., é um processo contínuo na tarefa do educador(a). Por isso, propomos, a seguir, alguns dos passos que podem facilitar este processo.

1º **Observação** minuciosa do mesmo para detectar e "ler" os aspectos de melhoria, respondendo a perguntas como as seguintes:

- Protagonistas: quem o usa/quem vai usá-lo, avaliando as suas necessidades, interesses, etc.; por exemplo, é necessário colocar-se na mesma altura das crianças.
- Objetivos: para que é usado, para que vai ser usado; avaliar quais são os objetivos a que me proponho, aos quais nos propomos... é imprescindível estabelecê-los globalmente.
- Que tipo de atividades favorece? Quais inibe?
- Relação deste espaço concreto com os outros: Quais os espaços que tem ao seu lado? É um espaço de uso coletivo?
- De que recursos dispõe? Quais é possível acrescentar?

2º **Documentação:** chuva de idéias e busca de recursos e ajuda.

3º **Planejamento:**
- Formular os objetivos com clareza, os grandes conteúdos, etc.; ou seja, concretizar uma primeira hipótese de melhoria.
- Estudar a idoneidade dos recursos de que se dispõe e quais é possível conseguir.
- Avaliação das possíveis melhorias e tomada de decisões.
- Prioridades e estabelecimento dos tempos para o plano de ação.
- Estabelecer as previsões de *feedback*.

4º **Colocação em prática** e registro do processo.

5º **Avaliação.**

Concluindo, a observação e a avaliação do espaço da sala de aula devem servir, também, para aperfeiçoá-lo de modo que responda melhor às nossas intenções educacionais e, quando houver necessidade, para reavaliar nossas próprias intenções educacionais.

Às vezes, acontece que após observarmos o ambiente de aprendizagem e analisarmos a sua influência na conduta infantil, ou simplesmente observarmos as crianças (com o pretexto de observar o ambiente ou a organização do espaço, observamos as crianças com maior atenção), notamos que existem outros objetivos educacionais que seria importante atingir e sobre os quais não estamos trabalhando. E, ao contrário, pode ser que ao observar o ambiente notemos que estamos concedendo importância demasiada à consecução de determinados objetivos que, se analisarmos em profundidade, talvez não sejam os mais importantes. Refiro-me a que, às vezes, todo o ambiente de aprendizagem, a organização do espaço, os materiais, o tempo, tudo está excessivamente em função da consecução de alguns objetivos "acadêmicos" demais — a aquisição da leitura, da escrita e do cálculo. Não é que isso não seja importante, mas existem outras coisas que são tão importantes (ou até mais) do que aprender a ler, a escrever e a fazer contas aos três, quatro ou cinco anos de idade. Existem outras linguagens que não são tão trabalhadas (a pintura, a dança, a música, a escultura,...). Quando entrarmos em uma sala de aula de Educação Infantil encontraremos, com toda certeza, folhas de papel e lápis, desenhos e lâminas com letras e números. O que talvez seja menos provável encontrar, pelo menos em todas as escolas, é pintura e pincéis, barro, instrumentos musicais e lâminas de obras de arte. É justamente isso o que podemos tentar modificar.

Modelos de organização do espaço da sala de aula

Tenho tido, durante os últimos anos, a oportunidade de ministrar diversos cursos a professores(as) de Educação Infantil da Galícia sobre a organização do espaço, os materiais e o tempo.

Cada vez que ministro um desses cursos, solicito que os professores(as) que vão assistir ao mesmo respondam a um pequeno questionário sobre a organização do espaço de sua sala de aula e a metodologia de trabalho. Neste questionário, pede-se aos professores(as) que desenhem uma planta da sua aula e descrevam como a mesma está organizada. Pede-se também que indiquem que tipo de atividades realizam em cada uma das áreas, assim como uma relação do mobiliário e tipo de materiais que contém. São incluídas outras perguntas que incitam à reflexão sobre a organização do espaço da sala de aula.

A finalidade deste exercício é dupla: por um lado, estimular a reflexão dos professores(as) sobre a organização do espaço de sua sala de aula; por outro, servir de ponto de partida para adaptar melhor a nossa intervenção às necessidades formativas dos professores(as) que assistem ao curso.

Nesses cursos, tive a oportunidade de analisar mais de 400 plantas de salas de aula de todas as regiões da Galícia. Como resultado de tais observações pude constatar que, embora exista uma grande diversidade de situações e que cada professor(a) organize a sua aula segundo os seus próprios critérios, sem seguir nenhum modelo específico, se analisarmos a grande variedade de salas de aula, pode-se chegar a estabelecer uma série de padrões que são seguidos pelos professores(as) de Educação Infantil na organização de nossas salas de aula.

Farei referência, em primeiro lugar, à macro-organização (modelos de *sala de aula única* ou de *várias salas de aula*) e depois à micro-organização (distribuição dos espaços da sala de aula em função da organização do mobiliário).

Modelos de organização em função dos espaços disponíveis

a) Modelos de SALA DE AULA ÚNICA. O único espaço disponível para a organização do ambiente de aprendizagem é a sala de aula. Pode existir um *hall* e serviços, mas não são aproveitados como espaços da sala de aula, seja pelas suas condições arquitetônicas ou pela falta de planejamento dos professores(as), que não os inserem em seus projetos.

b) Modelos de SALA DE AULA e ANEXOS. Em algumas escolas, existem outras dependências ligadas à sala de aula ou próximas da mesma que são usadas pelos professores(as) como uma ampliação do espaço da sala de aula. As situações mais freqüentes são as seguintes:

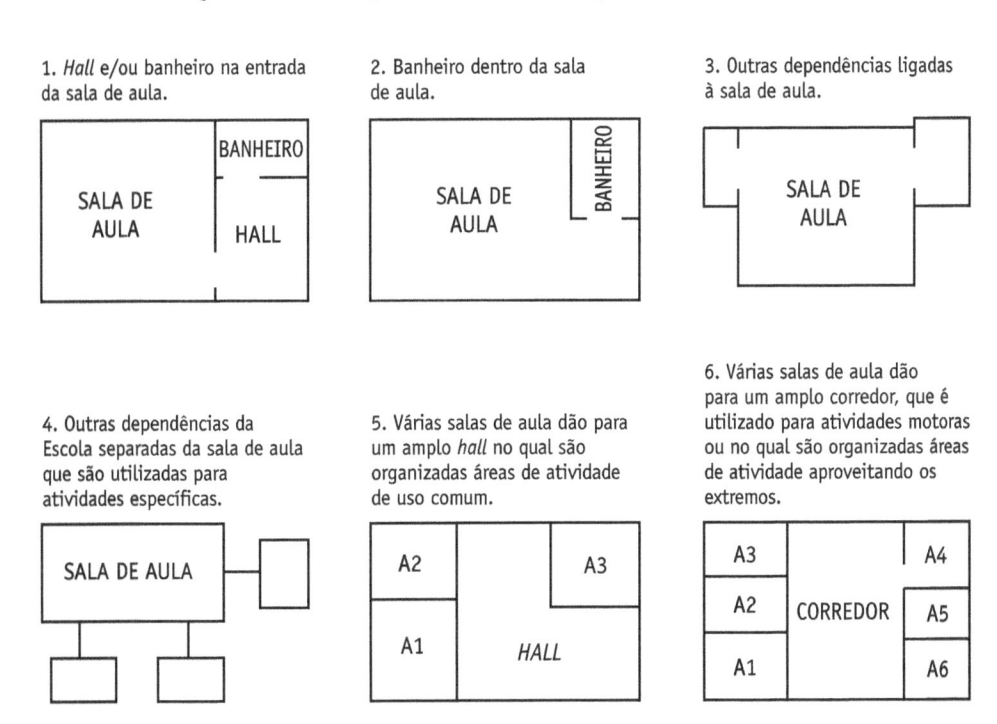

1. *Hall* e/ou banheiro na entrada da sala de aula.

2. Banheiro dentro da sala de aula.

3. Outras dependências ligadas à sala de aula.

4. Outras dependências da Escola separadas da sala de aula que são utilizadas para atividades específicas.

5. Várias salas de aula dão para um amplo *hall* no qual são organizadas áreas de atividade de uso comum.

6. Várias salas de aula dão para um amplo corredor, que é utilizado para atividades motoras ou no qual são organizadas áreas de atividade aproveitando os extremos.

c) Modelos de VÁRIAS SALAS. Alguns professores(as) dispõem de várias salas de aula para organizar o ambiente de aprendizagem dos seus alunos(as). Isso pode ser devido a diversas razões:

— a Escola está projetada com a intenção explícita de que cada professor(a) possa dispor de vários cenários para organizar o seu ambiente de aprendizagem;
— devido a um decréscimo nas matrículas, são eliminadas unidades na Escola e sobram salas que podem ser utilizadas;

— diversos professores(as) do mesmo nível ou de níveis diferentes decidem trabalhar coordenadamente, aproveitando as suas salas de aula e outros espaços disponíveis para organizar oficinas integrais.

MODELOS DE ORGANIZAÇÃO DENTRO DA SALA DE AULA

Considerando a distribuição do mobiliário dentro da sala de aula, podemos encontrar os seguintes modelos de distribuição dos espaços.

1. No caso de SALA DE AULA ÚNICA

a) Modelo de TERRITÓRIOS PESSOAIS

Neste modelo, o espaço central da sala de aula está ocupado por mesas e cadeiras organizadas por "territórios pessoais", ou seja, espaços nos quais cada criança possui o seu lugar (que pode ser fixo — cada criança ocupa sempre o mesmo lugar — ou variável), no qual é realizada a maior parte das atividades ao longo da jornada.

Embora as mesas estejam organizadas em grupos de quatro, cinco ou seis crianças (mesas quadradas, pentagonais, hexagonais, redondas, etc.), cada criança tem um lugar fixo e a maioria das atividades realizadas são individuais.

Os materiais necessários para trabalhar nas mesas (tintas, folhas, tesouras, jogos didáticos, etc.) ficam organizados em estantes ou em mesas colocadas em torno da área de mesas.

Neste tipo de modelo é muito comum que, para facilitar o trabalho, o professor(a) organize as crianças em grupos, segundo a mesa que ocupam, atribuindo-lhes uma cor, um número ou então um "nome da equipe". Dessa forma, cada grupo possui também as suas próprias estantes com o material correspondente à "sua mesa". Em muitos casos, tal organização "por mesas" também é usada pelo professor(a) para a distribuição de trabalhos, para a sua revisão, etc.

Apresentarei, a seguir, diferentes variações organizacionais dentro do mesmo modelo. As plantas reproduzidas, na forma de esquema, foram retiradas da análise de 150 plantas de aulas reais.[30] Na planta usa-se um A para representar as mesas dos alunos(as), MP a mesa do professor(a) e M as estantes e/ou mesas que contêm o material (tanto o material perecível ou descartável como o material de jogo).

---

30. Todas as plantas, reduzidas a esquemas de representação, estão representando salas de aula reais.

Dentro desse modelo foram encontradas as seguintes variações:

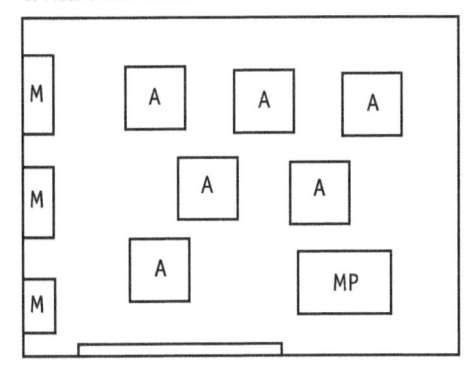

1. MESAS DISPERSAS

2. MESAS DISTRIBUÍDAS EM "U"

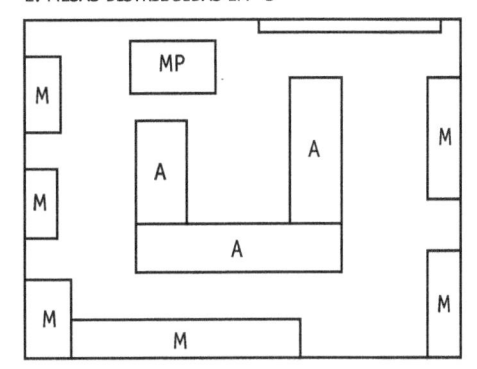

3. MESAS DISTRIBUÍDAS E ESPAÇO LIVRE

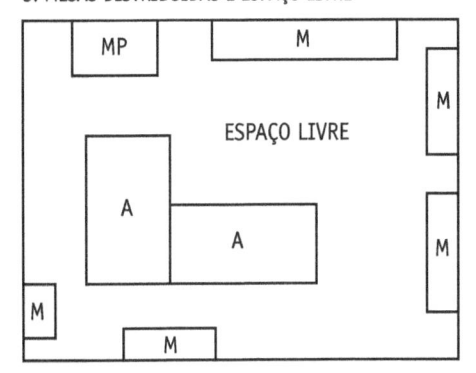

4. MESAS EM DOIS GRUPOS E ESPAÇO LIVRE

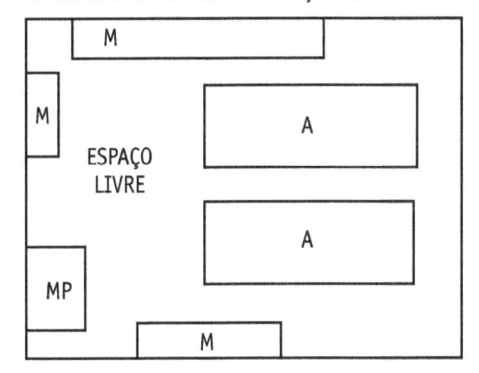

b) *Modelo de distribuição por FUNÇÕES ou ÁREAS DE ATIVIDADE*

Neste caso, a sala de aula está organizada para que haja uma rotatividade das crianças nos diferentes lugares da sala, os quais estão dispostos de tal forma que cada um deles se "especializa" em uma ou em várias funções específicas.

A seguir, descreveremos algumas variações desses modelos (ver ilustração adiante).

1. TODO O ESPAÇO DIVIDIDO POR CANTOS

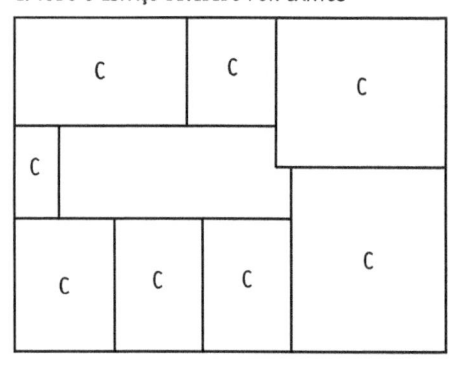

2. CANTOS EM TORNO DE UM ESPAÇO LIVRE

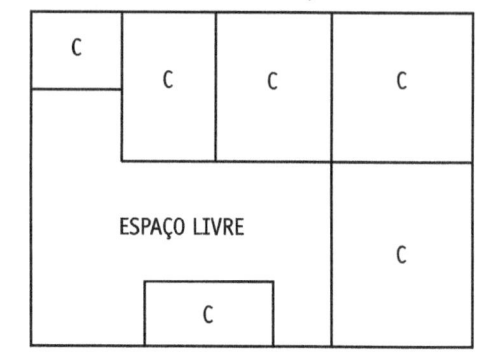

3. CANTOS AO REDOR DO TAPETE

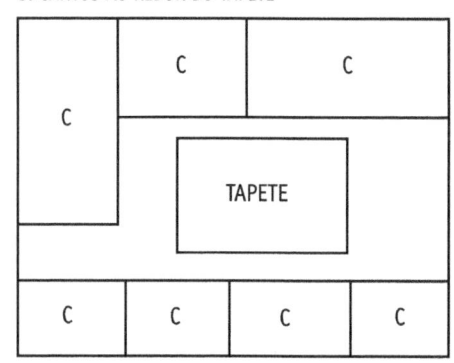

4. CANTOS AO REDOR DO TAPETE

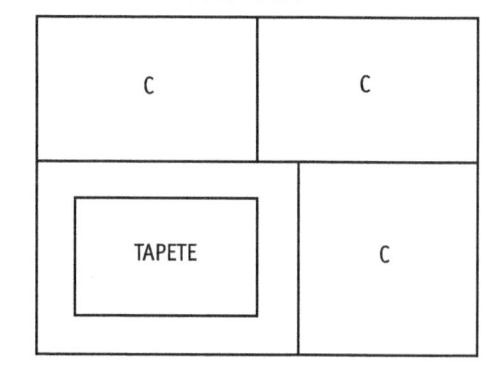

c) Modelos MISTOS

Naquilo que poderíamos denominar de modelos mistos estão incluídos dois tipos de organização da sala de aula:

1) A organização mais *simples* consiste em um espaço de mesas localizadas por territórios pessoais e um tapete e/ou espaço livre para a realização de jogos.
2) As formas mais *complexas* de organização do espaço dentro deste modelo incluem um espaço ou uma área (com delimitação clara) de mesas para todo o grupo e vários cantos de atividade (jogo simbólico, atividade de artes plásticas, lógica, etc.), seguindo diferentes disposições espaciais.

c.1. Territórios pessoais e tapete

As *mesas* costumam estar destinadas à realização de atividade de representação gráfica (fichas de todos os tipos, desenho livre, grafismos, etc.), atividades de expressão plástica (pintura, modelado, colagem, etc.) e, em muitos casos, também à leitura de livros e à realização de jogos didáticos. Na maioria dos casos, as atividades realizadas no espaço de mesas são dirigidas ou controladas pelo professor(a).

Neste tipo de salas de aula, o *espaço do tapete* costuma ser muito polivalente. Em geral, está destinado tanto à realização de atividades livres (jogos com diversos materiais) como dirigidas (conversação, observação de lâminas, contos, canções, etc.). No que se refere às atividades livres, cabe colocar que, em muitos casos, no tapete são realizadas atividades tão diversas como brincar com bonecas, carrinhos e construções e montar quebra-cabeças ou jogar dominó, jogos de encaixe ou "ler" uma história.

Por outro lado, o tapete costuma ser o lugar de reunião para o grande grupo, onde são realizadas atividades de conversação, canções, leitura de contos, etc. Nas salas de aula onde se trabalha com algum método de fichas, costuma ser também o lugar no qual se realizam jogos dirigidos à preparação da atividade gráfica (o que muitos professores(as) denominam "trabalho de vivência", "jogos de preparação da ficha") ou, então, realiza-se a "explicação da ficha".

Inclusive, em muitas salas de aula, quando não existe disponibilidade de outros espaços alternativos, o tapete é o espaço destinado à realização de atividades psicomotoras e de expressão corporal.

Este modo de organizar a sala de aula traz implícito, na maioria dos casos, uma divisão clara na concepção das atividades escolares, distinguindo entre "atividades de jogo" e "atividades de trabalho". Algumas variações organizacionais desse modelo são as seguintes:

1. ÁREA DE MESAS REUNIDAS, TAPETE E ESPAÇO LIVRE COM MATERIAIS AO SEU REDOR

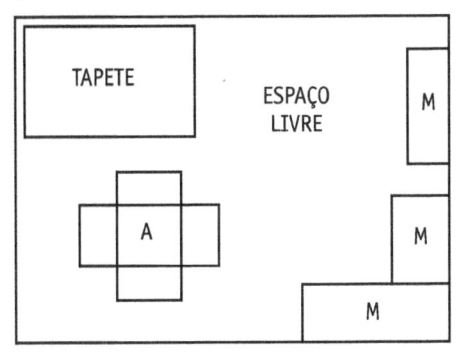

2. MESAS AO REDOR DO TAPETE

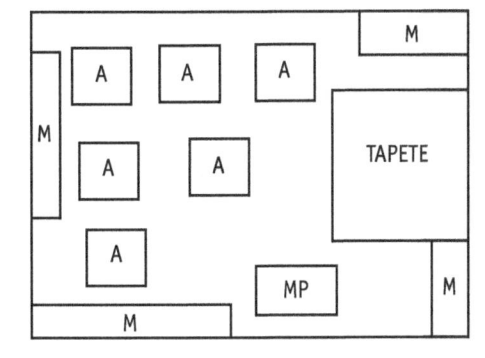

3. MESAS AO REDOR DO TAPETE

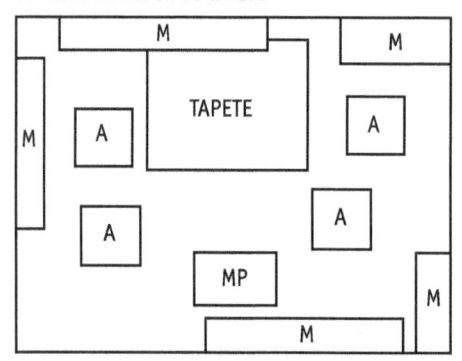

4. MESAS EM AMBOS OS LADOS DO TAPETE

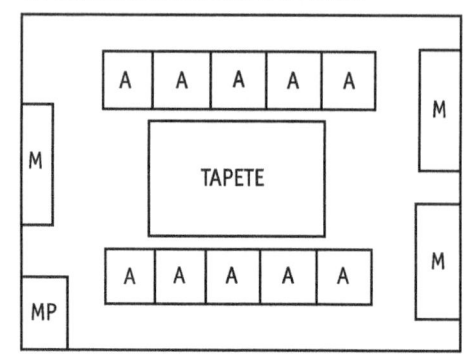

5. ÁREA DE MESAS E ÁREA LIVRE

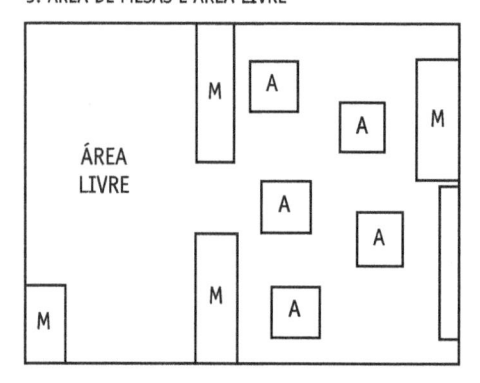

6. ÁREA DE MESAS REUNIDAS E ÁREA LIVRE

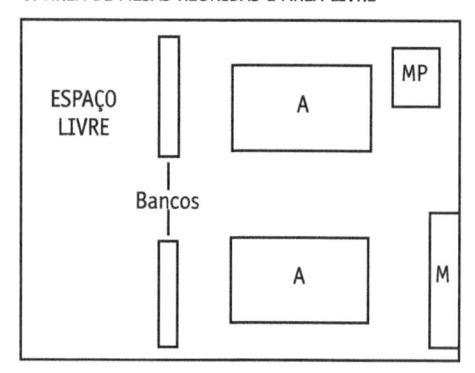

7. MESAS REUNIDAS E TAPETE

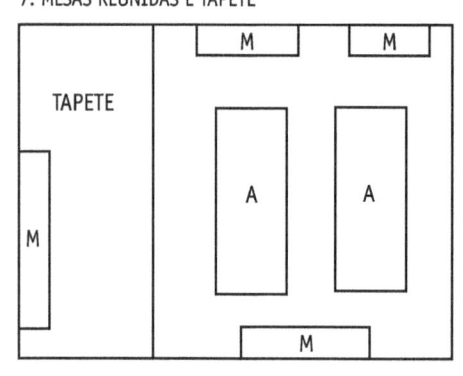

8. MESAS DE ALUNOS, TAPETE E MESAS PARA TRABALHOS EM GRUPO

c.2. Territórios pessoais e cantos de atividade

Neste tipo de salas de aula, combinam-se dois modelos organizacionais, em princípio, opostos, como é a organização por territórios pessoais e por funções. Por um lado, continua-se mantendo um amplo espaço para a colocação das "mesas e cadeiras das crianças", e por outro, introduzem-se algumas áreas de atividade ou cantos com uma certa delimitação do espaço e organização dos materiais.

Os cantos ou áreas de atividade mais freqüentes costumam ser aqueles destinados ao jogo simbólico (canto da casa, cabeleireiro e fantasias, construções e carros, etc.). Também é muito freqüente a organização de um canto destinado à biblioteca que, nos casos em que se organiza no piso e suficientemente isolada, é usada também como o "canto do descanso e da tranqüilidade". Em alguns casos, são organizados cantos relacionados com algumas áreas do currículo, como é o caso do canto de artes plásticas, canto da lógica matemática ou canto de linguagem.

A diferença entre algumas salas de aula e outras é determinada por aspectos, tais como:

— a forma como as áreas são delimitadas ou separadas entre si;
— a variedade e a organização dos materiais disponíveis em cada canto;
— as propostas de atividade;
— o modo de acesso ao canto (se as crianças vão livremente ou se o acesso é controlado pelo professor(a));
— o controle e a participação do professor(a) nas atividades que são desenvolvidas no canto.

Em muitos casos nos quais existe tal modelo de organização, o modelo metodológico é coerente com a organização que se pretende estabelecer. Tenho observado que os cantos desempenham, muitas vezes, a função de "coringa", ou seja, transformam-se em um lugar para onde ir ao serem finalizadas "as tarefas" que são realizadas na mesa (ver ilustração adiante).

1. CANTOS AO REDOR DA ÁREA DE MESAS

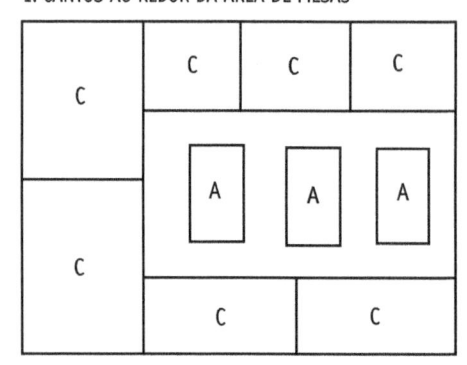

2. MESAS INTEGRADAS EM UMA ÁREA E CANTOS

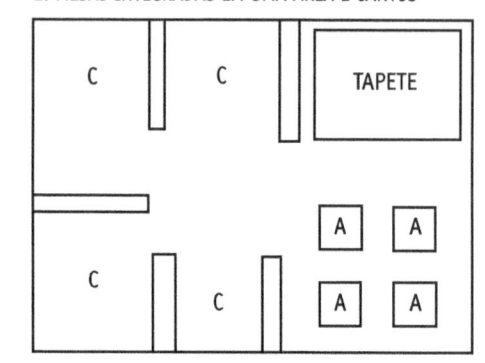

3. MESAS REUNIDAS, TAPETE E CANTOS NA LATERAL

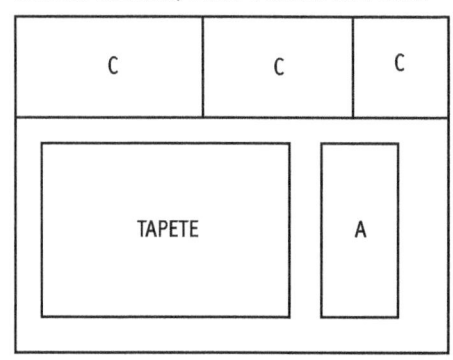

4. MESAS NO ESPAÇO CENTRAL E CANTOS NA LATERAL

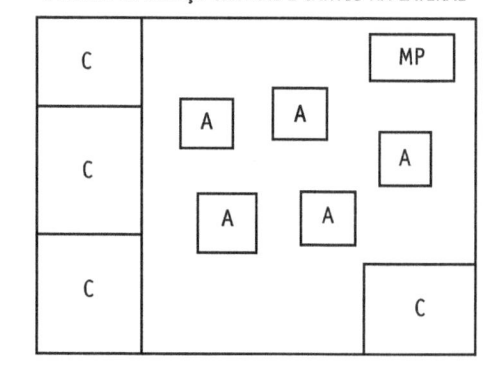

5. MESAS REUNIDAS E CANTOS

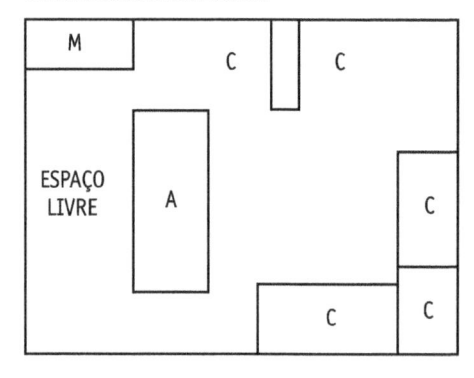

6. MESAS REUNIDAS E CANTOS

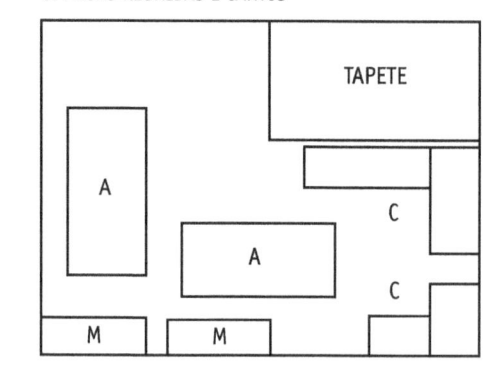

2. No caso de DUAS SALAS DE AULA

A situação de dispor de duas salas de aula pode ocorrer tanto com um único professor(a) que conta com duas salas para organizar o seu ambiente de aprendizagem (é o caso de escolas unitárias do âmbito rural, nas quais é suprimida alguma unidade), como com dois professores(as) que resolvem trabalhar juntos unindo as salas de aula de ambos.

Tanto em um caso como no outro, o espaço de ambas as aulas pode ser organizado de muitas maneiras. Os dois casos mais freqüentes são:

- utilizar as duas salas como se fossem apenas uma, organizando o espaço segundo as propostas metodológicas: territórios pessoais e sala de aula para atividades psicomotoras, cantos de atividade em ambas as salas de aula, etc.

- especializar cada sala de aula em um tipo de atividades e organizar o espaço em função das necessidades apresentadas por cada caso. O mais freqüente, neste caso, é destinar uma sala a atividades de movimento (jogo simbólico, jogo livre, atividades psicomotoras e de expressão corporal, etc.) e a outra a atividades mais calmas ou que envolvam menos mobilidade. Desse modo, seria organizada uma sala de aula com mesas e cadeiras (por cantos de atividade ou com outro modelo de organização) e a outra sem mesas nem cadeiras, com mobiliário mais leve e oficinas integrais.

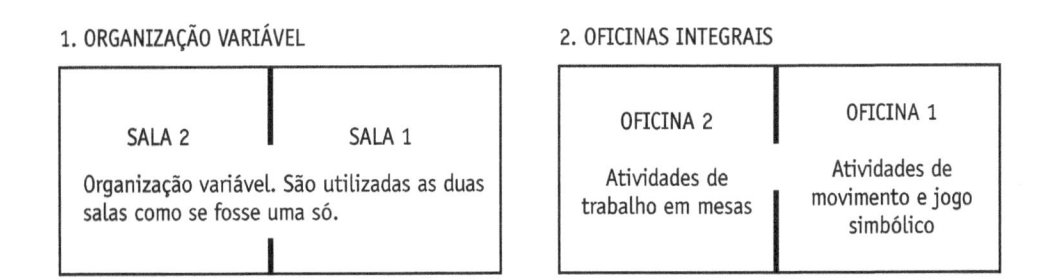

1. ORGANIZAÇÃO VARIÁVEL

SALA 2	SALA 1
Organização variável. São utilizadas as duas salas como se fosse uma só.	

2. OFICINAS INTEGRAIS

OFICINA 2	OFICINA 1
Atividades de trabalho em mesas	Atividades de movimento e jogo simbólico

3. No caso de MAIS DE DUAS SALAS DE AULA

Quando se dispõe de mais de duas salas de aula, os modelos organizacionais podem ser os seguintes:

a) Manter uma sala-base, para uso exclusivo de um grupo de crianças, e organizar nas outras dependências salas de aula específicas para a realização de determinadas tarefas nas quais se pode, inclusive, contar com um professor(a) especializado. As aulas específicas mais comuns são: psicomotricidade, artes plásticas, música, audiovisuais.

b) Organizar oficinas integrais. Isso representa a perda da sala para um grupo de crianças e a especialização de cada uma das "antigas" salas para um determinado tipo de atividades ou área do currículo.

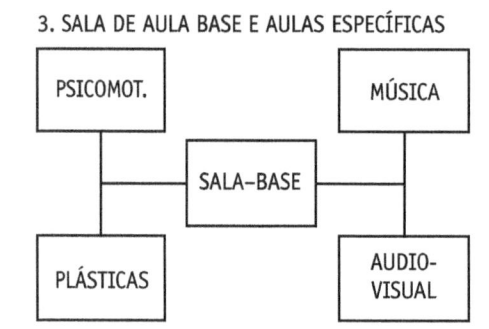

3. SALA DE AULA BASE E AULAS ESPECÍFICAS

```
  PSICOMOT.         MÚSICA
       \           /
        SALA-BASE
       /           \
  PLÁSTICAS      AUDIO-
                 VISUAL
```

4. OFICINAS INTEGRAIS

OFICINA LINGUAGEM	OFICINA MATEMÁTICA
OFICINA PSICOMOTORA	OFICINA PLÁSTICA

REFERÊNCIAS BIBLIOGRÁFICAS

Aguado, M.T. (1993): "Modelos y programas de Educación Infantil". In: GARCÍA HOZ, V. (Coord.). *Educación Infantil Personalizada*. Rialp, Madrid, p. 159-194.

Battini, E. (1982): "Modificazine, eliminazione, cambiamento riguardante gli spazi attuali, gli arredi attuali in funzione delle attivitá e della natura della vita scolastica". In: Comune di Módena. (1982): *L'organizzazione materiale dello spazio scolastico. Curso aggionamento personale non docente*. Cópia do documento.

Cano, M.I. e Lledó, A. (1990): *Espacio, comunicación y aprendizaje*. Diada, Sevilla.

Comune di Módena (1982): *L'organizzazione materiale dello spazio scolastico. Curso aggiornamento personale non docente*. Cópia do documento.

Corraliza, J.A. (1987): *La experiencia del ambiente. Percepción y significado del medio construido*. Tecnos, Madrid.

De Pablo, P. e Trueba, B. (1994): *Espacios y recursos, para tí, para mí, para todos. Diseñar ambientes en educación infantil*. Escuela Española, Madrid.

Gairín, J. (1994): "Organización de los recursos materiales". In: Gairín, J. e Darder Vidal, P. (1994): "Organización de los recursos materiales". *Organización de Centros Educativos*. Praxis, Barcelona, p. 153-177.

Gump, P. V. e Ross, R. (1985): El ajuste de medio y programa en los entornos escolares. *Infancia y Aprendizaje*, 29, p. 57-67.

Hall, E.T. (1960): *The Children Dimension*. Doubledagy. Garden City.

Hohmann, M., Banet, B. e Weikart, D.P. (1990) *Niños pequeños en acción*. Trillas, México. 3ª Edición en Español.

Knapp, M.L. (1982): *La comunicación no verbal. El cuerpo y el entorno*. Paidós, Barcelona.

Loughlin, C.E. e Suina, J.H. (1987): *El ambiente de aprendizaje. Diseño y Organización*. Morata, MEC, Madrid.

MEC (1989): *Diseño Curricular Base de Educación Infantil*. Servicio de Publicaciones.

Neri, S. e Vecchi, V. (1982): "Spazio, arredo, attivitá, lo svogliamento dell'attivitá, la sistemazione e la tenuta deli arredi". In: Comune di Módena. *L'organizzazione materiale dello spazio scolastico. Curso aggiornamento personale non docente*. Cópia do docoumento.

Prada, I. (1979): "La investigación del espacio en la escuela". In: AA.VV. *Temas de Investigación Educativa*. Servicio de Publicaciones del MEC, Madrid.

Read, K.H. (1982): *La Scuola Materna. Relazione Umane e Apprendimento*. Armando, Roma. 3ª edição em italiano.

Saussois, N. (1989): Actividades en talleres para guarderías y preescolar. Madrid. 9º Edición Dutilleul, B. e Gilabert, H. (1991). *Los Niños de 2 a 4 Años en La Escuela Infantil*. Narcea, Madrid.

———. (1992): *Los Niños de 4 a 6 Años en La Escuela Infantil*. Narcea, Madrid.

Trueba, B. (1989): *Talleres Integrales en Educación Infantil*. Ediciones de la Torre, Madrid.

Zabalza, M.A. (1987): *Didática de la Educación Infantil*. Narcea, Madrid.

Índice Onomástico

Nas páginas em bold o autor é citado com destaque.

AGAZZI, A., 74-75
AGUADO, M. T., 249-250, 250-251, 280
APORTI, 74-75
ARIÉS, Ph., 64, 65

BAIRRAO, J., 142
BANET, B. E., 147, 170, 183, 200-201, 202-203, 203-204, 220, 256-257, 280
BATTINI, E., 231, 280
BERTOLINI, P., 28
BORGHI, B. Q., 57
BOTTANI, N., 165
BRICKMAN, N. A., 182-183, 203-204, 220
BRITO, D., **185-206**, 57
BRUNER, J., 104-105, 159-160

CANO, M. I., 232, 264, 280
CARDARELLO, R., 28
CIARI, B., 74-75
CRUZ, I., 142
CSIKSZENTMIHALYI, M., 59

DE PABLO, P., 267-268, 269, 280
DE VRIES, R., 152
DECROLY, O., 74-75
DEWEY, J., 146

ELKIND, A., 150
ERIKSON, E., 104, 172-173, 195-196

FAMIGLI, L., 97-98
FIGUEIRA, C., 142
FLAVELL, J. H., 150
FONTANA, D., 142
FRABBONI, F., **63-92**, 17-18, 57, 113, 115
FREINET, C., 74-75
FREIRE, P., 68
FROEBEL, F., 74-75
FULLAN, M., 36
FURTH, H., 150, 220

GAIRÍN, J., 244, 252, 254-255, 280
GARDNER, H., 25-26, 104-106
GARUTI, N., **119-140**, 57
GILLIGAN, C., 164
GRAY, J., 36
GUERRA, L., 113, 115
GUMP, P. V., 264, 280

HALL, E., 245, 280
HARBER, C., 36
HENNINGS, D., 246
HOHMANN, N., 147, 170, 183, 195-196, 197-198, 200-201, 202-203, 203-204, 209-210, 220, 256-257, 280
HUNT, D., 146, 150

IGLESIAS FORNEIRO, L., **229-281**

KAMII, C., 151
KATZ, L., 142, 166, 169, 171-172
KERGOMARD, P., 74-75
KOHLBERG, L., 144, 150, 151, 152, 163, 164, 165, 170, 195-196
KURTINES, A., 164

LEWIN, K., 103
LICKONA, T., 166, 170
LINO, D., **141-168**
LLEDÓ, A., 232, 264, 280
LOUGHLIN, C. E., 264, 266, 281

MALAGUZZI, L., 96, 97-98, 253
MARTINS, P. C., **141-168**
MAYER, R., 144, 151
MEHRABIAN, A., 261
MONTESSORI, M., 74-75, 97-98
MURGATROYD, S., 36

NABUCO, E. M., 142, 170
NERI, S., 97-98, 239, 281

NIZA, S., 142

OLIVEIRA-FORMOSINHO, J. A., **141-168**, 57, 170, 171-172, 203-204, 207-208, 209, 220
OLSON, D. R., 104-105
OWEN, P., 74-75

PARENTE, C., **141-168**, **207-227**, 57, 192
PESTALOZZI, J., 74-75
PIAGET, J., **151-153**, 22, 74-75, 99-100, 104-105, 146, 147, 148, 148, 150, 154, 159-160, 167, 172-173, 195-196
PONTECORVO, C., 22
PRADA, J. I., 281
PRADO, J. I., 250-251
PURKEY, S., 36

QUINTO BORGHI, B., **93-118**

READ, K. H., 247-248
ROSS, R., 264, 280

SANTOS, M., 264
SATO, K., 33
SAUSSOIS, N., 264, 281
SCHMOKER, M., 56
SELMAN, R., 164, 195-196
SELMI, L., 99
SILVA, K., 142, 161, 170, 188
SMILANSKY, S., 146, 147
SMITH, M., 36
SPODEK, B., 142, 170
SUINA, J. H., 264, 266, 281

TRUEBA, B., 267-268, 269, 270, 281

VASCONCELLOS, H. **141-168**
VASCONCELOS, T., **171-183**, 142
VECCHI, V., 239, 281
VIEIRA, F., **141-168**
VYGOTSKY, S., 99-100, 104-106, 159-160, 164

WEIKART, D., 145, 146, 147, 170, 183, 200-201, 202-203, 203-204, 220, 256-257, 280
WILSON, R. B., 56

Índice Remissivo

Nas páginas em bold o verbete é abordado com destaque.

Ação, 101, 145, 146, 147, 148
Aceleração, tarefas de, 146, 147, 148
Acompanhamento, 54
Adaptação curricular, 14
Adulto, **159-161**, 101, 102, 147, 148, 148, 151, 153, 154, 155, 156, 158, 159, 168, 172-173, 183, 177-178, 179-180, 186-187, 187-188, 188, 190-191, 191-192, 192, 193-194, 194-195, 195-196, 197-198, 198, 199-200, 202-203, 209-210, 211, 221-222
Afetividade, **88-89**, 91, 144, 164, 261-262
Ajuste pessoal, 77-78
Alfabetização, 89
Alunos(as) (Corpo dicente), **252-253**, 75-76, 88, 89, 152, 161, 167, 168
Ambiental, educação, **131-134**, 79-80
Ambiente escolar, **89-91**, **231-235**, **263-264**, 237-238, 241-242, 261-262, 266-267, 267-268, 270, 272, 279
Ambiente físico, **154-155**, 87, 131-132, 153, 156, 158, 190-191, 256, 266-267
Ambiente, **84-87**, 53, 57, 71, 73, 80-81, 88, 89, 90, 99-100, 101, 103, 104, 106-107, 131-132, 144, 150, 159-160, 168, 209-210, 231, 236-237, 250-251
Aprendizagem, 15, 20, 43-44, 74-75, 82, 84, 99-100, 107-108, 146, 148, 158, 172-173, 173-174, 211, 235, 237-238, 256, 261-262, 270
Ár livre, 191-192
Áreas de atividade, **76-82**, **173-177**, **256-257**, 14, 24, 71, 155, 156, 157, 165, 178-179, 187-188, 188, 189-190, 190-191, 273-274, 277
Arte, 106-107, 120, 259-260
Atividade, 69, 146, 148, 148, 151, 152, 172-173, 183, 232, 233-235, 239, 261-262
Atividades complexas, 221-222
Atividades extra-escolares, 20, 23, 134
Atividades, 15, 37, 43-44, 50-51, 51-52, 54, 55, 75-76, 131, 134, 144, 155, 157, 168, 173-174, 177-178, 178-179, 187-188, 194-195, 195-196, 210-211, 231, 235, 239, 247-248, 253-254, 254-255, 257-258, 258-259, 264-265, 279
Auto-educação, 90
Auto-estima, 32, 45-46, 90, 161-162, 196-197, 197-198

Autonomia, 11-12, 51-52, 52-53, 55, 75-76, 89, 99, 101, 102, 104, 148, 153-166, 167, 168, 172-173, 183, 180, 190-191, 196-197, 197-198, 223, 252, 257-258, 261-262, 263, 266-267
Auto-reflexão, 93-94
Avaliação de processos, **15-16**, 44-45
Avaliação, 53, 156, 172-173, 207-208, 209-210, 266-267, 269, 270

Biblioteca, 87
Blocos lógicos, 86-87, 174-175, 216-217

C.O.R. (*Child Observation Record*), **209-213**, 209
Canto de atividades, 87, 90, 229-230, 253-254, 270, 277
Capacidades, 22, 24, 51-52, 172-173, 195-196, 197-198, 211
Características da Educação Infantil de Qualidade, **37**, 10
Carreira docente, 28-29
Casa, área da, **174-175**
Centro de interesse, 87, 88, 90
Cidade educadora, **113**, **115-116**, 97-98, 117-118
Científica, educação, **129-140**
Cinco anos, 134, 188, 195-196, 214-215
Classificação, **199-201**, **205-206**, **225-227**, 86-87, 172-173, 182-183, 196-197, 212-213, 216-217
Clima de aula, **89-91**, 236-237
Colaboração, 180, 189-190, 191-192, 197-198
Colegialidade, **91**, 73
Compensatória, educação (recuperação), **145-146**
Competência cognitiva, **78-80**, 102, 173-174, 254-255
Competência comunicativa, **76-77**, **78-79**, **79-80**
Competência lingüística, 24, 77-78, 79-80, 85
Competências, **76-78**, 14, 20, 78-79, 79-80, 99, 99-100, 101, 104-105, 211, 254-255
Comunicação, 83-84, 88, 90, 156, 159, 193-194, 211
Comunidade, **44-46**, 32, 37, 43-44, 59, 144, 169
Conceito, 104-106, 181
Confiança, 173-174, 197-198, 211

285

Conhecimento, 69, 75-76, 76-77, 78-79, 84, 143, 144, 148, 151, 159-160, 164, 172-173, 195-196, 209
Construção de si próprio, 83-84, 102, 147, 159-160, 195-196
Construtivismo, 143, 155, 157, 159-160, 209, 218-219
Conteúdos curriculares, 43-44, 106-107, 180, 264-265
Conteúdos, 11-12, 37, 43-44, 81-82, 85, 97-98, 106-107, 119
Contexto sócio-cultural, 75-76, 99-100, 104-105, 143, 144, 161, 241-243
Contextualização de um modelo, 142, 143, 144
Continuidade, **21, 23, 25-26**, 17-18, 43-44
Controle, 35, 79-80, 172-173, 173-174, 188
Cooperação, 83-84, 166, 190-191, 191-192, 221-222
Corpo docente (professores(as)), **25-29, 253-255**, 11-12, 12, 13, 15, 16, 17, 29, 43-44, 71, 71-72, 74-75, 88, 89, 116-117, 147, 148, 235, 236-237, 241-242, 248-249, 261-262, 264-265
Corpo, **78-79**, 69, 77-78, 79-80, 102, 211, 257-258, 275
Creche, 63, 70, 71, 71-72, 75-76, 95-96, 116, 116-117
Crenças, **39-47**
Criança-aluno(a), 68, 69, 70
Crianças de três anos, **26-27**, 16, 87, 182-183, 188
Criatividade, 63, 69, 80-81, 85, 89, 203-204, 211, 253-254, 261
Critérios de Qualidade, 37
Cultura de Infância, **63-92**, 7, 112-113
Cultura, **166-168**, 104-105, 120, 144, 156, 161, 195-196, 240-241
Cure, 40
Currículo oficial, 42-43, 43-44, 50-51, 173-174
Currículo, **21-22, 74-76**, 12, 13, 17, 37, 40, 50-51, 73-74, 76-77, 82, 148, 152, 153, 157, 161, 168, 169, 172-173

Dados, coleta de, 58-59
Decisões, 166, 173-174, 180, 187-188, 188, 189-190, 211
Descobrimento, 69, 71-72, 86-87, 172-173, 211
Desenho, 174-175
Desenvolvimento físico, **202-204**, 172-173, 182-183
Desenvolvimento intelectual, 146, 148, 158, 195-196, 202-203
Desenvolvimento moral, *ver* Moral
Desenvolvimento social, **180, 205**, 145, 172-173, 195-196, 202-203
Desenvolvimento, 35, 55, 89, 99-100, 103, 104, 104-105, 145, 146, 147, 150-151, 161, 167, 169, 171-172, 172-173, 173-174, 195-196, 209-210, 249-250, 250-251
Destreza, 20
Diálogo, **148-150**, 157, 181
Didática, **73-82**, 84-87, 254-255
Dilemas, 45-46
Dimensões de Qualidade, 32
Direitos da Infância, **19-20**, 70, 73, 82, 89, 97, 97-98
Diversidade, 53, 89, 258-259, 263

Dois e Três anos, **171-183**, 195-196, 209-210, 210-211, 214-215

Educação indireta, **90-91**, 89
Educador(a), 148, 148, 157, 169, 172-174, 186-187, 195-196, 196-197
Egocentrismo, 172-173
Eixos básicos, 11-12, 13
Equipamento, **264-266**, 12, 35, 231, 242-244
Escola, **242-245**, 12, 13, 56
Escola infantil, **17-19**, 12, 16, 22, 23, 24, 25-26, 69, 70, 73-82, 99
Escola maternal italiana, **69-72**, 63, 73, 80-81, 93-94, 97-98, 101, 116
Escola primária, **25-26**, 17, 17-18, 19, 116-117
Escolarização, 71-72
Espaço, **28, 49, 87-91, 155-157, 205-206, 229-281**, 24, 25-26, 50-51, 78-79, 103, 113, 115, 117-118, 118, 119, 131, 142, 144, 148, 154, 158, 172-173, 173-174, 187-188, 194-195, 212-213. Noção de espaço, 181, 201-202, 50-51, 77-78, 153, 172-173, 230
Estratégias, **82-91**, 104-105, 178-179, 180, 188, 190-191, 191-192, 217, 254-255
Estruturas cognitivas, **159-160**, 209
Eu, 172-173, 173-174
Experiência, 20, 52-53, 53, 55, 61, 65, 75-76, 76-77, 83-84, 93-94, 97-98, 104-105, 106-107, 107-108, 108-109, 119, 131-132, 134, 144, 147, 151, 156, 168, 191-192, 209-210, 211, 212-213, 217
Experiência-chave, **147-148, 180-183, 185-206**, 161-162, 168, 173-174, 209-210, 210-211, 212-213, 215-216, 216-217
Experiências formativas, **44-45**, 15, 24, 25-26, 43-44, 53, 57, 68, 71-72, 81-82, 82, 88, 102, 121, 137, 159, 190-191, 191-192
Experimental, modelo, 80-81
Exploração, 69, 84, 87, 101, 172-173, 173-174, 192, 196-197, 200-201
Expressão plástica, **174-175**, 79-80, 88, 106-107, 119, 176-177, 196-197, 275
Expressão, 76-77, 82, 88, 221

Família, 23, 54, 55, 57, 65, 66, 67, 89, 111, 116-117, 144
Fantasia, 68, 69, 83-84, 84, 87, 126
Formação dos professores(as), **142-143, 207-227**, 9, 11-12, 12, 15, 17, 26-27, 29, 35, 58-59, 116-117, 152, 169, 171-172
Função, **35, 43-46**, 172-173, 274

Gestão Social, 71-72, 95-96, 97-98, 259-260
Gesto, 76-77, 77-78, 78-79, 83-84
Gráfico-pictórica, educação, **119-129**, 97-98
Grupo, **57, 192-194**, 54, 88, 91, 108-109, 179-180, 186-187, 196-197, 257-258, 258-259, 272

High/Scope, **141-206**, 57, 209, 209-210, 210-211

Identidade da Educação Infantil, **25-26**, 64, 69

ÍNDICE REMISSIVO

Identidade, 14, 64, 66, 70, 71-72, 73, 84, 99, 101, 172-173, 173-174, 261
Igualdade de oportunidades, 89, 145
Imagem, 76-77, 83-84, 176-177
Imitação, 79-80, 101
Indicadores de Qualidade, **43-47**
Infância, **19-21, 63-92**, 16, 17, 97-98, 116, 142, 151, 164, 209-210, 210-211
Informação, 151
Iniciativa, **211, 221-222**, 104, 148, 148, 151, 197-198, 216-217
Instituição, **17-19**, 23, 58-59, 60, 65-67, 68, 69, 70
Integração, 53, 87, 88
Inteligência, 22, 71-72, 77-78, 97-98, 104-105, 105-106
Interação, **159-161**, 83-84, 143, 144, 150, 151, 154, 156, 157, 158, 159, 164, 165, 166, 171-172, 173-174, 180, 185, 189-190, 192, 194-195, 195-196, 197-198, 209, 209-210, 211, 221-222
Interesses da criança, 89, 148, 158, 172-173, 173-174, 193-194
Interrogação, 69
Intuição, 105-106

Jogo, **82-84**, 55, 85, 86-87, 87, 88, 156, 159, 166, 189-190, 195-196, 197-198, 202-203, 205, 223-224, 259-260, 275, 277

Leitura-escrita, **211, 224-226**, 210-211
Liberdade, 69, 97-98
Linguagem icônica, **76-77**, 119
Linguagem não-verbal, **77-80**, 76-77, 83-84
Linguagem verbal, **76-78**, 83-84
Linguagem, **51-52, 180-181, 197-200, 205-206, 211, 224-226**, 76-77, 79-80, 83-84, 85, 88, 104-105, 172-173, 178-179, 210-211
Lógica, **212-213, 225-227**, 210-211, 216-217
Ludoteca, 87

Manipulação, 84, 85
Matemática, 212-213, 221
Materiais, **173-178, 247-249, 264-266**, 16, 52-53, 82, 119, 121, 142, 144, 153, 154, 155, 157, 192, 193-194, 195-196, 196-197, 202-203, 221, 221-222, 223, 226-227, 233-235, 242-244, 267-268
Material didático, **238-239**, 13, 55, 86-87, 119, 157, 158, 173-174
Mediateca, 87
Meio ambiente, **242-244**, 13, 17, 22, 23, 24, 54, 55, 60, 87, 104-105, 117-118, 168, 195-196, 209, 232, 253, 264, 264-265
Meios de comunicação de massa, 84, 85
Metodologia, **77-82, 254-255**, 9, 74-75, 261-262, 272
Mobiliário escolar, **238, 246**, 256-258, 264-265, 272
Modelo de Módena, 94, 95-96, 97-98, 142
Modelo explícito, **43-45**, 70, 99-100, 248-249, 249-250, 250-251, 253
Moral, desenvolvimento, **163-166**, 151, 153, 161, 161-162, 195-196

Movimento, **202-204, 206, 211, 223-225**, 172-173, 182-183, 191-192
Mudança estrutural, 13
Multidimensionalidade, **21**
Município, 95-96, 96
Museu, 87
Música, **223-225**, 97-98, 106-107, 173-174, 176-177, 210-211, 211

Necessidade infantis, 75-76, 80-81, 82-84, 89-90, 165, 172-173, 173-174, 253, 264
Necessidades educativas especiais, 45-46, 73-74, 145, 266-267
Número, **205-206**, 172-173, 182-183, 196-197, 200-201, 212-213

Objetivos da E. Infantil, 55, 58-59, 81-82, 101, 153, 168, 254-255, 261-262, 266-267
Observação, **148, 207-210**, 57, 69, 84, 85, 86-87, 101, 129, 153, 193-194, 195-196, 199-200, 266-267, 270
Oficina integral, 273, 274
Organização da sala de aula, **155-157, 173-178, 256-261, 263, 281**, 50-51, 87, 108-109, 233-235, 237-238, 240-241, 241-243, 250-251, 253-254, 261-262
Organização, 33-34, 35, 46-47, 87, 88, 150, 155, 158, 181, 209, 241-243, 245, 253-254

Pais e Mães, 68, 71-72, 73-74, 97-98, 109, 110, 111-114, 117-118, 169, 187-188
Participação, 43-44, 54, 95-96, 97-98, 109, 110, 111-114, 172-173, 261
Percepção, 79-80, 86-87
Pesquisa pedagógica, **71, 71-72**, 88, 94, 97, 142, 143, 209
Planejamento, **21, 177-180, 187-188**, 35, 96, 147, 148, 173-174, 186-187, 192, 194-195
Pluralismo, **73-75**, 90
Política da infância, 70, 71, 71-72
Prática educativa, 152, 153
Privatização, 70, 71, 71-72, 91
Processo, **35, 43-46**, 21, 32, 33, 34, 53, 58-59, 82, 104-105
Produto, **34**, 33, 35
Programação, **81-82**, 15, 20, 76-77, 80-81, 131
Projeto de Escola, **24**, 13, 14, 16, 57, 166, 169
Projeto Infância, **141-170**, 195-196
Projeto Perry, **145**, 146
Projeto, qualidade de, **33-34**, 42-43

Qualidade de vida, 16, 17-18, 27-29, 31, 43-44, 45-46, 55, 73, 75-76, 83-84, 90, 94
Quotidiana/o, 20, 69, 73-74, 79-80, 85, 101, 102, 120, 155, 157

Recursos, 20, 23, 42-43, 43-44, 111, 241-242, 242-244, 269
Região psicológica, **103**
Registro de observação (C.O.R.: *Child Observation Record*), **207-213, 221-227**, 213-214, 214-215, 215-216, 216-217, 218-219

Relação adulto-criança, 27, 42-43, 43-44, 101, 102, 147, 148, 148, 165, 166
Relação família-escola, 111-113
Relações sociais, **211**, **221-223**, 210-211, 233-235
Representação, **180-181**, **197-200**, **205**, **107-108**, **138**, 172-173, 191-192, 196-197, 201-202, 211, 223, 259-260. Representação criativa, 211, 223-224, 210-211
Resolução de problemas, 221
Responsabilidade, 83-84, 191-192
Resultados, **34**, **45-47**, 32, 35, 38, 104-105, 142, 214-215
Revisão, **190-192**, 147, 148, 173-174, 179-180, 181, 186-187, 192, 194-195
Rotina diária, **52-53**, **158-159**, **177-180**, **185-206**, 141, 142, 144, 146, 147, 148, 153, 154, 155, 163, 165, 166, 181, 221-222, 264-265

Sala de aula, **245-249**, **266-267**, 270-280, 88, 148, 155-157, 159, 179-180, 181, 188, 194-195, 233-235, 240-241, 241-243, 253-254, 256-257, 257-261
Salas de aula didáticas descentralizadas, **86-87**
Satisfação, 38, 45-46, 59
Seção-intersecção, **87-91**
Segunda Infância, **73-82**
Segurança, 52-53, 116-117, 155, 159, 258-259
Seqüência de desenvolvimento, 150, 167, 181, 194-195, 195-196

Seriação, 86-87, 172-173, 182-183, 196-197, 200-201, 205-206, 212-213
Serviços à infância, 70, 87, 94, 97, 116, 117-118
Simbólica, função, 84, 99, 107-108, 172-173, 180, 199-200, 277
Simbolização, **105-106**, 22, 84, 85, 177-178, 259-260
Sistema educativo, 12, 13, 27, 29
Socialização, 66, 68, 70, 71-72, 74-75, 79-80, 82, 83-84, 89, 168
Sócio-emocional, **196-198**
Som, 76-77, 83-84

Tempo, **87**, **187-195**, **201-203**, **206**, 78-79, 80-81, 88, 90, 116, 157-160, 180, 186-187, 212-213, 233-235 Noção de Tempo, 181, 78-79, 172-173, 186-187
Teoria, 150-153
Território pessoal, 69, 71, 74-75, 84, 85, 86-87, 88, 272, 275, 277
TV, 82, 83-84, 84

Valores, **39-47**, 31, 38, 67, 68, 82, 90, 94, 161, 167, 168, 253-254
Vocabulário, 84, 85

Ypsilanti Perry Pre-School Project, 145